유아교과 논리·논술

고정곤 김기철 김영숙 이영희 정철민 황현주 공저

양 성 원

머리말

동서고금을 통하여 학교교육에서 논리·논술교육을 강화하지 않은 적이 없다. 논리·논술교육은 교육의 본질이며 핵심이기 때문이다. 다만 오늘날 논리·논술교육이 더욱 강조되는 것은 장기적인 입장에서는 세계 각국이 변화하는 사회를 주도할 수 있는 인재 양성교육에서 논리·논술이 필요하고, 또한 현실적인 입장에서는 논리적으로 사고하고 합리적으로 당면 문제를 당장 해결하여야 하는 토론, 대화중심의 민주시민의 자질을 함양하기 위함이다. 그간 우리나라에서도 특히, 초·중등교육에서 논리·논술교육을 강화하기 위하여 교육과정 편성 및 운영은 물론, 역대 교육관계부처에서 다양한 정책과 방안을 제시하여 논리·논술교육을 강화하여 왔다.

그러던 중 논리·논술교육을 국가적 차원에서의 대변혁의 기폭제가 될 교육지표가 2009년에 제시되었다. 즉, 유·초·중등교육에서 공히 논리·논술교육을 실현하기 위한 교육지표가 제시되어, 지금까지 각급 학교가 독자적으로 추진해오던 논리·논술교육이 국가적인 차원에서 공통적이며 체계적으로 교육을 할 수 있는 기틀이 마련된 것이다. 이와 같은 시대적 조류에 편승하여 유아교사 양성교육기관에서도 논리·논술과목을 선택적으로 지도하고 있는 실정이다.

이와 같은 논리·논술을 강화하는 국가의 시책에도 불구하고, 교육현장을 들여다보면 별다른 성과를 거두지 못하고 있는 실정이다. 그 이유는 무엇일까?하고 늘 고민하여 왔다. 논리·논술 등 사고교육은 불가능한 일인가? 그렇지 않으면 논리·논술교육을 교육현장에서 외면하고 있는 것인가? 그렇지 않으면 논리·논술교육을 위한 최적화된 방법이 아직 개발되어 있지 않은가? 또는 논리·논술교육을 위한 여건이 갖춰 있지 않은가? 등 수많은 의구심을 가지고 고민하여 왔다. 초·중고등학교에서는 가르쳐야 할 과목과 교육내용이 많고 교과별로 성취시켜야 할 교과목표와 내용이 많으며, 학부형이 기대하는 교과별 성취수준의 목표가 높아 이에 따른 강한 학업 성취 압력을 받고 있으며, 아직도 지식 성취를 우선시하는 교육풍토가 남아 있어 논리 · 논술교육을 시행하기엔 지도교사의 철학과 소신이 없는 한 어려운 점이 많다. 그러나 여기에서 비교적 자유로운 유아교육기관에서는 논리 · 논술교육이 가능하다는 확신을 갖고, 논리 · 논술교육을 실천하고 그 성과를 검증하여 발표된 다양한 각종 연구 논문이나 보고서를 수집, 분석하여 본서를 꾸미는 데 노력하였다.

따라서 본서 제 I 부에서는 논리적 사고력, 논술에 대한 개념, 성격, 성향 등에 걸쳐 이론적으로 탐색하고 논리적 사고력, 논술 간의 상호작용적 관계를 알아보고 이를 근거로 하여 논리 · 논술교육을 위한 12가지의 지도방법영역을 선정 · 정리하였다. 또한 제Ⅱ부부터 제Ⅵ부까지에서는 논리 · 논술교육을 위한 12가지 지도방법영역에 걸쳐 관계이론과 실제 지도방법을 구체적으로 제시하였다.

본서에서는 논리 · 논술교육을 위해 제시된 12개 지도방법으로, 수학적 탐구과정지도, 과학적 탐구과정지도, 탐구중심의 교수학습방법지도, 대화지도, 토론학습지도, 독서토론지도, 발문기법지도, 예술경험활동(음악, 미술)지도, 그림책지도, 놀이지도, NIE 학습지도, 논술기술지도 등 아주 다양한 방법을 제시하여 각 유아교육기관의 특성에 따라 최적한 방법을 선택 지도하도록 편성하여, 지금까지 현장교사들이 어렵게만 생각해 왔던 논리 · 논술교육을 쉽게 접근할 수 있도록 꾸미는 데 노력하였다. 다만 논리 · 논술교육 평가 방법과 논리 · 논술교육의 문제와 대책을 중심으로 한 과제와 전망은 지면관계상 다음 개정판의 몫으로 남겨둔다. 끝으로 본서 출판을 위해 도와주신 양성원 강철원 사장님과 직원들께 감사드린다.

2017. 5
저자 대표

차 례

제I부 논리 · 논술교육의 기초

제1장 논리적 사고력 • 10

제2장 논술 • 25

제II부 논리 · 논술교육의 실제(1)

제III부 논리 · 논술교육의 실제(2)

제VI부 논리 · 논술기술교육의 실제(5)

제 I 부

논리 · 논술교육의 기초

논술이란 '어떤 문제에 대하여 자기의 의견이나 주장을 논리적이며 창의적으로 표현된 글이나 말'이라고 일반적으로 정의하고 있다. 그런데 이 짧은 문장 속에 논리·창의·논술 3개념이 상호적으로 관계되어 있음을 알 수 있다. 다시 말하면, 훌륭한 논술을 위해서는 논리적 사고력과 창의적 사고력이 있어야 한다는 말이다.

따라서 제 I 부에서는 논리·논술이 무엇이며, 이들 개념들이 어떻게 상호적으로 영향을 주는가? 또한 논리·논술의 성격에 근거하여 논리 중심의 논술교육의 방안이 무엇인가를 밝혀 보기로 한다.

제1장

논리적 사고력

인간은 생각하는 존재이다. '나는 생각한다. 고로 나는 존재한다.'라는 데카르트의 말처럼 인간은 생각하는 존재이다. 사고란 일반적으로 문제를 발견하고 문제에 대한 해결방안을 찾는 정신적 과정으로 이해한다. 그러나 사고력의 유형은 아주 다양하다. 따라서 논리적 사고력의 특성을 바르게 살펴보기 위해서는 다양한 사고력의 유형들 중에서 논리적 사고력이 차지하고 있는 성격에 대한 바른 이해가 전제되어야 하기 때문에, 다음에서 사고력의 유형과 다양한 사고력 속에서 논리적 사고력이 지니는 성격을 차례로 알아보기로 한다.

1. 사고력의 유형

논리적 사고력에 대하여 알아보기 전에 먼저 사고력의 유형에 대하여 알아보기로 한다.

다양한 사고력의 유형을 표로 정리해 보면 〈표 I-1〉과 같다.

〈표 Ⅰ-1〉 사고력의 유형

고연경 등(2012)	김혜라 등(2013)	박찬옥(2010)	주강식(1995)
• 사고력의 유형 • 이성적 사고 • 감성적 사고 • 사실적 사고 • 창조적 사고 • 논리적 사고 • 직관적 사고	• 사고력의 유형 • 비판적 사고 • 창의적 사고 • 논리적 사고 • 도덕적 사고 • 배려적 사고	• 논리적 사고 • 추론적 사고 • 비판적 사고	• 논리적 사고 • 분석적 사고 • 추론적 사고 • 비판적 사고

〈표 I-1〉을 보면 첫째, 사고력의 유형은 분류하는 기준에 따라 다양하다.

둘째, 김혜라 등(2013)에서는 사고를 5개 유형으로 분류하고 비판적 사고와 논리적 사고를 분리하여 구분제시하고 있으나, 박찬옥(2010)과 주강식(1995)은 논리적 사고를 추론적 사고와 비판적 사고로 구분하여 논리적 사고는 비판적 사고의 전 단계로서 논리적 사고가 활발히 이루어져야 비판적 사고력이 형성되는 것으로 지적하고 있다. 따라서 본서에서도 박찬옥(2010)과 주강식(1995)의 견해에 따라 다음의 모든 내용을 기술하기로 한다.

2. 논리적 사고력의 유사 개념

논리적 사고력에 대한 개념에 대하여 바르게 이해하기 위해서는 논리적 사고력에 관련된 다양한 용어의 개념에 대한 이해가 전제되어야 한다(김혜라 외, 2013; 고정리, 2012).

① 논리: 말이나 글에서 사고나 추리 따위를 이치에 맞게 이끌어가는 과정이나 원리, 사물 속에 있는 이치, 사물끼리의 법칙적인 연관이다.

또한 논리에 관한 여러 학자들의 견해를 보면(고정리, 2012) 라이트(Wright: 고정리, 2012 재인용)에 의하면 '이유 또는 근거가 분명하고 비약이 없으며 사건(event)들 간의 관계를 타당성에 준거를 두고 검토하는 것'이며, 한국교육과정

평가원(2002)에서는 '어떤 견해를 받아들일지 또는 어떤 행위를 할지 결정하기 위하여 주어진 언어적, 비언어적 자료의 논리적 구조와 의미에 대한 파악을 토대로 개념, 증거, 준거, 방법, 맥락 등을 고려하여 최선의 판단을 내리는 것'을 말한다.

② 한자로 '논리(論理)'에서 논자는 말씀 언(言)과 질서, 법칙, 원리라는 뜻을 가진 '바퀴 륜(侖)'이 합쳐진 형성문자에 '다스릴 리(理)'가 합쳐진 말로서, '論理'는 '말의 법칙과 원리를 따지는 것'을 말한다.

③ Logic(논리): 'Logic'은 그리스어의 'Logos'에서 유래된 말이다.
'Logos'란 '세다, 모으다, 배열하다, 말하다, 표현하다' 등의 뜻을 지닌 'Legein'이라는 동사에서 전환된 명사로 사유, 사고 논리라는 뜻 외에도 '개념, 판단, 정의, 이유, 이성, 진리, 사상, 법칙, 이론, 학문' 등과 같은 의미이다.

④ Reasoning(추리, 추론): '어떠한 판단을 근거로 삼아 다른 판단을 이끌어 내는 것'이다.

⑤ 논리학: '사유의 법칙의 과학(science of the laws of thought)'으로 '어떻게 해야 오류에 빠지지 않고 올바른 사유를 진행할 수 있는지, 진정한 지식을 얻기 위해서는 어떠한 법칙과 형식을 지켜야 하는 사유의 규범을 연구하는 방법'을 말한다.

⑥ 논리적: 어떤 주장이 무리 없이 일관되게 제시될 때, 즉 타당한 근거 위에 어떤 주장이 제시될 때를 말한다.

3. 논리적 사고력의 개념

현대사회는 정보, 지식, 통신기술 등과 같은 자원을 이용하여 정보산업을 활성화 시킴으로써 지식이나 정보가 인간활동의 중심이 됨으로써, 현대사회를 사는 우리들에게는 논리적인 사고가 어느 때보다도 절실히 요구되는 것이다. 이와 같은 시대적 필요성에 따라서 초등학교에서도 오래전부터 교육부 교육시책으로 논리적 사고배양교육을 강조하여 왔고, 유아교육에서도 '2009 개정 유치원 교육과정'에서 논리적, 합리적으로 문제를 해결하는 능력을 기를 것을 강조하고 있다(교육과학기술부, 2007).

그러나 교육현장에서는 이에 대한 교육은 지극히 소홀한 실정이다. 다음 〈표 I-2〉에서 논리적 사고에 대한 여러 학자들의 견해를 정리해 본다.

〈표 I-2〉 논리적 사고의 개념

학자명	개념
고정리(2012)	• 주장과 근거와 결론이 합리적이고 일관성이 있는가를 생각하는 것이다.
고연령 등(2012)	• 문제를 정확하게 인식하고 객관적인 사실에 근거하여 합리적으로 분석, 종합, 추리하여 문제해결을 모색하는 정신적인 능력을 말한다.
조선희(2009)	• 말과 말의 관계를 고려해 보는 것, 즉, 사용하는 말을 그 이전의 말과 의미적인 연결성을 유지하면서 지속하는 일이다.
방명숙 등(1995)	• 어떤 주장이나 신념, 정보의 출처에 대한 정확성, 타당성, 가치를 판단하기 위해 객관적이고 지속적으로 분석하는 것
박찬옥 등(2010)	• 사고의 전개과정에서 작용하는 전·후 주장과 근거 사이에 관계가 올바르게 되어 있는가를 성찰하는 것이다.
송미경(1990)	• 정확한 사고를 하는 것이며, 그를 위하여 대상, 혹은 사상들 간의 서로의 관계, 모순 등 일연의 규칙을 판단하고 평가하는 과정이다.
정용설(2005)	• 문제의 출발점에서 문제 해결자가 주어진 문제정보를 가지고 즉각적인 해결방법이 보이지 않는 상태에서 적절한 전략을 사용하여, 그 문제가 요구하는 상태로 변화시키는 능력이다.
주강식(1995)	• 합리적 사고로 분석과 추론을 통한 증명적 사고이다.

이상 여러 학자들의 의견을 종합하면 다음과 같다.

첫째, 논리적 사고력은 합리적인 사고로서 합리적인 사고가 되기 위해서는 다음과 같은 상황이 고려되어야 한다.

① 합리적 사고에서는 논리적 사고가 핵심이 되며 합리적인 신념과 행위를 근간으로 한다.

② 합리적인 사고는 주장과 근거와 결론에 이르기까지 일관성이 있다.

③ 합리적인 사고는 분석, 추론, 종합, 추리 등을 통한 사고과정이다.

둘째, 인간이 생활하는 중에 당면하는 문제점을 발견하고, 문제점에 대한 정확하고 객관적인 사실에 근거하여 문제를 해결하려는 정신적 능력이다.

셋째, 어떤 주장이나 신념, 정보에 대한 정확성, 타당성, 가치를 분석해 보고, 서로의 관계나 모습을 찾아내며 전후관계에서 불합리한 점을 찾아내는 일연의 사고과정이다.

이상의 성격을 근간으로 하여 논리적 사고력이란 다음과 같다.

'일상생활에서 부단히 당면하는 생활문제에 대한 합리적인 해결을 위하여 느낌이나 감정보다는 주장, 근거, 결론에 이르기 까지 전 과정에 걸쳐 일관성을 유지하고 분석, 추론, 종합, 추리 등의 합리적인 사고과정과 절차를 통하여 문제를 해결하는 사고활동이며 또한 다른 사람의 주장, 신념, 정보에 대하여 정확성, 타당성, 가치를 분석하여 모순을 찾아내도록 노력하는 탐색적이고 비판적이며 합리적인 사고활동'이다.

4. 논리적 사고력의 중요성

논리적 사고력의 중요성을 다음 여섯 가지 관점에서 생각해 보기로 하자.

1) 정보의 선택 활용능력의 배양

오늘날 정보사회에서는 매일 수많은 양의 정보가 생산되는데, 지금은 도를 넘어서서 정보의 폭발, 정보의 홍수, 정보의 범람, 정보의 과잉상황에 이르고 있다. 따라서 우리들이 이 많은 정보들을 우리들의 일상생활에 전부 활용하는 것도, 그리고 이 많은 정보를 활용할 수도 없다. 오히려 이 많은 정보들은 우리들의 일상생활에 혼란만을 가중시킬 뿐이다. 따라서 우리들은 이 많은 정보들 가운데 우리들이 일상생활을 영위하는데 유용한 것과 무용한 것, 옳은 가치를 가지고 있는 것과 그렇지 않은 것, 바람직한 가치가 있는 것과 그렇지 못한 것을 가려내어, 우리 생활에 유용하고 옳고 바람직한 가치가 있는 정보만을 선택하여 활용해야 한다. 이렇게 유익한 정보와 무익한 정보를 선택하는 능력이 논리적 사고력으로 정보의 선택활용능력을 배양하기 위하여 논리적 사고력이 필요하다.

2) 문제해결력 배양

오늘날 우리 사회는 정보사회로서 정보의 홍수, 정보의 폭발, 정보의 범람, 정보의 과잉 현상을 가져오는 것뿐만 아니라, 우리들의 일상생활 속에서는 다양하고 끊임없는 문제를 야기되면서 이러한 당면과제를 해결하지 않고서는 잠시도 살아갈 수 없는 복잡한 사회이다. 교육과학기술부(2007)의 '개정유치원 교육과정'에서도 논리적, 합리적으로 문제를 해결하는 능력과 태도를 기를 것을 명시하고 있다. 이러한 당면과제를 해결하기 위해서 성인들의 자문을 얻어 해결해야 하는 경우도 있지만, 지금 당장 이 순간에 내가 자력으로 해결해야 할 과제가 허다하다. 따라서 유아들이 당면하는 과제에 대하여 문제점을 바르게 발견하고, 문제점에 대한 정확하고 객관적인 사실에 근거하여 당면과제를 분석, 추론, 종합, 추리 등 합리적인 사고과정과 절차를 통하여 해결해야 하는 논리적 사고력이 필요하다.

3) 논리적 사고교육의 결정적 시기

유아기는 전조작기로 사고의 특성은 자기중심적 사고, 물활론적 사고, 인공론적 사고, 전환적 추론, 직관적 사고 등 비논리적인 특성을 가지고 있음에 틀림없다. 그러나 유아기는 신체적 성장과 운동능력의 발달은 주변에 대한 탐색능력이 발달하고 뇌의 꾸준한 성장으로 정보처리능력이 발달되며 언어발달과 의사소통능력의 증가는 논리적 사고 학습이 가능한 시기이다. 고연경 등(2012)은 피아제(Piaget) 이론, 비고츠키(Vygotsky) 이론, 철학적 이론과 논리적 사고를 검토하면서 이들 이론들을 종합하여 볼 때 유아기는 철학적 사고 또는 논리적 사고를 할 수 있는 기반을 갖추고 있다고 보았다. 그러나 우리나라 유치원, 초등학교 교육체제 면으로 볼 때, 유치원교육은 유아 중심의 주도적이며 자유분방하고 개방적인 교육활동을 통하여 다양한 사고 학습이 가능하다. 그러나 초등학교에 입학하고 나면 이수해야 할 교과목을 비롯한 학습내용, 기대하는 학업성취목표가 있어 다양한 사고 학습이 어려운 실정으로, 유아교육에서 사고의 틀을 형성시켜 주어야 한다. 그중 논리적 사고력을 배양하는 교육은 유아사고교육에서 중심이 되어야 한다.

4) 사회적 참여 기술의 증진

정보사회에서 개인은 사회적 참여의 기회가 증대되어 가고 있다. 특히 어머니들은 양육이나 육아기능의 상당부분을 유아교육기관에 위임하고 다양한 사회적 활동에의 참여를 통하여 자아실현을 촉진하고 있다. 과거 전통사회에서는 사회적 여론이나 이슈에 대하여 지극히 일부 사람들만이 참여하여 그 영향력을 행사하였으나, 오늘날은 그렇지 않다. 이렇게 된 데에는 정보통신기술의 발달에 의해 멀티미디어를 통한 쌍방향적 의사소통이 가능하기 때문이다. 네티즌들은 하루에도 수천만 명씩 인터넷 공간을 돌아다니며 사회의 각종 분야에서 일어나는 사회문제나 이슈들에 대해 비판적으로 참여하여, 여론을 형성시키며 문제에 대한 해결방안을 제시하는 등 문제해결에 공헌하고 있다. 이런 사회적 참여를 활성화시키기 위해서는 당면문제나 이슈에 대하여 합리적이며 비판적이고, 논리적인 사고가 필요하다.

5) 토론기술의 향상

토론이란 논제에 대하여 의견의 차이를 해결하거나 이해의 폭을 넓히기 위한 상호작용의 말하기와 듣기 활동이다. 우리는 일상생활을 통하여 수없이 많은 토론거리를 만나고 호악 간에 어느 한쪽을 선택하여 살아가면서, 선택을 잘 했을 경우에는 많은 이익을 가져다주지만 잘못 선택했을 때에는 큰 낭패를 보게 된다. 여기에서 선택을 잘 하느냐 혹은 선택을 잘못하느냐 하는 것은 전적으로 선택을 하는 당사자의 논리적 사고수준에 달려 있기 마련이다. 토론기술을 향상시키기 위해서는 먼저 말하기 기술로서 분석, 추론, 종합, 추리 등 합리적인 사고과정을 거쳐 자기의 주장과 근거와 결론에 이르기까지 일관성 있게 말하는 논리적 사고력이 있어야 하고, 듣기기술로서 다른 사람의 주장이나 신념, 정보에 대하여 정확성, 타당성, 가치를 분석해 보고 전 후 관계에서 모순이 없는가를 비판적으로 보는 논리적 사고력이 겸비된 토론기술을 지녀야 한다.

6) 창의적이며 논리적인 인재육성

세계 각국이 훌륭한 인재를 육성하기 위해 무한 교육경쟁 사회에 돌입하고 있다. 오늘날 우리 사회에서 필요로 하는 인재는 폭발적으로 증가하고 있는 지식이나 정보를 많이 소유하는 인간이 아니라, 기존의 지식이나 정보를 활용하여 새로운 것을 창출해 내는 창의적인 인재를 기대하는 것이다. 이와 같은 창의적인 인재를 배양하기 위해서는 문제해결능력, 의사소통능력, 협동능력, 자기주도적 학습능력, 정보화능력을 기반으로 하는 논리적 사고력이 필요하다.

5. 논리적 사고력의 구성요소

유아들에게 논리적 사고력을 키워주기 위해서는 논리적 사고력의 구성요소에 대한 이해가 먼저 이루어져야 한다. 다시 말하면, 유아들은 논리적 사고력에 관한 인지적 수준의 이해나 지식만으로 논리적 사고력이 배양되는 것이 아니고, 논리적 사고 방법이나 절차에 대한 훈련이나 연습의 기회를 부단히 갖도록 하여 논리적인 사고의 힘을 길러주어야 하는데, 논리적인 사고의 내용이 너무나 광범위하여 이들 모두를 훈련이나 연습을 시키는 데 어려움이 많다. 한 예를 든다면, 필자는 전항에서 논리적 사고력을 '일상생활에서 부단히 접하는 당면문제에 대한 합리적인 해결을 위한 주장, 근거, 결론에 이르기까지 전 과정에 걸쳐 일관성을 유지하고 분석, 추론, 종합, 추리 등의 합리적인 사고과정과 절차를 밟아 문제를 해결하고, 또한 다른 사람의 주장, 신념, 정보에 대한 정확성, 타당성, 가치를 분석하여 모순을 찾아내기 위한 탐색적이고 비판적이며 합리적인 사고활동'으로 정의하고 있다. 이 정의 속에는 주장, 근거, 결론에 이르는 일관성, 분석, 추론, 비판, 종합, 추리 등에 대한 합리적인 사고과정이나 절차, 다른 사람의 주장, 신념, 정보에 대한 정확성, 타당성, 가치를 분석하는 등 다양한 탐색, 비판, 합리적인 사고의 힘을 길러주어야 한다. 이런 의미에서 유아들에게 논리적 사고력을 길러주기 위하여 이해해야 할 논리적 사고력의 구성요소에 대하여 기술하기로 한다.

1) 논리적 사고능력과 논리적 성향 간의 관계

논리적 사고력은 논리적 사고능력과 논리적 성향으로 구성되어 있는데, 이들의 관계를 정리하면 다음 〈표 I-3〉과 같다.

〈표 I-3〉 논리적 사고능력과 논리적 성향 간의 관계

논리적 사고능력	논리적 성향
• 인지적 특성 • 논리적으로 사고하는 기술 • 어떤 주장에 대하여 정확성, 타당성, 가치를 분석하고 모순을 찾아내는 비판적이며 합리적인 사고기술	• 정의적 특성 • 논리적으로 사고하고자 하는 올바른 성향 • 어떤 주장에 대하여 깊이 따지고 생각하고자 하는 경향성

〈표 I-3〉에서 보는 바와 같이, 논리적 사고능력은 논리적으로 사고하는 기술, 논리적 성향은 논리적으로 사고하려는 올바른 성향으로, 논리적 사고능력과 논리적 성향은 서로 상보적인 관계를 가지고 있으므로 논리적 사고능력과 논리적 성향이 일치되어야 논리적 사고가 활발히 이루어진다.

예를 들면, 아무리 논리적 사고능력이 뛰어나서 분석, 추론, 종합, 추리, 비판하는 사고 기술이 뛰어나도 지금 당장 해결해야 할 당면문제에 대하여 호기심이나 관심을 가지고 끝까지 파헤쳐 보아야겠다는 의지나 인내심 등의 논리적 성향이 없다면, 논리적 사고능력은 무용지물이 되고 말 것이다. 또한 반대로 논리적 성향이 강하여 문제의식에서부터 호기심과 관심, 수행하려는 열정이 강하지만 논리적 사고능력이 부족하면 결국 당면문제에 대한 합리적인 해결이 이루어질 수 없다. 요즘과 같이 다양한 주장과 정보들을 각종 매스컴에서 접할 때마다 사고하고 비판하며 탐색하기가 귀찮아서, 매스컴에서 시사하는 방향으로 문제가 해결되도록 버려두는 일은 논리적 성향에 문제가 있다고 본다. 다음에서 논리적 사고능력과 논리적 성향에 대하여 구체적으로 이해하기로 하자.

2) 논리적 사고능력

논리적 사고능력이란, 간단히 말하면 '논리적으로 사고하는 기술'이다. 다시 말하

면, 어떤 문제나 주장에 대하여 논리적이며 합리적인 기술이나 기법을 활용하여 당면과제를 해결하는 사고의 힘을 말한다. 논리적 사고능력의 구성요소는 다음〈표 I-4〉와 같다(주강식, 1995; 고연경 외, 2013).

〈표 I-4〉 논리적 사고능력의 구성요소

사고유형	개념	사고능력
분석적 사고	문제를 바르게 인식하고 사실에 근거한 정보를 다각도로 수집하여, 수집된 정보를 객관적, 보편적, 합리적으로 분류 및 분석하는 것	문제인식력 정보수집 및 조직능력 분류 · 분석능력
추론적 사고	문제를 파악하고 문제해결을 위해 이미 알고 있는 지식과 객관적인 정보와 자료를 통합하여 전제로부터 새로운 하나의 결론을 이끌어 내는 사고과정	• 연역적 추론 • 귀납적 추론
비판적 사고	어떤 주제나 주장들을 적극적으로 분석하고 종합하며, 합당하게 평가하는 능동적이고 반성적인 사고	• 명료성 • 적절성 • 연관성 • 효율성 • 공정성

〈표 I-4〉에서 보는 바와 같이, 논리적 사고능력에는 분석적 사고, 추론적 사고, 비판적 사고의 세 가지 유형이 있는데, 분석적 사고능력을 기르기 위해서는 문제인식력, 정보수집 및 조작능력, 분류 · 분석능력을 훈련시켜야 한다. 또한 추론적 사고능력을 기르기 위해서는 연역적 추론, 귀납적 추론, 그리고 비판적 사고능력을 기르기 위해서는 명료성, 적절성, 연관성, 효율성, 공정성에 대한 훈련을 시켜야 한다. 다음은 사고유형별로 훈련시키어야 할 사고능력에 대하여 구체적으로 기술하기로 한다.

(1) 분석적 사고

분석적 사고능력을 배양하기 위해서는 문제인식력, 정보수집 및 조작능력, 분류 · 분석능력 등을 길러주어야 한다.

① 문제인식력

어떤 어려운 상황에 처해 있을 때 무엇이 문제인가? 그리고 해결방안은 무엇인가?

등에 걸쳐 해결하려는 문제에 대한 뚜렷한 목표의식을 갖고 해결하려는 의지를 확실히 다지는 등 문제에 대하여 객관적이고 합리적으로 분석하는 능력의 훈련이 필요하다.

② 정보의 수집 및 조직능력

현대 정보사회에는 정보의 폭발, 정보의 홍수, 정보의 범람, 정보의 과잉상황에 처해 있어, 현재의 당면과제를 해결하는 데 유익하고 도움을 줄 수 있는 정보가 어느 것인가를 판단한 후 정보를 수집하고 체계적으로 조직하는 능력의 훈련이 필요하다.

③ 분류 · 분석능력

정보나 자료는 수집하는 것만으로 가치가 있는 것이 아니다. 수집한 정보나 자료는 문제해결에 직접적으로 활용하기 쉽게 어떤 기준이나 관점에 따라 합리적으로 분류하고 분석하는 능력을 길러주어야 한다. 이러한 분류 · 분석능력에는 순서화하기, 분류하기, 비교하기, 대조하기, 정의하기, 오류확인, 관계양상 및 구조파악, 요점과 요지 및 의도파악의 능력이 필요하다.

(2) 추론적 사고

추론적 사고란 문제를 파악하고 문제해결을 위해 이미 알고 있는 지식과 객관적인 정보와 자료를 통합하여 전제로부터 새로운 하나의 결론을 이끌어 내는 사고과정이다. 추론적 사고방법에는 연역적 추론과 귀납적 추론방법이 있다(고연경 외, 2013).

① 연역적 추론

연역적 추론은 일반적인 원리를 바탕으로 특수한 것을 도출해 나가는 논리이다(홍사만, 2007). 즉, 먼저 명제를 제시하고 명제를 확인시키기 위해 논리를 전개해 나가는 방식을 말한다. 대표적인 것이 삼단론법이다.

㉠
- 사람은 죽는다(일반진술).
- 갑돌이는 사람이다(특수진술).
- 그러므로 갑돌이는 죽는다(일반진술과 특수진술을 증거로 하여 또 다른 특수진술의 진리를 긍정하거나 부정하는 것이다)라는 형태로 진술하는 방식이다(김의제, 2006).

② 귀납적 추론

귀납적 추론은 개개의 특수한 사실로부터 일반적인 명제나 법칙을 이끌어내는 것이다(홍사만, 2007). 귀납은 경험적근거를 바탕으로 한 사실명제를 전제로 한다.

㉯ • '번개가 친 후 곧이어 천둥이 울렸다'라는 몇 번의 사실경험을 통하여 이번에는 번개가 치는 사실을 확인하고

• '곧 천둥이 울릴 것이다'라고 추론한다.

3) 논리적 사고성향

논리적 사고성향이란 논리적 사고의 중요한 한 범주로서 정의적 특성이기도 하다. 이는 논리적으로 사고하고자 하는 올바른 성향, 어떤 주장, 사상, 생각에 대하여 논리적으로 심도 깊게 따지고 생각하고자 하는 경향성으로, 논리적 사고능력이 있어도 논리적 사고성향에 문제가 있으면 논리적 사고가 활발하게 이루어지지 않는다. 논리적 성향에는 진실 지향성, 신중성, 개방성, 호기심, 인내심, 자기 규제성 등이 있다(박찬옥 외, 2013).

(1) 진실 지향성

발견된 내용이 자신의 이익이나 선입견에 반하더라도 사고를 정직하고 객관적으로 수행하는 능력이다.

(2) 신중성

성급하게 판단하거나 결정하지 않고 판단에 앞서 신중하게 생각하는 성향이다.

(3) 개방성

자기 자신이 편견을 가지고 있을 가능성을 민감하게 고려하면서 다양한 견해에 대해 알고자 하는 성향이다.

(4) 호기심

다양한 문제에 대해 관심과 호기심을 가지는 성향이다.

(5) 인내심

끝까지 포기하지 않고 생각하는 성향이다.

(6) 자기 규제성

쟁점의 핵심에서 벗어나지 않기 위해 자기 자신의 사고과정을 점검하고 관리하는 성향이다.

6. 논리적 사고교육의 방향

논리교육이란 간단히 말하면 논리적 사고력을 기르는 교육이다. 따라서 논리교육 또는 논리적 사고력을 기르는 교육이란 본서가 집필된 의도로서 아주 광범위하며, 제Ⅱ부에서 제Ⅵ부까지 걸쳐 상세히 기술해 놓았기 때문에 본 절에서는 그 방향만을 약술하기로 한다.

1) 논리교육이나 논리적 사고교육은 유아교육의 전 영역에서 이루어져야 한다.

물론, 유아교육의 활동영역 중에는 논리교육과 논리적 사고력을 배양하기 위해 최적화된 활동영역이 있을 수 있으나, 유아교육의 전 활동영역에서 지도되어야 한다. 즉, 논리교육이나 논리적 사고력을 기르기 위한 교육은 특정 영역에서만 다루어지기보다 모든 교육활동영역에서 논리적 사고력이 유발될 수 있도록 지도하는 것이다.

2) 일상생활에서 논리적이며 문제해결적 사고를 하도록 지도하는 일이다.

우리 인간은 일상생활을 하면서 수없이 많은 문제를 만나고, 그 문제를 해결하면서 자신의 삶을 개선하며 바람직한 삶을 영위하는 것이다.

즉, 문제를 발견하고 문제에 따른 요인을 분석하며, 그리고 밝혀진 문제요인에 따른 합리적인 방안을 모색하는 등 논리적이며 문제해결적 사고를 하게 된다. 그런데 대부분의 사람들은 이런 일연의 논리적이며 문제해결적 사고하는 것을 기피하고 다른 사람이 해결해 주기를 기대하거나, 그렇지 않으면 당면한 문제의 영향을 숙명적으로 그대로 감수하면서 불편하게 살아간다. 이러한 사고체제를 탈피하여, 자신의 삶의 질을 향상시키기 위하여 생활하면서 부단히 당면하는 과제해결을 위한 논리적이며 문제해결적인 사고체제가 몸에 베이도록 해야 한다.

3) 전 유아교육활동에서 다양한 사고교육을 실시하여야 한다.

우리 인간이 살아가는 데 필요한 고등사고기능에는 비판적 사고, 창의적 사고, 논리적 사고, 도덕적 사고, 배려적 사고(김혜라 외, 2013) 등 다양하며, 이들 사고력들은 독자적으로 배양되고 또한 독자적으로 행동체제를 형성하는 것이 아니라 상호작용적 이다. 예를 들면, 어떤 문제에 대한 독창적이며 합리적인 해결방안을 모색하기 위해서는 논리적 사고가 필요하지만, 보다 더 좋은 독창적이며 합리적인 아이디어를 얻기 위해서는 창의적 사고 성향인 유창성을 통하여 많은 아이디어를 생산하도록 하고, 많은 아이디어 가운데 가장 독창적인 아이디어를 채택하는 기능은 논리적 사고력의 기능에 따른다. 이성과 감성이 조화를 이루어야 전인적 발달이 이루어지듯, 논리와 창의는 떼어놓을 수가 없다.

위와 같은 예에서 보는 바와 같이, 어떤 문제를 합리적으로 해결하는 데에는 다양한 사고가 활용되는 등 상호작용적이다. 따라서 다양한 사고교육이 필요하다.

4) 부모의 육아방식에서 논리교육이 가능하다.

논리교육의 핵심은 경우에 따라 부모나 교사가 유아에게 논리교육을 가하는 부분도 중요하지만, 유아 스스로 논리적 사고를 하도록 부모의 자녀에 대한 육아방식에 변화를 주어야 한다. 논리교육의 시발은 유아들이 일상생활에서 접하는 모든 사물이나 현상에서 호기심과 궁금증을 갖는 데서부터 출발하며, 교사나 부모는 유아들이 갖는 호기심과 궁금증을 스스로 해결하고 발전하도록 이끌어 주는 것이다. 부모는 자녀에게 지나치게 관대하고 성급하다. 자녀들이 어떤 문제에 대하여 고민하는 것을 안타까워하며 정답을 바로 제시해 주거나, 그래도 약간이라도 사려 있는 부모는 다소 사고의 기회를 주기도 한다. 일상생활 속에서 논리교육이 따로 있는 것이 아니라 유아들이 늘 논리적으로 생각해보는 기회를 갖도록 부모의 자녀의 양육방식의 변화를 가져와야 한다. 그러기 위해서는 유아들이 부단히 접하는 사물이나 현상에 대한 호기심과 관심, 궁금증을 갖도록 하고, 이를 스스로 해결하도록 부모는 격려하는 방향으로 육아방식의 변화가 이루어져야 한다.

5) 논리적인 언어생활습관을 갖게 하는 일이다.

우리는 일상생활 속에서 언어가 없이는 잠시도 살아갈 수 없다. 따라서 우리 생활의 전부를 차지하고 있는 언어생활을 통하여 자연스럽게 논리적 사고력을 길러주는 방안을 생각해야 한다. 유아 누리과정의 5대 생활영역 즉, 신체운동 · 건강영역, 의사소통영역, 사회관계영역, 예술경험영역, 자연탐구영역 등 5대 영역이 논리적 사고력 형성에 영향을 주나, 그중 의사소통영역이 가장 많은 영향을 줌은 재론의 여지가 없다. 또한 의사소통영역에서도 쓰기와 말하기 활동은 논리적 사고력과 논술에 필요한 직접적인 기능임에 틀림없다. 그러나 쓰기, 말하기 기능 외에 읽기와 듣기기능 또한 간과할 수 없는 기능이다.

특히 우리들의 일상적인 언어생활은 의사소통을 비롯하여 대화하기, 토론하기, 정담 나누기, 발문하고 대답하기, 나의 의견 주장하기, 다른 사람의 의견이나 주장을 듣기, 책 보기 등 언어활동이 비판적이며 논리적이고, 창의적으로 일상생활이 이루어지도록 지도하여야 한다.

6) 논리교육, 논리적 사고교육에 직결되는 활동영역이 있다.

전 항에서 논리교육과 논리적 사고교육은 유아교육의 전 활동영역에서 지도할 수 있다고 하였다. 그러나 논리교육과 논리적 사고교육에 직접적으로 영향을 주는 활동영역이 있는데, 이들 영역에 대한 중점적인 지도도 필요하다. 이런 활동영역은 첫째, 탐구적 활동내용, 둘째, 창의적 활동내용, 셋째, 다양한 언어활동내용, 넷째, 예술활동내용, 다섯째, 논리기술 등인데 이에 해당하는 활동영역과 지도방법을 제II부에서부터 제VI부에 걸쳐 상세히 기술하였다.

제2장

논술

우리는 일상생활 속에서 논술에 관련된 용어에 대하여 무수히 접하고 산다. 논술시험, 논술고사, 논리, 논점, 논술교육 등 다양한데 이들 개념에 대한 뚜렷한 이해가 없이 상용하는 실정이다. 이러한 상황에서 제6차 유치원교육과정에서부터 논술교육을 강조하게 됨으로써 논술교육의 중요성이 부각되고, 논술교육에 대한 구체적인 방안들이 속속 발표되고 있다.

또한 본서는 궁극적으로 훌륭한 논술력을 기르기 위한 방안과 기술을 제공하는데 목적을 두고 있으므로, 본장에서는 논술에 대하여 이론적으로 접근해 보기로 한다.

1. 논술의 개념

논술의 대한 여러 학자의 견해를 종합하면 다음과 같다.

〈표 Ⅰ-5〉 논술의 개념

학자명	논술의 개념
김혜라 등(2013)	• 어떤 주제에 관한 의견을 논리적으로 서술하는 것을 말하며, 표현하는 형식은 말 또는 글이다.
김영실 등(2014)	• 설득을 목적으로 하는 글짓기, 논증적 글쓰기

학자명	논술의 개념
고정리(2013)	• 어떤 현상에서 발견한 문제에 대해 합리적인 주장과 논리적 근거로 자신의 해결 방안을 제시하여 상대를 설득시키는 글쓰기나 말
Daum 사전	• 어떤 주제에 대하여 논리적으로 서술하는 것을 말한다. 이를 학생선발과정에 포함하여 고사 형태로 실시하는 것을 논술시험 또는 논술고사라고 부른다.
zum 사전	• 어떤 주제에 대하여 논리적으로 서술하는 것

위 학자들의 의견을 종합하면 다음과 같다.

① 논술의 대상, 특정 주제나 어떤 현상에서 발견된 문제를 대상으로 기술한다.

② 특정 주제나 특정 문제에 대한 해결방안으로 이는 개인적인 의견이나 주장이다.

③ 해결방안에 대한 개인적인 의견이나 주장으로 말이나 글로 표현한다.

④ 특정 주제나 특정 문제에 대한 해결방안으로 상대를 설득시키기 위한 논증적인 글쓰기이다.

⑤ 자기의 의견이나 주장은 논리적으로 구성한다는 몇 가지 특성이 있다. 이들을 종합하면, 논술이란 '특정 주제나 문제에 대한 해결방안을 상대방에게 설득시키기 위하여 자기 의견이나 주장을 논리적이며 창의적으로 구성한 말이나 글'을 말한다.

2. 논술의 유사 개념

논술에 관련하여 많은 유사 용어들을 통상적으로 사용하고 있는데, 유사 용어에 대한 개념을 바르게 이해하고 활용해야 한다.

1) 논술시험

논술시험은 표현방식에 따라 말로 하는 구술면접식 논술과 글로 서술하는 서술식 논술의 두 형식이 있다.

2) 논증(추론)

추리를 언어로 표현하는 것을 '논증' 또는 '추론'이라고 하며, 전재와 결론으로 이루어진다.

3) 논리, 논리적

이치에 따라 생각하는 방법이며, 전제와 결론이 이치에 맞게 사고하는 방법이다.

4) 논거

하나의 주장을 뒷받침하기 위해 제시된 전제들을 논거라 한다. 논리적인 글쓰기는 전제(논거)에 의해 결론(주장)이 뒷받침되는 것이다.

5) 논점

논점은 논의하고 있는 문제의 핵심적인 부분으로, 논술문에서 논의의 초점을 의미한다.

6) 쟁점

쟁점은 서로 다른 의견이 충돌하여 대립되는 것을 의미한다.

7) 논지

단락에 있어서 중심 생각을 말한다. 단락 간에는 유기성이 있어야 한다.

8) 논술교육

어떤 주제에 대해 의견을 논리적으로 서술하는 것을 가르치는 교육을 말한다.

9) 논설문

문장에는 설명적 문장, 문학적 문장, 실용적 문장의 세 유형이 있는데, 그중 설명적 문장은 논리적 구조를 지니며 논리적 전개를 특징으로 하고 있다. 이 중에는 논설문, 설명문, 보고문, 기록문 등이 있는데, 논설문은 설명식 문장의 한 종류로서 어떤 대상이나 주제에 대하여 사고를 통해 이루어진 자신의 견해나 주장을 체계적으로 서술한 글이다.

3. 논술교육의 목표

논술은 일반적인 글쓰기와는 다르다. 즉, 논술은 발견한 문제에 대한 자기의 의견과 주장을 논리적이며 창의적으로 표현된 글인데, 여기에서는 일반적인 글쓰기 원리와 논리적인 글쓰기의 원리가 동시에 적용된다. 따라서 논술교육이란 '주제나 발견된 문제에 대해 자기의 의견과 주장을 논리적이며 창의적으로 잘 표현할 수 있도록 일반 글쓰기 원리와 논리적 글쓰기 원리를 지도하는 교육'이다.

논술교육의 목표를 중앙일보에듀라인(2011. 6. 17.)에서는 다음과 같이 정의한다.

① 세상에서 보는 일을 크게 보는 안목을 기르고, 상황에 대한 분별력을 갖추게 하려는 데 있다.

② 양질의 책을 많이 읽어 인류의 정신 · 역사 · 문화적 자산을 공유하게 해 민주시민으로서 공통의 감각을 유지하도록 하는 데 있다.

③ 인간사의 중요한 문제들에 대해서는 견해가 엇갈리는데, 그 이유를 통찰하고 스스로 주관을 세워 균형감각을 유지하는 데 있다.

④ 자기 나름의 견해가 정립되었으면 다른 의견도 있을 수 있다는 사실을 고려해 자신의 생각을 조리 있게 표현함으로써 공동체 생활에 적극 참여할 수 있도록 하는 데 두고 있으나, 다른 각도에서 논술교육의 목표를 생각해 보기로 한다.

1) 논술교육은 교육의 트렌드(Trend)이다

지금까지 오랜 기간 동안 지식, 정보의 암기 위주의 전통적인 교육방식에서 탈피하고자 하는 갖가지 노력들이 실효를 거두지 못하였으나, 이제는 더 이상 논리적이며 창의적인 사고 능력을 배양하기 위한 논술교육을 방치할 수 없는 상황에 놓여 있다. 이를 위하여 초등학교부터 고등학교 1학년까지 이르는 국민 공통 기본교육과정을 도입하여 학문적 체계성의 유지는 물론 논리·창의적인 교육을 초·중·고등학교에서 일관되게 추진하고 있고, 또한 유치원교육에서도 제6차 교육과정에서부터 논리논술교육을 국가적인 차원에서 강조하여 다양한 지침을 제시하는 등 이제는 논술교육이 더 이상 소홀히 할 수 없는 교육적 과제이다.

2) 문제해결력을 길러 현재의 삶을 개선시킨다

우리 인간은 일상생활 속에서 수없이 많은 문제를 당면한다. 이럴 때마다 상황을 바르게 이해하고, 문제를 발견하며, 발견된 문제에 대한 요인을 분석하고, 발견된 문제요인에 대한 방안을 강구하며, 문제를 해결하여 생활을 개선하는 등 우리의 삶은 연속적인 문제해결과정이다. 이를 위해서는 논리적이며 창의적인 사고력이 필요하다. 훌륭한 논술을 위하여 논리적 사고력과 창의적 사고력이 필요하지만, 논술 자체를 통하여 논리적 사고력과 창의적 사고력이 배양되기도 한다.

3) 토론, 대화 등 민주시민의 자질을 향상시킨다

민주사회 시민으로서 남과 더불어 조화롭고 원활한 생활을 영위하기 위해서는 합리적인 토론과 대화기술이 필요하다. 직업, 학력, 경제·사회적 지위, 개인적 성향과 취미가 다른 사람들이 모여 있고 점점 이질성이 심화되어 가는 복잡하고 다양한 미래 사회에서는 많은 갈등과 논쟁의 요소가 돌출되기 마련이다. 이때 논리적이고 합리적인 사고가 뒷받침된 토론과 대화의 기술이 있다면, 갈등과 논쟁의 조절이 가능할 것이다. 논술은 이에 필요한 토론과 대화에 필요한 기술을 제공해 준다.

4) 정보 활용능력을 배양시킨다

오늘날 우리는 정보의 홍수, 범람의 사회에서 살고 있다. 우리들은 이 많은 정보들 중에서 유용한 것과 무용한 것, 옳은 가치를 가지고 있는 것과 그렇지 못한 것을 선별하여 활용해야 하는데, 이를 위해서는 논리적 사고력과 창의적 사고력으로 무장해야 한다. 이러한 사고력을 배양하기 위해서는 논리 · 창의 중심의 논술교육을 강화해야 한다.

4. 논술의 성격

논술의 일반적인 성격을 종합하면 다음과 같다.

1) 논술은 문제해결과정이다

논술은 문제의식으로부터 시작하여 문제를 진단하고, 문제요인을 찾으며 이에 근거하여 문제요인에 따른 해결방법을 찾는 등 일련의 문제해결과정을 밟는다. 또한 이러한 문제해결과정은 논리적으로 합당해야 한다.

2) 논술에는 다양한 사고능력을 기초로 하여 이루어진다

논술을 하기 위해서는 다양한 사고능력이 필요하다. 특히 논리적 사고능력, 창의적 사고능력, 종합적 사고능력이 필요하다.

3) 논술은 생각을 언어로 표현한 것이다

논술은 자기의 생각이나 의견을 글쓰기와 말하기 등 언어를 통하여 논리적이고 체계적이며 합리적인 사고과정을 거쳐 표현된 것이다. 즉, 논술은 어떤 주제에 대하여 논리적이며 창의적이고 합리적인 사고를 통해 자기의 생각이나 의견을 체계적으로 서술한 것이다.

4) 논술은 사회적 참여기술을 증진시킨다

인간은 사회의 각종 분야에서 일어나는 사회적 문제나 이슈에 관여하여 사회적 문제나 이슈에 대해 비판하고 의견을 개진하고, 필요에 따라 해결방안을 제시하는 등 직·간접적으로 참여하게 되는데, 논술은 사회적 참여를 활성화시킬 수 있는 사회참여기술을 증진시킨다.

5) 논술은 민주시민의 자질을 향상시킨다

인간은 민주시민으로 행사하는 데 있어 크고 작은 토론거리를 만나고, 호악 간에 어느 한쪽을 선택해야 하는 상황에 놓이게 된다. 여기에 토론 및 대화기술이 필요하며 이러한 토론 및 대화기술은 논술을 통해 배양되고, 이 토론기술은 바로 민주시민의 자질이 된다.

6) 논술은 삶의 방식이나 행동방향에 대한 결정력을 제공한다

인간의 일상생활에서 삶의 방식이나 행동방향을 스스로 판단하고 결정하여야 할 때가 많다. 이러한 판단을 합리적이며 타당하게 결정할 때, 삶의 방향과 행동이 바람직해질 수 있으나 잘못 판단하면 생활이 불편하고 사회적으로 지탄을 받는다. 논술은 삶의 방식과 행동방향을 올바르게 판단하는 데 필요한 능력을 제공한다.

7) 논술은 추리, 논증, 논리, 논거, 논지 등의 논술에 필요한 제반 조건을 갖추어야 한다(고정리, 2014)

(1) 추리

사실을 근거로 누구나 그렇게 생각할 만한 결론을 이끌어 내는 생각의 형식이다.

(2) 논증

전제와 결론 형식의 언어로 표현된 것이다.

(3) 논리, 논리적

이치에 따라 생각하는 방법이며, 전제와 결론이 이치에 맞게 사고해야 한다.

(4) 논거

하나의 주장을 뒷받침하기 위해 제시된 전제들이다. 전제(논거)에 의해 결론(주장)이 뒷받침되는 것이다.

(5) 논지

단락에 있어서 중심 생각을 말한다. 단락 간에는 유기성이 있어야 한다.

5. 논술에 필요한 능력

훌륭한 논술력을 길러주기 위해서는 어떤 능력을 길러주어야 하는가에 대한 대답은 그리 쉽지 않은 것 같다. 초 · 중 · 고등학교에서는 과거 지식 위주의 전통적인 교육방법이 가져온 폐해를 바로잡기 위한 정책의 일환으로, 길게는 수십 년 전부터 교육관계부처에서 논술교육을 강화해 왔지만, 현장학교에서의 논술능력은 예나 지금이나 별로 달라진 것이 없는 것 같다. 이는 논술능력을 배양하는 일이 그리 쉽지 않고 또한 논술에 영향을 주는 요인들이 아주 다양하기 때문이다. 논술에 필요한 능력을 개략적으로 보면 논술의 기초기능으로서, 언어능력과 논리적이며 창의적이고 합리적인 글을 쓸 수 있는 다양한 사고기술이 필요하다. 이는 다음 〈표 I-6〉과 같다.

〈표 I-6〉 논술에 필요한 능력

구분	세부기능	비고
사고능력	논리적 사고력	
	창의적 사고력	
	종합적 사고력	

구분	세부기능	비고
언어능력	문장구성능력(쓰기)	표현력
	언어구성능력(말하기)	표현력
	독해능력(읽기)	이해력
	청취능력(듣기)	이해력

〈표 I-6〉에서 보듯이, 같이 논술에 필요한 능력은 크게 사고능력과 언어능력의 두 종류인데, 사고능력에는 논리적 사고력, 창의적 사고력, 종합적 사고력이 필요하며, 언어능력에서는 글로서 표현하는 문장구성능력, 언어로 표현하는 언어구성능력, 글을 읽고 이해하는 독해능력, 음성언어에 대한 청취능력 등 쓰기, 말하기, 읽기, 듣기 등의 전반에 걸친 언어능력을 향상시켜주어야 한다. 세부기능에 대하여 좀 더 자세히 살펴보면 다음과 같다.

1) 사고능력

논술에서 사고능력이 빠지면 일반 글쓰기와 다름이 없다. 논술에서는 논리적 사고력, 창의적 사고력, 종합적 사고력이 필요하다.

(1) 논리적 사고력

논술에서 가장 중요한 것은 논술 작성자의 논리적 사고력이다. 논리적 사고력이란 '논리적으로 사고하는 기술', 즉 '어떤 문제나 주장에 대하여 논리적이며 합리적인 기술이나 기법을 활용하여 당면과제를 해결하는 사고의 힘'을 말한다. 논리적 사고에는 분석적 사고, 추론적 사고, 비판적 사고가 있다. 논술 작성자는 주어진 주제나 문제에 대하여 기존 지식을 활용하여 문제를 진단하고 분석하여 해결방안을 순차적으로 제시하는데, 제시하는 과정에서 분석적 사고, 추론적 사고, 비판적 사고가 순차적으로 이루어져야 하는데, 논술에서는 이러한 논리적 사고력이 절대적으로 필요하다.

(2) 창의적 사고력

창의적 사고력이란 일반적으로 창의적 과정을 거쳐서 '새로움'과 '적절성' 있는 산출물을 생성하는 능력으로 본다. 논술에서는 논리적 사고력과 함께 창의적 사고력이 필요하다. 논술은 창의적 사고력에 의한 새로움과 논리적 사고력에 의한 타당하고 합리적이며, 주장성이 강한 논술이 되어야 한다. 따라서 논술에서는 논리적 사고력과 창의적 사고력이 상호적인 역할을 함으로써 훌륭한 논술로 탄생한다. 이렇게 하기 위해 창의적 사고력에서는 특히 창의성의 인지적 요소인 유창성, 독창성, 정교성, 민감성, 그리고 창의적 성향으로 개방성, 인내심, 호기심, 자발성, 집착성(민감성)등을 개발시키는 데 주력해야 한다.

(3) 종합적 사고력

종합적 사고력이란 관련된 여러 상황을 종합하여 합리적으로 사고하는 능력이다. 훌륭한 논술이 되기 위해서는 정리된 논술을 종합적으로 검토해 보는 능력이 필요하다. 어떤 논술의 내용이 논리적이며 창의적으로 잘 구성되어 있다 하더라도, 상대를 설득시키고 상대의 이성에 호소하는 논술이 되게 서술을 잘하기 위해서는 합리적 서술능력이 있어야 하는 등 최종적으로 논술내용에 대한 종합적 사고에 의한 전체적인 검토가 필요하다.

2) 일반 언어능력

논술에서 아무리 논리적 사고력과 창의적 사고력이 뛰어나도 일반 언어능력이 갖추어지지 않으면 훌륭한 논술이 불가능하다. 언어는 사고이다. 따라서 듣기, 말하기, 읽기, 쓰기 등의 기능을 연마하여 문장을 잘 구성하고(쓰기), 말을 조리 있게 잘하며(말하기), 다른 사람의 글을 잘 이해하고(독해력), 자기의 판단을 잘 할 수 있도록 다른 사람의 말을 잘 들을 수(청취력) 있도록 언어능력을 향상 시켜주어야 한다. 다음은 이에 대하여 자세히 기술하기로 한다.

(1) 쓰기능력

쓰기는 글쓴이의 생각, 감정, 경험 들을 문자 언어라는 매체를 통해 표현하는 과정적 사고활동이다. '쓰기'는 여러 가지 하위기능들이 통합적으로 작용하는 지적 과정으로, 여기에는 말하기, 듣기, 읽기활동이 적용되고 말하기, 듣기, 읽기활동들은 쓰기에도 적용되는 등 쓰기능력 향상을 위해서는 다른 영역의 언어활동의 도움이 필요하다. 특히 쓰기지도에서는 문장구성능력과 단락구성능력을 기르는 데 주력해야 한다(김영실 외, 2013). 문장구성능력은 문장구성요소들을 문법규칙에 따라 결합하여 하나의 의미를 가진 문장으로 만드는 능력으로, 여기에는 문법규칙, 다양한 어휘습득 및 적절한 활용능력, 문장구사능력, 문체구사능력 등을 배양해야 한다. 또한 단락구성능력이 있어야 한다. 단락은 글을 내용상으로 끊어서 구분한 하나하나의 토막이다. 단락구성능력은 자신의 생각을 조리 있게 하나의 완결된 텍스트로 문장을 구성하는 능력이다(김영실 외, 2013).

쓰기지도에서 꼭 고려할 점은 다음과 같다.

① 유아들이 원하는 것은 무엇이든지 자유롭게 쓰게 한다.
② 유아 자신의 개성적인 글을 쓰도록 지도한다.
③ 처음 쓰기에서는 성인이 시범을 보이고 그대로 쓰게 한다.
④ 비지시적인 방법으로 유아 스스로 쓰기활동을 전개해 나가면서 쓰기기술을 익히도록 한다.
⑤ 읽기, 말하기, 듣기 등 언어기능과 통합하여 총체적 쓰기를 지도한다.
⑥ 의사소통, 의미의 표현 등 쓰기 목적달성을 위한 기능적 쓰기지도를 한다. 구체적인 지도방법은 제13장을 참고하기 바란다.

(2) 말하기능력

논술의 표현방법은 글이나 말이다. 말하기란 자신이 알고 있는 정보나 지식, 생각, 감정들을 소리의 매체들을 동원하여 체계적이며 효율적으로 표현하는 고도의 지적 활동이다. 유아는 낱말과 문장으로 말하되 상황에 맞게 바른 태도로 말하는 능력을 길러줘야 한다. 유아의 말하기 곧, 자신의 느낌이나 생각, 경험을 담고 있으므로 유아가 다양한 사전 경험을 할 수 있도록 지도해야 한다.

유아들에게 필요한 말하기 능력이란 유아들이 접하는 다양한 상황에서 거기에 알맞은 말하기 기능을 구비하도록 지도하는 일이다. 유아들의 말하기 상황으로는 대체적으로 대화, 토의, 타협, 보고, 논쟁, 설명, 놀이 등으로 각 상황에 따른 말하기 기능이 있을 수 있으나, 일반적인 기능은 ① 말하기에 필요한 지식, ② 말하기 기술, ③ 말하기 태도, ④ 자신감 등을 들 수 있다. 이러한 기능이 구비되어야 자신이 가지고 있는 지식과 정보와 감정과 생각을 상대에게 이해시키고 설득시킬 수 있다. 구체적인 지도방법은 제13장을 참고하기 바란다.

(3) 읽기능력

읽기란 '문자언어를 해독하여 의미를 파악하는 지적 활동'으로, 모든 학습의 기초가 되며 읽기가 불가능하면 학교학습이 불가능하다. 특히 논술에 있어서도 마찬가지이다. 논술은 말이나 글로 표현하는 것이라 하나, 말이나 글로 표현하기 이전에 문제의식을 갖게 하고 문제의식에 따른 문제의 해결과정에 필요한 정보나 지식 등은 다양한 관련 서적이나 자료의 읽기과정을 통해 얻어지기 때문이다. 이러한 읽기능력을 독해력이라고도 하며, 서적이나 자료에 담긴 의미를 해석하는 독해력이 없다면 논술 또한 불가능하다. 특히, 읽기능력을 기르기 위하여 초기의 주요 읽기교육내용은 ① 음운인식, ② 글과 글자의 개념, ③ 글의 경험, ④ 단어재인능력, ⑤ 내용이해를 위한 사전 지식활용, ⑥ 독해전략, ⑦ 어휘, ⑧ 다양한 문학적 경험과 반응, ⑨ 읽기를 즐기는 습관형성 등이 중요하다. 읽기지도의 구체적인 방안은 제13장을 참고하기 바란다.

(4) 듣기능력

듣기란 '다른 사람이 전해주는 말소리를 마음속에서 의미로 전환시키는 과정'이다. 의사소통을 잘하기 위해서는 먼저 다른 사람의 말을 주의 깊게 듣는 태도와 내용을 이해하는 것이 중요하다. 유아는 교사나 친구들과의 일상대화와 다양한 듣기 활동을 통해 유아는 낱말, 문장, 문장과 문장의 관계를 이해하게 된다. 논술에 있어서 듣기능력은 대단히 필요하다. 예를 들면, 대화, 토의, 타협, 보고, 논쟁, 설명, 놀이 등 다양한 말하기 상황에서 상대편의 의견이나 주장을 듣고, 바로 자신이 상대편의 의견이나 주장 중에서 문제점을 발견하며 이에 대한 자신의 의견이나 주장을 바로 내놓아야 하기 때문이다. 특히 유아들에게 비판적 듣기기술을 길러 주는 것이 중요하다(이차숙, 2005).

① 준거에 따라 환상적인 것과 사실적인 것을 구분할 줄 알기
② 주요 아이디어, 주장, 가설들의 타당성과 적절성을 판단할 줄 알기
③ 진술의 잘됨을 알고 판단하며 평가할 줄 알기
④ 타당한 진술과 타당하지 않은 진술을 구분할 줄 알기
⑤ 아이디어를 검사하고, 비교하며, 대조하여 진술에 대한 결론을 내릴 줄 알기
⑥ 오류를 발견하기
⑦ 화자가 청자에게 영향을 미칠 수 있는 다양한 장치의 효과를 인식하고 판단하기
⑧ 화자의 편견이나 관점을 찾아내고 평가할 줄 알기
⑨ 화자의 여러 조건들이나 제한을 평가할 줄 알기
⑩ 화자의 아이디어를 새로운 상황에 적용시킬 수 있는 방법들을 평가하면서 듣도록 하기 등이다.

6. 논술의 유형

유아들에게 논술을 지도하기 위해서는 상황에 따라 논술을 쓸 수 있도록 논술의 유형에 대하여 이해하고 있어야 한다. 논술의 유형에 따라 논술의 방법이 다르기 때문이다. 논술의 유형을 정리하면 〈표 I-7〉와 같다.

〈표 I -7〉 논술의 유형

고정리(2013)	김영실 등(2014)	박은영(2010)
1. 찬반논의형 논술 2. 문제해결형 논술 3. 독해형 논술	1. 제시문의 입장을 설명하는 논술 2. 이유나 근거를 찾아보는 유형 3. 제시문과 다른 매체 간의 관련성을 서술하는 유형	1. 문제를 발견하는 사고과정으로서의 논술 2. 해결가능성을 논리적으로 모색하는 과정으로서의 논술 3. 논리적 사고과정으로서의 논술 4. 합리적 사고가 객관적 논의과정을 거쳐 그 결과를 언어로 표현하는 과정으로서의 논술 5. 논리적 글쓰기로서의 논술

이와 같이 분류하고 있으나, 다음에서 찬반논의형 논술, 문제해결형 논술, 추론형(독해형) 논술로 구분하여 개념, 성격, 목적, 주제, 방법에 걸쳐 간략하게 기술하기로 한다.

1) 찬반논의형 논술

(1) 개념

사회적 또는 개인적으로 이슈화되고 있는 어떤 문제에 대하여 찬성 또는 반대의 견해를 제시하고, 자기의 견해에 대한 이유와 근거를 논리적이며 합리적인 방법으로 밝히는 논술 중의 가장 전형적이고 기본적인 형태이다.

(2) 목적

유아들의 일상생활에서 접하는 쟁점사항에 대한 해결을 도모하고, 해결과정에서 다양한 정보와 자료를 접함으로써 인지적 성장은 물론 다양한 토론과정을 통해 논리적이며 창의적인 사고를 함으로써 설득력 있고 논리적인 논술로 이끌어 나간다.

(3) 주제선정

찬반논의형 논술의 주제는 양자택일식 주제로서 가 · 부 간에 단안을 내려야 할 상황에 처해 있는 주제이다. 주제의 예를 들면, 개인적으로 이슈화된 문제로는 '유아들이 유치원에서 스마트폰을 소지해야 할까?'와 같은 유형의 주제이고, 사회적으로 이슈화된 문제로는 '공중도덕을 지키지 않는 사람들을 어떻게 처리해야 할까?'와 같은 유형의 주제들이다. 유아교육기관에서 찬반 논의형 주제선정은 논술력을 기르고 토의기술을 함양시키는 데 목적을 두므로, 주제선정 시 다음과 같은 사항이 고려되어야 한다.

첫째, 주제는 유아들의 일상생활 속에서 선정하여야 한다.

둘째, 단답형으로 나오는 주제는 피하고 그 가치가 양립되어 토론이 필요한 주제여야 한다.

셋째, 상식 수준에서 해결될 수 있는 주제는 피해야 한다.

넷째, 주제의 범위가 적절하며, 찬성이나 반대를 할 때 그 이유나 근거자료 확보가 용이한 주제여야 한다.

(4) 방법

찬반논의형 논술에는 두 가지 유형이 있다. 한 유형은 어떤 문제에 대하여 찬성이나 반대에 대한 자기의 견해를 밝히고, 찬성이나 반대의 견해에 대한 자신의 논리를 펴는 경우이고, 또 다른 유형은 제시된 찬성과 반대의 글 중에서 하나를 선택한 후 글에 대한 자신의 논리를 펴는 유형이다.

2) 문제해결형 논술

(1) 개념

개인적 또는 사회적으로 이슈화되어 있는 문제에 대하여 문제의 핵심을 확인하고, 문제에 대한 문제요인을 밝힌 후 문제요인에 따른 해결방안을 제시하는 등 현장 연구적 방법으로 당면 문제를 해결해 가는 과정에 따라 기술해 나가는 논술의 한 형태이다.

(2) 목적

유아들이 당면한 문제에 대한 해결방안을 제시함으로써 문제해결을 통한 생활방법의 개선을 꾀함은 물론, 문제해결적 사고력을 배양하여 일상생활 중에서 부단히 접하는 갈등문제를 해결할 수 있는 능력을 길러주고, 이러한 문제해결적 과정에 따라 논술함으로써 논리적이며 창의적인 사고력을 길러 준다.

(3) 주제선정

찬반논의형 논술이 찬 · 반 또는 가 · 부의 결정 · 결단을 필요로 하며, 극단적으로 양립되어 있는 갈등문제해결을 위한 주제임에 반하여 문제해결형 주제는 현재 유아들의 생활 속에서 어려움을 겪거나 갈등하고 있는 문제에서 주제가 선정되므로, 양립된 의견의 조정보다 현재의 상황보다 더 낳은 해결방안을 모색하는 데 시급하고 적절한 내용이 주제로 선정된다. 예를 들면, '교실에서 떠드는 유아는 어떻게 할까요?', '아파트에서 고양이를 기르는 것에 대하여 어떻게 생각하나요?'와 같은 유형이다. 주제선정 시 고려할 점은 다음과 같다.

첫째, 현재 당면하고 있는 갈등이나 문제가 심각하여 우리들의 생활을 불편하게 하거나 괴롭히는 내용 중에서 주제를 선정한다.

둘째, 유아들 수준에서 해결할 수 있는 내용이어야 한다.

셋째. 문제해결을 위한 다양한 자료를 확보할 수 있는 내용이어야 한다.

(4) 방법

문제해결형 논술은 일반적으로 문제의식, 문제점 진단, 문제요인 파악, 해결방안, 제언의 순서를 밟아 문제를 해결하고, 이런 순차적 과정에 의해 논술을 이어간다.

① 문제의식

문제해결형 논술은 문제의식을 갖는 데서부터 시작된다.

우리들의 일상생활에서 어려운 일은 없는가? 무엇이 문제인가? 하고 늘 문제의식을 가지고 생활하다 보면 문제의 소재를 파악할 수 있다. 각종 매스컴에서도 문제를 찾을 수 있다.

② 문제확인

문제의식에 이어 무엇이 문제인가를 확인하고 주제 또는 문제로 진술한다. 예를 들면, 활동실이 시끄럽고 마음이 늘 불안해서 못 견디겠는데, 그 문제가 어디에 있는지 생각해 보니 친구들이 선생님만 안 계시면 소리 지르고 떠들기 때문이라고 인식되면 '유아들이 떠들지 않게 하려면 어떻게 해야 할까?'라는 주제(문제)를 제시할 수 있다.

③ 문제요인분석

문제요인을 다각도로 분석한다. 위의 예를 든다면 '유아들이 떠드는 이유'를 밝힌다. 떠드는 이유로는 다음과 같다.

- 선생님이 안 계시니까.
- 장난감을 먼저 가지고 놀려고.
- 떠들면 재미있으니까.

등으로 문제요인이 분석되었다.

④ 해결책

위의 문제점을 해결해 준다면 유아들이 떠들지 않게 된다. 위의 예를 든다면,

- 선생님이 가급적 활동실을 비우지 않는다.
- 장난감의 종류를 많이 늘려 준다.
- 동화책 읽기, 조용히 앉아 여러 가지 모양 만들기 등의 활동을 하도록 한다.

⑤ 전망

이러한 방안이 채택되면 활동실이 조용해지고 유아들 상호 간에 우애심이 형성될 것이라는 등 앞으로 나타날 효과를 생각해 본다. 위의 과정을 밟아 사고하면서 논술을 기술하도록 한다.

3) 추론형 논술

(1) 개념

추론형 논술은 독해형 논술, 종합적 논술이라고도 하는데, 추론형 논술은 어떤 방송매체나 그림, 글 등의 읽을거리 자료 속에서 발견한 새로운 정보에 대하여 보다

심층적이며 종합적으로 분석, 비판하여 새로운 방안을 모색해 나가는 논술이다.

(2) 목적

찬반형 논술과 문제해결형 논술은 대개 일상생활 속에서 직접적으로 당면하는 과제나 문제에 대한 해결을 통하여 어려움이나 갈등을 해소하는 데 목적을 두는 한편, 추론형 논술은 방송매체나 읽을거리 속에서 논술거리를 찾아 이에 대한 건설적인 대안을 제시하여 더욱 많은 성장과 발전을 도모하도록 쓰는 논술이다.

(3) 주제

찬반형 논술과 문제해결형 논술은 유아의 생활 주변에서 직접적으로 갈등과 어려움을 느끼는 당면과제나 문제들 속에서 논술문제나 주제가 설정되나, 추론형 주제는 방송매체나 신문, 사건, 그림, 만화, 녹음테이프 등 읽을거리에서 직접적으로 주제를 찾아낸다. 따라서 찬반형 논술이나 문제해결형 논술주제와 같이 유아들이 어려움이나 갈등을 느끼는 것은 간접적이다. 예를 들면, 북한 주민들이 위험을 무릅쓰고 월남하는 기사를 보고 '북한 동포들을 돕는 길은 없을까?' 하는 주제를 선정할 수도 있다.

(4) 방법

추론형 논술은 문제해결형 논술절차와 비슷하다. 찬반토론형 논술과 문제해결형 논술이 개인적 혹은 사회적으로 이슈화된 문제가 주제로 선정됨에 반하여, 추론형 논술주제는 메스컴이나 읽을거리 자료 내에서 선정된다. 그리고 추론형 논술과 문제해결형 논술주제해결은 문제가 내재되어 있는 현장문제 분석을 통하여 해결방안을 모색함에 반하여, 추론형 논술은 신문, 사진, 그림, 만화, 방송자료 등을 활용하여 문제 해결의 자료를 확보하여 해결한다.

따라서 문제해결과정은 문제의식, 문제확인, 탐색, 해결책, 전망의 순으로 이루어지는데, 문제해결형 논술에서 문제분석을 탐색으로 대체하였다. 이는 문제해결형이 현장실태를 분석하여 해결방안을 찾는 대신, 추론형 논술은 각종 매스컴이나 읽기자료의 탐색을 통해 수집된 정보나 자료 등으로 문제를 해결하기 때문이다.

7. 논술교육의 방향

논술교육은 논술의 표현방식에 따라 교육의 방향이 달라질 수 있다. 특히 논술을 표현하는 형식은 다음 두 가지가 있다.

첫째는 글로 쓰는 형식이다. 즉, 주제나 제기된 문제에 대하여 필자의 생각과 의견을 객관적인 사실이나 자료를 근거로 제시해 독자로부터 공감을 얻어내는 형식이다.

둘째는 말로 하는 형식이다. 말로 하는 형식은 주제나 제기된 문제에 대하여 사실을 근거로 하여, 필자의 생각과 의견을 제시하여 청자로부터 공감을 얻어내는 형식이다. 글로 표현하는 경우에는 특히, 문장구성력이 필요함에 반하여, 말로 표현하는 경우에는 언어구사력이 필요하나 두 가지 형식 모두가 표현을 잘하기 위해서 논리적 사고와 창의적 사고, 그리고 종합적 사고과정을 거치는 일은 동일하다. 따라서 다음에서는 논술을 글로 쓰거나, 말로 하거나, 공통적으로 적용되는 지도방안에 대하여 개략적으로 생각해 보기로 한다.

1) 사고능력과 언어능력을 동시에 계발시킨다

논술이란 논리적 사고력과 창의적 사고력을 기반으로 한 글쓰기와 말하기 과정이라고도 정의할 수 있다. 따라서 논술지도를 위해서는 논리적 사고력과 창의적 사고력을 모든 유아교육활동에서 계발시켜 주는 일과 글쓰기, 말하기 능력으로서 문장구성력과 언어구성력 향상을 위한 글쓰기와 의사소통기술을 동시에 지도해 주어야 한다. 또한 요약과 개요짜기 훈련도 해주어야 한다.

2) 다양한 글쓰기 경험을 제공하여야 한다

논술은 일차적으로 자신의 의견과 생각을 기술하고 주장하는 것으로 글쓰기 기술을 지녀야 한다. 따라서 유아들에게 자신들이 원하는 다양한 유형의 글을 자유스럽게 쓰되, 개성 있는 글을 쓰도록 지도해야 한다. 특히 문장구성력과 단락구성력은 글쓰기 지도의 핵심이다.

3) 말하기 능력을 형성시키는 데 주력해야 한다

말하기를 통한 논술은 쓰기를 통한 논술과는 다른 점이 있다. 말하기를 통한 논술은 대체적으로 토론, 대화, 토의, 타협, 보고, 논쟁, 설명, 놀이 등 다양한 말하기 상황에서 이루어지므로, 상대방의 이야기를 청취하고 즉각적으로 자신의 의견과 생각으로 자기 주장을 제시해야 하는 순발력이 필요하다.

따라서 이에 대응하기 위한 말하기 기능지도가 이루어져야 한다. 이를 위해서는 첫째, 토론, 대화, 이야기 기회를 많이 제공한다.

둘째, 나의 말을 자신 있고 논리적으로 하도록 함은 물론, 다른 사람의 말을 잘 듣도록 한다. 다른 사람의 말을 잘 듣게 되면 자연스레 사고가 확장된다.

4) 평소에 유아들이 자신의 생각을 글쓰기나 말하기를 통하여 발표할 수 있는 기회를 많이 주고, 교사가 그들의 글쓰기나 말하기에 관심을 가지고 늘 격려해 주어야 한다

유아에 대한 '경청'이나 '관심'은 최고의 말하기 지도방법이다.

5) 발문기술을 수련하여 상황에 알맞은 적절한 발문으로 유아들의 사고력을 유발시키는 데 노력한다

논리적 사고력과 창의적 사고력은 논술에서 글쓰기나 말하기 기능과 더불어 대단히 중요한 기능이다. 논리적 사고력과 창의적 사고력이 빠진 논술은 일반 글쓰기와 다르지 않다.

또한 질문의 방법으로는 인지수준에 따른 발문기법, 논리적 사고력을 기르는 발문기법, 창의적 사고력을 기르는 발문기법, 그리고 확산적 질문기법, 수렴적 질문기법 등 상황에 따라 알맞은 발문기법을 적용하여 다양한 사고력을 개발시켜야 한다.

6) 논술쓰기를 단계화한다

일반적인 글쓰기 능력이 형성되지 않은 유아에게 논술을 강요하면, 이는 어려운 것으로 인식되어 논술쓰기를 기피할 우려가 있다. 따라서 논술쓰기를 단계화하여 자기 생활 경험쓰기, 주제가 있는 글쓰기, 논술쓰기 등 일반 글쓰기로부터 시작하여 논술쓰기로 점진적으로 확대, 발전시킨다. 자기 생활 경험쓰기는 유아가 생활 속에서 본 일, 들은 일, 겪은 일을 유아가 즐기는 글의 형식으로 유아가 쓰고 싶을 때 쓰도록 한다. 이때 유아의 글을 비판하려 말고 이해하고 공감하도록 한다. 다음은 주제가 있는 글쓰기로서, 교사가 제시하거나 유아가 선정한 특정주제에 대하여 논술을 쓰도록 한다. 이 단계에서는 주제에 관한 나의 생각이나 의견, 또는 다른 동료 유아의 생각이나 의견을 비교하는 등 주제에 국한된 글을 쓰게 한다. 이 단계가 논술의 기초단계이다. 그리고 마지막으로 논술의 단계에 진입한다. 이 단계에 와서 어떤 문제에 대한 자기 의견과 생각을 가지고 주장의 글을 쓰되, 반드시 그 이유와 근거를 제시하는 등 논리적 사고력과 창의적 사고력을 근간으로 하여 논술쓰기를 지도한다.

7) 문제해결 중심의 사고과정에 따른 과제 수행능력을 길러 준다

유아의 모든 생활 장면에서 독서를 하거나 각종 매스컴에서 새로운 정보나 사건을 접할 때는 항상 그 속에 문제는 무엇인가? 그리고 그 문제의 원인은 무엇인가? 그리고 그 문제의 해결방안은 무엇인가? 하는 등 문제의식에서부터 문제해결에 이르기까지의 전 과정에서 순환적 사고과정을 기반으로 모든 문제를 논리에 맞춰 타당하게 문제를 처리하는 수행능력을 길러 준다.

8. 논리 중심의 논술교육 방안

전장에서 논리적 사고력, 논술의 특성, 그리고 논리적 사고력과 논술 간의 상호적 관계 등에 걸쳐 탐색하였다. 따라서 이상의 탐색내용들을 근간으로 하여 논리중심의 논술교육의 방안에 대하여 생각해 보기로 한다.

논리중심의 논술교육의 방안이란 결국 훌륭한 논술을 하기 위해서는 논리적 사고력과 창의적 사고력이 뒷받침되고 말과 글을 잘 표현할 수 있는 글쓰기와 말하기 기술이 한데 연결되면 훌륭한 논술이 이루어질 수 있다. 따라서 논리중심의 논술교육 방안을 모색하기 위한 기준을 다음과 같이 설정하였다.

첫째, 모든 유아교육활동에서 논술에 필요한 논리적 사고력을 배양할 수 있는 활동은 무엇인가?

둘째, 지금까지 유아교육활동에서 논술에 필요한 논리적 사고력을 배양할 수 있는 방법 중에서 실험적 연구를 통하여 효과적이라고 검증된 활동영역과 활동영역에 따른 지도방법은 무엇인가? 하는 관점에서 기존에 보고된 각종 연구자료를 분석 · 검토하여 본서에서 다룰 활동영역을 12영역으로 선정하였다. 그 영역은 다음 〈표 I-8〉과 같다.

〈표 I-8〉 논리 · 논술교육을 위한 활동영역별 적용방법의 개요

순	활동영역	적용방법
1	수학적 탐구과정 적용지도	1) 분류하기 2) 순서 짓기(서열화하기) 3) 규칙성 예측하기 4) 비교하기
2	과학적 탐구과정 적용지도	1) 관찰하기 2) 분류하기 3) 의사소통하기 4) 예상하기 5) 실험하기
3	탐구중심의 교수학습방법 적용지도	1) 가설 실험학습 2) 발견학습 3) 문제해결학습
4	대화지도	1) 대화의 기본기법 (1) 경청하기 (2) 듣고 있다는 신호 보내기 (3) 이해했다고 표현하기 2) 상황적 발문기법 3) 대화방법의 길잡이 (1) 대화 방법의 기본 길잡이 (2) 교사응답처리 길잡이 4) 대화의 효율화 기법

순	활동영역	적용방법
5	토론학습지도	1) 토론주제 정하기 2) 토론규칙 정하기 3) 유아토론 기법지도 4) 토론교수 · 학습지도 5) 토론지도를 위한 교사의 역할
6	독서토론지도	1) 독서토론준비 2) 독서토론교수 · 학습지도(1/2) 3) 독서토론교수 · 학습지도(2/2) 4) 독서토론자료목록
7	발문기법지도	1) 인지수준에 따른 발문 2) 비판적 사고를 위한 발문 3) 비판적 사고력과 창의력 계발을 위한 확산적 발문 4) 논리 · 논술을 위한 창의적 훈련
8	예술경험영역(음악, 미술)지도	1) 아름다움 찾아보기 – 음악적 요소 탐색하기 외 2종 2) 예술적 표현하기 – 음악으로 표현하기 외 4종 3) 예술 감상하기 – 다양한 예술 감상하기 외 1종
9	그림책지도	1) 그림책 읽기의 단계별 지도 (1) 읽기 전(도입) 읽기준비활동지도 (2) 읽기 중(전개) 읽기목표구현활동지도 (3) 읽은 후(종결) 주요 문학활동
10	놀이지도	1) 창작놀이 2) 상상놀이 3) 탐구놀이
11	NIE 학습지도	1) 신문으로 할 수 있는 활동 2) 신문에서 찾아 볼 수 있는 자료 3) 신문토론학습 4) 신문일기쓰기 5) 신문 읽기
12	논술기술지도	1) 글쓰기에 흥미 갖기 지도 2) 쓰기지도 3) 말하기지도 4) 듣기지도 5) 읽기지도 6) 구성체제지도 7) 논술문 작성상의 유의점

제II부

논리 · 논술교육의 실제(1)

교육과정이 바뀔 때마다 무엇을 가르칠 것인가 하는 교육내용은 다소 바뀌어 왔으나, 어떻게 가르칠 것인가, 즉 탐구방법에 의한 지도는 일관되게 강조되어 왔다.
이것은 암기·이론 위주의 전통적인 교육방법으로는 미래 사회에 살아나갈 고등정신 기능을 배양할 수 없기 때문이다. 유아 스스로가 문제인식에서부터 결론에 이르기까지의 전 과정에 걸쳐 주체적으로 사고하고 탐구하며, 탐색해 나가는 활동을 거침으로써 논리적 사고력과 논술력을 계발시킬 수 있는 탐구적인 태도와 방법을 이해하도록 해야 한다.

제3장

수학적 탐구과정을 통한 논리 · 논술교육

급속히 변화하고 다원화되어 가는 사회에 잘 적응하기 위해서는 사회생활 속에서 당면하는 다양한 문제들을 스스로 주체적으로 해결하려는 능력과 태도가 필요하다. 이를 위해서는 유아기부터 유아 스스로 하고 싶은 일을 선택하여 실천해 보는 자주성을 배양해 주고, 또한 유아 각자가 논리적이고 창의적이며, 독창적이고 개성 있는 사람으로 성장하도록 도와주어야 한다. 논리성과 창의성은 모든 사물이나 사상에 대하여 유아 자기만의 독특하게 생각하고 표현하는 능력을 뒷받침해 주는 논리적이며 창의적 성향이 합해진 것이다. 특히 유아기는 논리성과 창의성 발달이 활발하게 이루어지는 시기로서, 이 시기에 논리성과 창의성 계발을 위한 다양한 방법이 강구되어야 한다. 이와 같은 논리성과 창의성은 신체건강 · 운동영역, 의사소통영역, 사회관계영역, 예술경험영역 등에서도 길러줄 수 있도록 지도해야 하나, 그중 자연탐구영역의 수학적 탐구와 과학적 탐구에서 길러지는 부분이 더욱 크다. 다음에서 이에 대한 관련내용을 탐색해 본 후, 실제 지도방법에 대하여 기술하기로 한다.

1. 수학적 탐구과정의 이해

1) 누리과정 자연탐구영역과 수학 · 과학적 탐구과정

유아들은 그들의 일상생활에서 수없이 많은 수학 · 과학적 상황을 만나고, 또 해결하면서 살아가고 있다. 즉, 수학 · 과학적 탐구과정이 주로 유아들의 일상생활에서 그들이 당면하게 되는 다양한 문제를 유아 스스로 주체적으로 해결하는 데 필수적인 능력과 태도로서, 이와 같은 능력과 태도는 누리과정의 자연탐구영역에서 포괄적이며 직접적이고 체계적으로 다루어지고 있다. 다시 말하면, 자연탐구영역은 유아가 자신을 둘러싸고 있는 주변 세계에 대해 호기심을 가지고 해결하기 위해 탐구하며, 일상생활에서 부딪치는 모든 문제에 대하여 수학적 · 과학적으로 해결하는 데 필요한 능력과 태도를 배양하기 위한 영역으로, 수학적 · 과학적 탐구과정은 누리과정 자연탐구영역과 맥락을 같이 하고 있다.

2) 자연탐구영역의 목표

호기심을 가지고 주변세계를 탐구하며, 일상생활에서 수학적 · 과학적으로 생각하는 능력과 태도를 기른다.

자연탐구영역의 목표는 유아가 주변의 사물이나 자연현상에 대해 호기심을 가지고 탐구하는 태도를 기르는 데 있다. 또한 유아가 생활 속에서 부딪치는 문제를 논리적 · 수학적으로 해결하고, 관심 있는 사물과 생명체 및 자연현상에 대해 탐구하면서 기초적인 수학적 · 과학적 사고능력과 태도를 기르는 데 있다.

① 주변의 사물과 자연세계에 대해 알고자 하는 호기심을 가지고 탐구하는 태도를 기른다. 유아기부터 주변세계를 주의 깊게 탐구하는 태도를 형성함으로써 지적 자율성을 신장할 수 있다. 유아가 궁금한 점을 알고 싶어 하는 마음을 가지고 의문을 풀기 위해 지속적으로 필요한 것을 조사하여 찾아내거나, 얻어내는 탐구과정을 즐기도록 한다. 또한 관찰, 분류, 측정, 예측, 추론 등의 탐구기술을 활용하는 능력을 기르도록 한다.

② 생활 속의 여러 상황과 문제를 논리 · 수학적으로 이해하고 해결하기 위한 기초능력을 기른다. 유아기는 수학적 능력의 토대를 구축하는 시기로, 유아가 생활 속에서 다양한 수학적 경험을 통해 수량관계, 공간과 도형, 규칙성, 자료수집과 정리 등에 관한 기초 지식을 구성하고, 논리적 · 수학적으로 사고하는 능력을

기르도록 한다.

③ 주변의 관심 있는 사물과 생명체 및 자연현상을 탐구하기 위한 기초 능력을 기른다. 유아는 주변의 사물과 자연현상을 지속적으로 탐구하는 과정을 통하여 자연세계를 알아가고 발전된 과학기술을 생활 속에서 활용할 수 있음은 물론, 자연과 인간이 더불어 살아가는 것이 중요함을 경험하게 된다. 따라서 유아기 동안 주변의 다양한 물체와 물질을 탐색하고 생명체와 자연환경과 자연현상을 알아보며, 간단한 도구와 기계를 활용하는 능력을 기르도록 한다(교육과학기술부, 2013).

3) 자연탐구영역의 내용범주

자연탐구영역은 '탐구하는 태도 기르기', '수학적 탐구하기', '과학적 탐구하기'의 세 가지 내용 범주로 구성된다. 수학적 · 과학적 탐구하기는 '무엇을 탐구하는가', 즉 탐구내용을 제시하고 있다면, '탐구하는 태도'는 '어떻게 탐구하는가', 즉 탐구과정에 중점을 두고 있다. 탐구내용과 탐구과정은 서로 분리되는 것이 아니라, 연결된다는 점에 유념한다(교육과학기술부, 2013).

〈표 Ⅱ-1〉 자연탐구영역내용체계

자연탐구		
탐구하는 태도 기르기	수학적 탐구하기	과학적 탐구하기
• 호기심을 유지하고 확장하기 • 탐구과정 즐기기 • 탐구기술 활용하기	• 수와 연산의 기초개념 알아보기 • 공간과 도형의 기초개념 알아보기 • 기초적인 측정하기 • 규칙성 이해하기 • 기초적인 자료수집과 결과 나타내기	• 물체와 물질 알아보기 • 생명체와 자연환경 알아보기 • 자연현상 알아보기 • 간단한 기계와 도구 활용하기

4) 자연탐구영역과 논리 · 논술과의 관계

자연탐구영역은 '탐구하는 태도 기르기', '수학적 탐구하기', '과학적 탐구하기'의 세 가지 내용범주로 구성되어, '탐구하는 태도 기르기'에서는 '어떻게 탐구할 것인가' 하는 탐구과정에 중점을 두고 있고, '수학적 탐구하기'와 '과학적 탐구하기'에서는 수학과 과학영역에서 '어떤 내용을 탐구할 것인가'에 중점을 두고 구성되어 있다. 특히 제6차 교육과정에서부터는 '탐구하는 태도 기르기'를 한 영역으로 설정하여 지도내용으로 '호기심을 유지하고 확장하기', '탐구과정 즐기기', '탐구기술 활용하기' 등으로 선정되어 있다.

따라서 유아들은 이상의 탐구과정을 익힘으로써 수학적, 과학적으로 탐구하는 과정은 유아의 논리적 · 합리적 사고력을 육성하는 데 공헌하며, 또한 이는 유아들에게 일상의 문제를 논리적이며 합리적으로 해결하는 능력의 토대가 되어, 결과적으로는 논리 · 논술력을 배양하는 데 도움이 될 것이다.

5) 수학적 탐구과정

(1) 개념

수학적 탐구과정이란 유아들 주변의 다양한 현상을 수학과 관련해 다양한 상황에서 발생하는 문제를 해결할 때 절대적으로 필요로 하는 기능이나 능력을 말한다. 다시 말하면, 수학적 탐구과정은 누리과정 자연탐구영역의 '탐구하는 태도 기르기'를 기반으로 하여, 주변의 사물에 호기심을 갖고 탐구하는 데 필요한 기능이나 능력을 지칭하는 개념이다. 또한 누리과정 자연탐구영역의 수학적 탐구하기와 동일한 활동으로, 이것은 유아가 그들의 일상생활에서 접하는 문제를 수학적 사고와 추론에 의해 논리적으로 해결하는 능력을 말한다.

(2) 수학적 탐구과정의 하위기능 및 능력

앞에서 밝힌 바와 같이, 수학적 사고, 추론, 논리적으로 해결하는 능력 즉, 수학적 탐구과정을 통하여 논리 · 논술력을 배양하는 데 있어 유아의 수학적 탐구활동에서 적용할 수 있는 세부적인 기능이나 능력이 무엇인가를 밝히는 일이 그리 쉽지 않으나, 일반적으로 다음과 같은 기능이나 능력을 생각할 수 있다.

① 분류하기

② 재분류하기

③ 비교하기
④ 예측하기
⑤ 서열화하기(순서 짓기)
⑥ 문제해결하기

2. 수학적 탐구과정 적용지도의 실제

다음은 논리 · 창의 · 논술력을 기르기 위해 수학적 탐구과정의 하위기능 및 능력 즉, 분류하기, 순서짓기(서열화하기), 규칙성 예측하기, 비교하기 등에 대해 유아교육현장에서의 지도방법에 대하여 기술하기로 한다.

1) 분류하기

(1) 개념

사물의 공통된 속성을 알아내고, 이에 따라 사물을 모아보는 수학활동이다.

(2) 분류의 발달단계

분류는 짝짓기, 관련짓기, 단순분류, 복합분류, 유목 · 포함관계 순으로 발달한다.

- 단순분류: 사물의 공통적인 한 가지 속성(모양, 색, 크기)에 따라 분류
- 복합분류: 두 가지 이상의 속성을 준거로 분류
- 유목포함관계: 같은 범주에 속하는 것 모으기

(3) 분류와 논리 · 수학적 사고력과 문제해결력과의 관계

유아가 사물을 모아 보고, 짝지어 보며, 속성에 따라 분류해 보고, 여러 가지 놀이나 게임, 조작활동을 통해서 다양한 활동을 경험해 보는 것은 유아의 논리 · 수학적 사고와 문제해결력을 키워주는 데 매우 유익한 수학활동이다. 이러한 분류의 경험은

놀잇감을 정리정돈하기, 엄마와 함께 빨랫감 정리하기, 같은 색 또는 같은 모양의 블록끼리 모아서 통에 담기, 큰 색연필과 작은 색연필을 서로 다른 통에 따로 정리하기, 자석에 붙는 물건과 붙지 않는 물건 따로 놓기 등은 어떤 기준에 의한 전형적인 분류활동들이다.

(4) 활동의 실제

분류활동은 짝짓기, 관련짓기, 단순분류, 복합분류, 유목포함관계 등의 순서에 따라 지도가 이루어지도록 한다.

① 짝짓기

- 같은 것끼리 짝지어 보기
  ㉮ 신발을 같은 것끼리 짝지어 보자. 수저와 젓가락이 한 벌이 되게 짝지어 보자.
- 유사한 것끼리 짝지어 보기
  ㉮ 장난감 말끼리 모아 보자. 유치원에 가지고 갈 물건만 모아 보자.
- 관련 있는 것끼리 모아 보기
  ㉮ 아빠가 쓰는 물건만 골라 보자. 엄마가 쓰는 물건만 골라 보자.

② 단순분류

단순분류는 한 가지 준거에 따라 사물들을 모으거나 나누는 활동이다. 교사는 유아들에게 유아들의 발달수준과 상황에 따라 다양한 방법으로 단순분류의 경험을 하게 한다. 그 지도방법은 다음과 같다.

- 교사가 한 가지 속성으로 된 분류기준(예: 색, 모양, 크기, 용도, 기능 등)을 제시하고 분류기준에 따라 사물을 분류해 보게 한다.
  ㉮ 빨간색으로 된 연필을 골라보자.
- 유아가 스스로 분류해 놓은 물건들을 보고, 어떤 기준으로 분류되었는지 분류기준을 말하게 한다.
  ㉮ 물건들이 잘 정돈되어 보기가 좋네. 어떤 방법으로 정리했는지 선생님에게 말해줄 수 있겠니?

- 다른 유아가 분류해 놓은 물건들을 보고 어떤 기준으로 분류했는지 분류기준을 말하게 한다.
  ㉔ 영수가 장난감을 잘 정리해 두었네. 어떤 방법으로 정리했을까? 영희가 말해줄 수 있겠니?

③ 복합분류

복합분류는 두 가지 이상의 속성에 따라 모으거나 나누는 활동이다.

교사는 유아들에게 유아들의 발달수준과 상황에 따라, 다양한 방법으로 복합분류의 경험을 제공할 수 있다.

- 교사는 두 가지 이상의 속성으로 된 분류기준(예: 색과 길이, 모양과 크기)에 따라 사물을 비교해 보게 한다.
  ㉔ 친구들 중에서 노란색 옷을 입은 친구는 누구누구인가?
- 한 가지 준거로 분류한 후 또 다른 준거로 재분류하도록 한다.
  ㉔ 여기 있는 물건 중에서 바둑알을 고르세요.(한 가지 준거)
  고른 바둑알 중에서 검정 바둑알과 흰 바둑알을 고르세요.(재분류 준거)
- 유사한 두 사물 중에서 유사점과 차이점을 찾아내게 하는 다양한 경험을 제공한다.
  ㉔ 나와 친구의 비슷한 점과 다른 점이 무엇인가를 잘 관찰해 보고 말해 보세요.

④ 유목포함관계

유목포함관계는 같은 범주에 속하는 것을 모으는 과정을 통하여 용어의 개념을 확실히 아는 데 활용한다.

㉔ 다음 물건들 중에서 과일만 모아보세요.

이 과정을 통하여 과일에 대한 개념, 그리고 과일에는 다양한 종류가 있음을 정확히 이해시킬 수 있다.

2) 순서짓기(서열화하기)

(1) 개념

순서짓기는 서열화하기라고도 하며, 사물의 특징적인 속성의 차이를 인식하고 그 차이에 따라 순서대로 배열하는 수학활동을 말한다.

(2) 순서짓기와 논리 · 수학적 사고력과의 관계

순서짓기는 사물의 속성이나 특성을 이해하고 사물들 간의 속성이나 특성들 간의 차이의 정도를 기초로 하여 순서대로 배열하는 것으로, 예를 들면, 여러 사물들 간에 '길이'라는 비교준거를 찾아 길고 짧음을 확인하고, 긴 것부터 짧은 것쪽으로 또는 짧은 쪽에서 긴 쪽으로 등 일정한 방향으로 배열하는 수학활동이다. 이러한 순서짓기는 분류활동과 함께 논리 · 수학적 사고력 발달의 기초가 되는 동시에, 수와 측정 활동의 기초가 된다. 따라서 유아에게 논리적 순서가 포함된 문제해결의 경험을 많이 제공하여, 논리 · 수학적 사고력 신장에 주력한다(교육부, 1998).

(3) 순서짓기 교육의 방향

- 순서짓기 활동은 처음에는 길이, 크기, 높이에 의한 것들로부터 시작하여 차츰 부피, 무게, 두께, 넓이에 의한 순서짓기로 확장해 나간다.
- 유아들이 순서짓기를 잘할 수 있도록 하기 위해서는 순서짓기에 따른 기초적인 능력을 길러주어야 한다. 즉, 순서짓기를 하려는 물체들의 속성(길이, 높이, 크기, 무게, 색, 소리 등)을 비교해(예: ~이 길다, ~이 짧다 등) 차이를 인지할 수 있도록 지도해야 한다.
- 유아들에게 순서짓기를 하려는 물체들의 속성의 차이를 인지시키기 위해서는 우선적으로 길이가 긴지 혹은 짧은지, 어느 물체가 높은지 낮은지, 큰지 작은지, 무거운지 가벼운지, 밝은지 어두운지, 소리가 큰지 작은지 등을 구별하는 능력부터 길러주어야 한다.
- 순서짓기 대상이 되는 물체의 수는 유아의 발달수준을 고려하여 선정하되, 처음에는 2개, 3개, 4개로 확대하고 5개가 넘으면 유아들은 시각적으로 의식하는

데 어려움을 느낀다(김창복 외, 2006).

(4) 순서짓기 지도

순서짓기 학습활동은 유아의 발달상황을 고려하여 한 가지 속성에 따라 단순 순서짓기, 두 집단을 일대일로 대응하면서 순서짓는 이중 순서짓기, 두 가지 속성에 따라 순서짓는 복합 순서짓기, 이미 순서지어 놓은 것을 거꾸로 역 순서짓기, 물체들의 속성의 규칙에 따라 순서짓기 하는 순으로 지도해야 한다. 다음은 이에 대한 지도방법에 대하여 설명하기로 한다(이경우 외, 1998; 박찬옥 외, 2014).

① 한 가지 속성에 따라 순서짓기(단순 순서짓기)

단순 순서짓기는 한 가지 속성에 따라 물체를 순서대로 배열하는 것이다. 유아들은 사물의 길이가 다르거나 크기가 다른 것을 발견할 때 자연스럽게 순서짓기를 한다. 유아들이 순서짓기를 할 때, 처음에는 규칙성이 없이 순서짓기를 하지만 차츰 유아들은 사물들을 순서대로 배열할 때 시작하는 방향이 있어야 하며, 한 방향으로 늘어놓아야 한다는 것과 시작할 때의 기준점을 맞춰야 한다는 것을 알게 된다.

순서짓기의 내용은 다음과 같다.

- 물체의 길이, 크기, 무게, 부피 등 시각적 정보와 판단에 의한 순서짓기
- 색깔의 짙기, 촉감, 온도, 선호도 등 자신의 감각이나 감정의 차이에 따라 순서짓기 등을 지도할 수 있다.

순서짓기를 지도하기 위한 교사의 유의점은 다음과 같다.

- 처음에는 교사가 준거를 제시하고, 이에 따라 유아가 순서짓기를 한다.
  ㉮ 이 돌들을 무거운 순서대로 늘어놓아 보세요.
- 유아 자신의 준거를 정하고 순서짓기하고, 그 준거에 대해 설명한다.

> ㉮ 교사: 이 돌들을 어떤 방법으로 늘어놓았어요?
> 유아: 돌이 무거운 순서로 늘어놓았어요.

- 다른 사람이 순서대로 배열한 것을 관찰하고, 그 준거를 찾아서 말한다.

> ㉮ 교사: 영수가 이 돌들을 보기 좋게 늘어놓았네요.
> 어떤 방법으로 늘어놓았는지 생각해 봐요.
> 유아: 예. 무거운 돌을 왼쪽에, 가벼운 돌을 오른쪽에, 돌이 무거운 순서대로 늘어놓았어요.

- 서열화되어 있는 상태에서 하나 또는 두 개의 빠진 것을 제자리에 찾아 넣어본다.

> ㉮ 교사: 다음의 물건들은 어떤 때 사용하는 물건들을 늘어놓은 것 같아요?
>
> 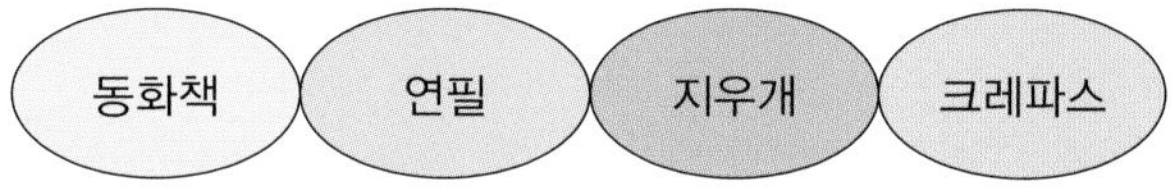
>
>
> 유아: 유치원에서 공부할 때 필요한 학용품들이에요.
> 교사: 두 가지 정도 학용품을 더 넣는다면 무엇이 있을까요?
> 유아: 공책이요.
> 교사: 또 무슨 학용품이 있을까요?
> 유아: 책받침이요.

② 두 집단을 일대일로 대응하면서 순서짓는 이중 순서짓기

- 이중 순서짓기란 두 집단의 사물들을 일대일로 대응하면서, 순서대로 배열하여 순서짓기를 하여 각 물체들 간의 관련성을 파악하게 된다. 영유아들이 소꿉놀이를 할 때 큰 인형에게는 큰 집, 큰 숟가락과 많은 음식과 물, 작은 인형에게는 작은 집, 작은 숟가락과 적은 양의 음식과 물 등을 관련짓는 것은 유아가 수학적이라고 생각하지 않고 하는 행동이라도, 그 안에 이중 순서짓기의 개념이 내포되어 있다(황의명 외, 2009; 박찬옥 외, 2014).

③ 두 가지 속성에 따라 순서짓는 복합 순서짓기

- 복합 순서짓기는 두 가지의 다른 속성을 동시에 고려하여 순서짓기를 하는 것으로, 단순 순서짓기보다는 어렵다.

  ㉮ 교사: 다음 물건들 중에서 부피가 크고 무거운 물건 순으로 늘어놓아 보세요.

위와 같은 복합 순서짓기를 통하여 해당 물체에 대한 특성이나 속성을 이해시켜 물리적 지식을 체득시킬 수 있다.

④ 이미 순서지어 놓은 것을 거꾸로 역 순서짓기

- 가장 작은 것부터 놓았던 것을 다음에는 가장 큰 것부터 역순으로 순서짓기를 한다.

> ㉐ 교사: 다음 물건들은 영수가 보기 좋게 물건들을 늘어놓은 거예요. 어떤 기준으로 늘어놓았나요?
> 유아: 작은 물건부터 시작해서 큰 물건 순으로 늘어놓았어요.
> 교사: 이 물건들을 거꾸로 놓는다면 어떤 물건을 제일 앞에 놓아야 하나요?
> 유아: 제일 큰 물건을 제일 앞에 놓아야 해요.
> 교사: 그러면 거꾸로 제일 큰 물건부터 작은 물건으로 물건 순으로 늘어놓아 보세요.

이와 같은 역 순서짓기를 통하여, 물건의 위치가 변하더라도 그 형태의 속성은 변하지 않는다는 보존개념도 동시에 학습한다.

⑤ 규칙에 따라 배열하기

규칙에 따라 배열하는 데는 두 가지 유형으로 지도할 수 있다.

- 규칙을 정하고 규칙에 따라 물건의 순서를 짓는다.

> ㉐ 교사: 여기에 수박카드, 사과카드, 네모카드, 세모카드, 복숭아카드 등 많이 있어요. 이 카드들을 보기 좋게 배열하려는데 어떻게 하면 좋을까요?
> 유아: 과일카드와 모양카드를 나누어 놓아요.
> 교사: 그러면 영수가 나와서 카드를 나누어 보아요.

- 물건을 유아들의 관점에서 배열해 놓고 나서, 배열해 놓은 모양을 보고 그 규칙을 말해 보도록 한다.

> ㉐ 교사: 영희가 배, 감, 사과, 복숭아, 호두 등을 보기 좋게 배열해 놓았어요. 영희는 어떤 규칙으로 배열했나요?
> 유아: 과일끼리 한데 모아 놓았어요.

3) 규칙성 예측하기

(1) 개념

현재의 수학적 상황이나 규칙을 근거로 하여, 앞으로 진행될 상황을 미리 헤아려 짐작해 보는 수학활동이다.

(2) 규칙성, 예측과 문제해결력, 논리적 · 수학적 사고력과의 관계

규칙성이란 사물의 모양이나 양상이 일정한 규칙을 나타내며 반복되는 형태로서 패턴(Pattern)이라고 한다. 우리는 생활주변에서 규칙성을 많이 발견할 수 있다. 유아들은 타일이나 벽지의 무늬, 포장지의 그림 등에서 반복되는 규칙을 발견하고 밤과 낮, 요일, 사계절, 유치원/어린이집의 하루 일과 같은 변화에서도 규칙성을 인식한다. 유아는 규칙성을 이해함으로써 사물의 관계를 파악하고, 숨은 질서와 규칙을 발견하여 그 다음의 상황을 예측할 수 있다.

규칙성에 대한 이해는 여러 사물들의 관계를 파악하고, 이들 사이의 공통적인 특성을 발견하여 이를 일반화시켜 그 다음을 예측하며 사물의 관계에 대한 통찰력을 향상시킨다. 또한 규칙성의 이해는 문제해결력과 논리 · 수학적 지식과 같은 유아의 수학적 능력의 발달에 토대가 되므로, 유아수학교육의 내용으로 다루어야 한다(박찬옥 외, 2015).

규칙성의 발견은 예측의 전제조건으로 볼 수 있다. 기존에 발견된 규칙성을 전제로 하지 않는 예측은 허무맹랑한 공상에 불과하다.

(3) 누리과정 자연탐구영역 내의 규칙성 및 예측

① 연령별 규칙성과 예측의 지도내용

누리과정 자연탐구영역 내의 규칙성과 예측에 대한 지도내용은 3세 유아에게는 생활 주변에서 반복되는 규칙성에 관심 갖기, 4세 유아에게는 생활 주변에서 반복되는 규칙성 알아보기, 반복되는 규칙성을 인식하고 모방하기, 5세 유아에게는 생활 주변에서 반복되는 규칙성을 알고 다음에 올 것을 예측해 보기, 스스로 규칙성을 만들어 보기 등 순차적으로 지도하도록 되어 있다.

② 규칙성 예측

규칙성(패턴)은 여러 가지 소리를 이용하여 다양한 패턴을 표현하는 청각적 패턴, 물체나 그림을 이용하여 패턴을 만드는 시각적 패턴, 신체를 이용하여 여러 가지 움직임을 표현하는 운동적 패턴 등이 있다. 유아들은 일상생활 속에서 동작, 색, 소리, 위치 및 수량 등에 나타나는 규칙성과 반복을 관찰하면서 패턴 인식 및 묘사하기, 패턴 따라하기, 패턴 이어가기, 패턴 끼워 넣기, 패턴 전이하기, 패턴 만들기 등의 활동을 제공받아야 한다(박찬옥 외, 2014).

따라서 교사가 위와 같은 패턴활동을 제공하면 유아는 규칙성을 이해함으로써 사물의 관계를 파악하고, 숨은 질서와 규칙을 발견하여 그 다음 상황을 예측할 수 있다. 따라서 유아가 객관적이고 합리적인 예측을 할 수 있도록 규칙성에 대한 이해가 전제되어야 한다.

(4) 지도내용 및 방법

예측하기에서의 지도내용은 규칙성에 관심 갖기, 규칙성 알아보기, 규칙성 알고 예측해 보기, 규칙성 모방하기와 만들어보기 등이다. 차례대로 지도방법을 기술하면 다음과 같다(3-5세 누리과정 해설서, 2012).

① 규칙성에 관심 갖기

유아가 일상생활에서 자주 경험하는 익숙한 상황이나 사물의 양상이 일정하게 반복 배열됨을 신기하게 느끼거나 호기심을 갖게 한다. 만 3세 유아는 관찰과 모방행동에 의해 단순하게 반복되는 규칙을 배우고 즐긴다. 노래 속에서 반복되는 리듬과 몸 움직임, 동물소리 등을 통해 자연스럽게 반복되는 규칙을 따라하고 관심을 갖게 한다.

② 규칙성 알아보기

유아가 생활 주변에 단순하게 반복되는 규칙성에 관심을 가지고 적극적으로 알아보는 내용이다. 만 4세 유아는 일상생활에서 반복되는 상황이나 사물에 관심을 가지고 궁금해 하며, ○, × 또는 ○, ○, ×, × 유형과 같은 단순한 규칙성을 인식하고 말로 설명하거나 찾아볼 수 있다. 따라서 유아가 주변에서 일정하게 반복되는 규칙성에 주목하고 규칙을 발견하도록 격려한다.

③ 규칙성 알고 예측하기

유아가 일상생활에서 경험하는 다양한 규칙을 이해하고, 그것을 토대로 다음 상황을 예측할 수 있는 내용이다. 만 5세 유아는 규칙성을 단순하게 인식하고 따라하는 수준을 넘어서 다음에 올 것을 예측할 수 있고, 또한 제시된 규칙의 중간에 빠진 것을 추론하여 찾아보거나 단순한 규칙을 한 가지 유형에서 다른 유형으로 전이할 수 있다. 예를 들면, ○, ×라는 요소가 반복되는 '앉고-서고-앉고-서는' 운동적 규칙을 '큰소리-작은소리-큰소리-작은소리'의 청각적 규칙으로 바꿀 수도 있다.

④ 규칙성 모방하기와 만들어보기

유아가 단순하게 반복되는 규칙을 제시하면 규칙성을 이해하고 그 규칙을 그대로 따라하는 내용이다. 만 4세 유아는 ○, × 또는 ○, ○, ×, × 유형과 같이 단순하게 반복되는 규칙을 제시하면 이를 인식하고 그대로 따라할 수 있다. 예를 들어, '빨강-노랑-빨강', '노랑-빨강-노랑'의 규칙으로 레고블록을 놓을 수 있다. 또한 유아는 규칙성에 대한 이해를 바탕으로 스스로 단순한 규칙을 만들 수 있다. 만 5세 유아는 주변에서 친숙하게 반복되는 규칙적인 관계를 이해하게 되고, 이를 활용하여 스스로 단순한 유형의 규칙을 만들 수 있다. 예를 들어, 교사가 제시해 준 규칙이 없어도 유아 스스로 '빨간색 큰 구슬-노란색 작은 구슬'을 반복하며 목걸이를 만들거나 생일 축하 카드에 일정한 규칙으로 스티커를 붙여 장식을 할 수 있다.

㉦ 규칙성 모방하고 만들기

- 4세: 교사가 스카프를 '위-아래-아래-위-아래-아래'로 반복하여 흔드는 것을 보고 유아가 동일한 규칙을 그대로 모방하여 스카프를 흔들어 본다.
- 5세: 기본 패턴을 인식하고 다른 유형의 패턴으로 바꾸어 만들어 본다.

위에 제시한 규칙성 인식하기에 따른 지도지침 및 지도상의 유의점을 소개하면 다음과 같다(3-5세 연령별 누리과정 지도서, 2012).

- 유아가 사물이나 일상적 상황에 나타난 규칙성을 발견하도록 한다. 점차 유아

가 인식한 규칙성에 따라 다음에 올 것을 예측해 보는 기회를 제공한다.

예 • 책상 위에 씌운 책상보에 재미있는 무늬가 있어. 어떤 무늬들이 있는지 살펴보자.

• '코끼리-생쥐-고양이-생쥐-고양이' 그림을 순서대로 붙였어. 고양이 다음에는 무엇이 와야 할까?

- 유아가 청각적 패턴, 시각적 패턴, 운동적 패턴과 같은 다양한 패턴이 있음을 인식하고, 한 가지 유형의 규칙성을 다른 유형으로 재구성해 보도록 한다.
- 교사는 유아가 '빨강-파랑-빨강-파랑'과 같이 반복되는 규칙성을 보고, 다음에 이어지는 것이 무엇인지에 초점을 맞추기보다는 규칙성의 핵심요소인 A-B를 파악하는 데 주의를 기울이도록 한다. 예를 들면, '빨강 다음에 파랑이 오고, 그 다음에 빨강, 그 다음엔 파랑'과 같이 말하는 것보다는 '빨강과 파랑이 계속 이어지고 있어.', '빨강과 파랑이 계속 반복되고 있구나.'와 같이 말해 준다.
- 규칙성 인식하기

예 • 3세: 그림책, 주변 사물, 자연물, 하루 일과 등에서 규칙성을 찾아본다.

• 4세: 띠 벽지의 무늬를 보며 '흰색 동그라미-빨간색 막대-흰색 동그라미-빨간색 막대'와 같이 유아가 발견한 규칙성을 말로 설명하거나 그대로 따라해 본다.

• 5세: 반복되는 무늬나 동작, 소리카드에서 빈칸을 보며 다음에 무엇이 올지 예측해 본다.

4) 비교하기

(1) 개념

비교란 둘 이상의 것을 견주어 공통점이나 차이점, 우열을 살피는 것으로, 수학적 탐구하기에서의 비교하기는 특성이 각각 다른 종류의 물건이나 물체들을 분류, 배열하는 수학적 활동을 말한다.

(2) 일상생활에서의 비교하기 활동

비교하기는 일상생활 속에서 끊임없이 이루어지는 수학적 활동이다. 영유아의 일상생활에서 '나는 영수보다 크다', '나는 아버지보다 작다', '내 과자가 형 과자보다 적다' 등 하루에도 여러 번 비교하는 수학적 활동을 하게 된다. 그런데 대부분 유아의 비교하기 수학적 활동은 나를 기준으로 이루어지는 것이 많으며, 많다, 적다 등 비교 어휘 사용이 지극히 제한적이다. 이와 같이 비교하기의 수학적 활동은 성인이 되어서도 일상생활 속에서 부단히 이루어진다. 또한 크고 작음을 떠나 다양한 비교 어휘가 사용되면서 물체는 물론, 상황의 속성을 표현함으로써 비교하기도 한다. 집을 살 때 '비싸다', '싸다', 세금이 '과다하다', '적다', 기온이 '덥다', '춥다' 등 다양한 비교를 하고, 적절한 비교어휘를 사용하여 물체의 양감이나 속성까지 표현하는 등 일상생활에서 비교하기의 수학적 활동의 활용 범위는 매우 광범위하다.

(3) 비교하기와 타 수학적 활동, 수학적 사고력 · 논리적 사고력과의 관계

비교하기는 수학적 탐구의 수와 연산, 공간과 도형, 측정 등 전 영역에서 이루어지는 기초적인 수학활동으로 다른 수학적 활동을 위한 기초 능력이 된다. 특성에 따른 물건이나 물체를 분류하고 배열하는 수학활동(비교하기)은 물체의 공통된 속성에 따라 사물을 모아 보는 수학활동(분류하기), 물체의 공통된 속성을 인식하고 그 차이에 따라 배열해 보는 수학활동(순서짓기, 서열화 하기) 그리고 이미 밝혀진 규칙을 근거로 앞으로 있을 일을 미리 헤아려 보는 수학활동(규칙성, 예측하기)으로 이어진다. 비교하기, 분류하기, 순서짓기(서열화 하기), 예측하기(규칙성)는 서로 영향을 주고, 활동하는 중에 수학적 사고력과 논리적 사고력을 발달시킨다.

(4) 비교하기 지도

① 비교하기 지도내용 분석

자연탐구영역 내의 수학적 탐구하기 범주와 내용 속에 들어 있는 비교하기 세부내용은 〈표 II-2〉와 같다.

〈표 Ⅱ-2〉 수학적 탐구하기 내의 비교하기 세부내용

내용	세부내용		
	3세	4세	5세
1. 수와 연산의 기초개념 알아보기	구체물 수량의 많고 적음을 비교한다.	구체물 수량에서 '같다', '더 많다', '더 적다'의 관계를 안다.	구체물 수량의 부분과 전체 관계를 알아본다.
2. 공간과 도형의 기초 개념 알아보기			여러 방향에서 물체를 보고 그 차이점을 비교해 본다.
3. 기초적인 측정하기	두 물체의 길이, 크기를 비교해 본다.	일상생활에서 길이, 크기, 무게 등을 비교해 본다.	일상생활에서 길이, 크기, 무게, 들이 등의 속성을 비교하고 순서를 지어본다.

ㄱ. 비교하기의 수학적 활동은 수학적 탐구하기 내의 수와 연산, 공간과 도형, 측정 등 전 영역에서 지도하도록 되어 있다.

ㄴ. 3세 유아에게는 수량의 많고 적음 두 가지 속성의 물체 비교,
4세 유아에게는 3가지 속성의 물체 비교, 5세 유아에게는 4가지 속성의 물체 비교, 물체의 부분과 전체의 포함관계를 지도하도록 되어 있다.

② 비교하기 지도(3-5세 연령별 누리과정 해설서, 2012)

ㄱ. 수와 연산에서 비교하기 지도

비교하기 지도를 구체물 수량의 많고 적음 비교하기, 구체물 수량에서 '같다', '더 많다', '더 적다'의 관계 이해, 구체물 수량의 부분과 전체 관계 이해의 순으로 지도한다.

가. 구체물 수량의 많고 적음 비교

유아가 사물을 탐색할 때 어느 것의 양이 많은지, 적은지를 비교하는 내용이다. 만 3세 유아는 눈으로 봐서 수량의 차이가 큰 경우, 즉 물체가 1개 있는 것과 여러 개 있는 것의 차이를 알 수 있다. 눈으로 봐서 쉽게 수량의 차이를 알 수 있는 직관적인 수량 비교의 경험과 '많다', '적다'와 같은 수량을 지칭하는 언어를 사용하는 경험을 통해 유아는 수량의 많고 적음을 알게 된다.

나. 구체물 수량에서 '같다', '더 많다', '더 적다'의 관계이해

하나의 사물의 양을 비교해서 같은지, 더 많은지 더 적은지의 관계를 아는 내용이다. 만 4세 유아는 10개 이하의 물체를 가지고 수량을 비교하여 수량이 '같다', '더 많다' 또는 '더 적다'와 같은 수들 간의 관계를 점차적으로 이해하게 된다. 유아는 수량의 차이가 크지 않은 경우에는 일대일 대응이나 수세기를 하면서 수량을 비교하게 된다. 수세기를 하면서 처음보다 뒤로 갈수록 수량이 많아짐을 이해하여 수량을 파악하고 '같다', '더 많다', '더 적다'로 수량을 비교하게 된다.

다. 구체물의 수량의 부분과 전체관계 알기

전체가 부분으로 나누어질 수도 있고, 부분과 부분이 모여 전체가 될 수도 있음을 이해하도록 하는 내용이다. 만 5세 유아는 수세기를 통해 '몇 개'라는 수량적 관계를 알게 되며, 이에 기초하여 점차 수들 간의 관계를 이해하게 된다.

ㄴ. 공간과 도형에서 비교하기 지도

공간과 도형에서는 여러 방향에서 물체를 보고 그 차이점을 비교하는 것을 지도한다. 한 물체의 모양은 바라보는 위치와 방향에 따라 달라진다는 것을 알고 각 방향에서의 모양을 비교하는 내용이다. 만 5세 유아는 물체를 정면에서 봤을 때, 옆에서 봤을 때, 위에서 내려다 봤을 때, 보여지는 모습이 서로 다르다는 것을 알게 된다. 이는 위치의 변화에 따른 결과에 대해 유아가 공간적 추론을 할 수 있도록 한다.

ㄷ. 기초적인 측정하기에서 비교하기 지도

기초적인 측정하기에서는 두 물체의 길이, 크기 비교해 보기, 길이, 크기, 무게 등을 비교해보기, 길이, 크기, 무게, 들이 등의 속성 비교해 보기 등이 지도된다.

가. 두 물체의 길이, 크기 비교하기

유아가 일상생활 속에서 길이나 크기를 기준으로 두 개의 물체를 시각적으로 비교해 보는 내용이다. 만 3세 유아는 일상생활에서 자연스럽게 두 물체의 길이나 크기를 비교하면서 길이와 크기 속성에 대한 직관적인 이해를 하게 되며, 두 개의 물체를 비교하고 길다/짧다, 크다/작다와 같은 비교어휘를 사용할 수 있게 된다.

나. 길이, 크기, 무게 등을 비교해 보기

유아가 일상생활에서 길이, 크기뿐만 아니라 무게를 기준으로 두 물체를 비교해 보는 내용이다. 만 4세 유아는 시각적으로 구분이 가능한 길이나 크기를 기준으로 두 개의 물체를 비교하는 것뿐만 아니라, 무게를 통한 비교도 가능하다. 유아는 손이나 양팔저울 위에 두 개의 물체를 얹어 놓고 비교하면서 '무겁다/가볍다'와 같은 비교 어휘를 사용할 수 있게 된다. 유아는 두 물체를 직접 들여다보면서 눈으로 보기에는 더 작은 물체이지만 손으로 들어 보았을 때 더 무거울 수 있다는 것을 알게 된다.

다. 크기, 무게, 들이 등의 속성을 비교하고 순서짓기

유아가 일상생활에서 길이, 크기, 무게, 들이 등 물체의 측정 가능한 속성을 인식하고, 이들 속성을 기준으로 물체들을 비교하여 순서지어보는 내용이다. 만 5세 유아는 물체를 길이, 크기, 무게뿐만 아니라 그릇에 담을 수 있는 용량, 즉 들이를 기준으로도 비교할 수 있다. 유아는 물체의 길이, 크기, 무게, 들이를 기준으로 반복적이며 연속적인 비교를 통하여 순서대로 배열할 수 있게 된다. 또한 '가장 길다/짧다', '~보다 더 길다/더 짧다', '가장 크다/작다', '~보다 더 크다/더 작다' 등과 같은 비교 어휘를 사용하여 비교 및 순서짓기 결과를 나타낼 수 있게 된다.

제4장

과학적 탐구과정을 통한 논리 · 논술교육

3-5세 연령별 누리과정 내 자연탐구영역과 과학적 탐구과정의 관련성과 내용은 앞 장의 수학적 탐구과정을 통한 논리 · 논술교육에서 수학적 탐구과정과 과학적 탐구과정을 한데 묶어 기술하였다. 수학적 탐구과정과 과학적 탐구과정을 한데 묶어 기술한 것은 누리과정 내 자연탐구영역에 한데 묶어 기술되어 있기 때문에, 내용 이해상 본서에서도 수학적 탐구와 과학적 탐구를 같이 묶어 기술하였다. 제3장을 참고하여 누리과정 내 과학적 탐구과정을 이해하기 바란다. 따라서 본장의 과학적 탐구과정의 이해에서는 탐구학습의 특징과 과학적 탐구과정에 대해 개략적으로 이해하고 난 후, 논리 · 논술교육을 위한 실제 지도방법과 절차에 대하여 살펴보기로 한다.

1. 과학적 탐구과정의 이해

1) 탐구학습의 특징

탐구학습은 과거 전통적인 학습방법에 비해 다음과 같은 특징이 있다.

① 탐구학습은 교사의 주도성을 배제하고 유아의 주도성을 최대한 존중하는 학습방법으로, 단순 암기를 통한 학습이나 교사가 일방적으로 주도하는 학습이 아니라 유아 자신의 주변을 비판적으로 바라보고 스스로 결론을 찾아내도록 하

는 유아중심교육이다.

② 탐구학습은 유아가 학습과정에서 얻어지는 결과를 중시하는 결과 중심의 학습 방법이 아닌, 유아들이 직접 학습활동의 전 과정에 주체적이며 능동적으로 참여하여 결론을 도출해 나가는 과정 중심의 학습으로, 학습의 결과보다 과정을 더 중시한다.

③ 탐구학습은 교사의 주도성을 최대한 배제하고 유아의 주도성을 최대한 존중하는 학습방법으로, 교사가 언어적으로 설명하거나 결론을 가르쳐 주는 것이 아니라 유아의 유연한 사고와 다양한 원동력을 통해 결론을 이끌어낸다.

④ 탐구학습은 교재의 특징, 학습주제, 유아의 발달상황, 흥미, 요구 등에 따라 다양한 활동이 전개되므로 흥미롭다.

⑤ 탐구학습은 유아들의 학습활동을 강조하는 유아 주도적인 학습방법으로 발견학습, 가설실험학습, 문제해결학습, 귀납적 방법 등이 대표적이다.

2) 과학적 탐구과정

(1) 개념

과학적 탐구과정은 '유아들의 일상생활에서 그들이 부단히 접하는 과학적 문제와 현상을 탐구하여 과학적 문제를 해결하고, 과학적 내용과 지식을 발견해낼 수 있는 탐구적이고 능동적인 능력이나 기능'을 말한다. 다시 말하면, 과학적 탐구과정은 누리과정 자연탐구영역의 탐구하는 태도 기르기를 기반으로 하여 수학적 탐구과정과 함께 호기심을 가지고 주변의 세계를 탐구하며, 일상생활에서 수학적 · 과학적으로 생각하는 능력과 태도를 기르는 데 공헌한다.

(2) 과학적 탐구과정의 하위기능(능력)

유아들은 그들이 당면하는 과학적 문제와 현상을 탐구하여 과학적 문제를 해결하고, 과학적 내용과 지식을 발견해내기 위해서는 유아들에게 환경을 탐색하고 자료를 조작하고 실험을 하는 등 적극적이고 주체적인 과학적인 문제해결능력을 길러주어야 한다. 이와 같은 적극적이고 주체적인 과학적 문제해결능력이 바로 과학하기

(Sciencing) 활동이다. 이러한 과학하기 기능을 학자에 따라 다양하게 분류하고 있는데, 이는 〈표 II-3〉과 같다.

〈표 II-3〉 과학적 탐구과정의 하위기능(능력)

학자명	하위기능 및 능력
1. 누리과정	탐색, 관찰, 비교, 분류, 측정, 예견 및 추론, 실험
2. 권영례(1993)	관찰하기, 분류하기, 의사소통하기, 실험하기
3. 박찬옥 등(2014)	관찰하기, 분류하기, 측정하기, 의사소통하기, 예견하기, 토의하기, 실험하기
4. 이경우 등(1987)	관찰하기, 분류하기, 예견하기, 의사전달하기
5. 이기식(1982)	관찰, 추론, 의사전달
6. B. Holt(1977)	활동에서 알기, 설명하기, 이름 붙이기, 가려내기, 정정하기, 비교하기, 분류하기, 반복하기, 실험하기
7. D. Neuman(1977)	형식적 교육활동, 비형식적 교육활동, 사건발생적 과학활동

위 여러 학자들의 견해를 종합하면, 과학하기(Sciencing)의 공통적인 기능은 관찰하기, 분류하기, 예견하기, 의사소통하기, 실험하기 등이다.

2. 과학적 탐구과정 적용지도의 실제

다음은 과학적 탐구과정의 하위기능 및 능력, 즉 관찰하기, 분류하기, 예견하기, 의사소통하기, 실험하기 등의 논리 · 논술력을 기르기 위해 유아교육현장에서의 지도방법에 대하여 기술하기로 한다.

1) 관찰하기

(1) 개념

관찰하기란 '사물의 현상이나 동태 따위를 주의하여 살펴보는 것으로, 특히 과학활동으로서의 관찰이란 무엇인가를 발견하기 위하여 목표지향적으로 우리의 다양한 감각을 활용하고 주의집중하여 사물에 대한 정보를 얻어내는 활동'으로 정의할 수 있다.

(2) 관찰과 유아생활, 논리적 사고력과의 관계

사물이나 현상에 대한 관찰은 모든 과학 연구와 인식의 시작이다. 즉, 인식 주관이 인식 대상을 능동적이고 목적의식적 태도로 파악함으로써 인식 성립의 주요 계기를 마련하는 것이다. 유아들의 관찰에서는 모든 사물과 자연현상이 관찰대상이 된다. 관찰하려면 우선 관찰대상을 정해야 한다. 우리 주변에서 흔히 볼 수 있는 식물이나 동물, 자연현상들이 관찰의 대상이 된다. 유아는 주의집중하여 사물의 여러 측면을 살펴봄으로써 사물에 대한 다양한 정보를 수집할 수 있다. 유아는 관찰력이 증가함에 따라 사물의 특성, 사물들 간의 상호작용성을 이해할 수 있게 된다. 교사는 유아들에게 '이것은 무엇이지?' 하는 질문으로 사물의 특성을 알도록 하고, '여기 두 가지 나무가 있는데 자세히 살펴보고 다른 점을 이야기해 볼까?'라는 질문으로 사물 간의 특성을 비교시키고, '장미 꽃잎은 어떤 느낌이 드니?' 하는 질문으로 관련 사물을 발견하도록 한다. 교사는 자신이 의도하는 과학적 지식이나 사실을 유아가 발견할 수 있도록 다양한 질문으로 다양한 관찰활동을 유도하여 모든 학습의 기초가 되는 능력을 키워주어야 한다. 즉 교사의 지시에 의한 판단과 질문에 따른 발견과정을 통하여 논리적 사고력이 길러진다.

이와 같이 유아기에 형성된 관찰태도는 초 · 중 · 고등학교에서 학습능력으로 자리매김하면서 학습의 효율성을 도모하고, 성인이 된 후에도 일상생활에서 현명한 선택과 결정을 하는 데 활용되는 등 일상생활의 기초능력이 된다.

(3) 관찰하기 지도의 실제

유아들의 창의적이며 논리적인 사고력을 배양하기 위해서는 유아들이 주위의 모든 사물들에 대하여 호기심을 가지고 주체적으로 탐색하고 조작하며, 실험하여 거기에 나타난 상황에 대하여 관찰하는 과학적 탐구태도가 길러져야 한다. 이렇게 되기 위해서는 교사가 유아들의 관찰하는 방법과 태도를 길러주기 위한 의도적인 계획과 지도가 필요하다.

① 관찰방법

관찰방법에는 관찰기준에 따라 자연적 관찰과 실험적 관찰, 관찰시기에 따라 일시적 관찰과 계속적 관찰로 대별할 수 있는데, 유아들에게는 다음 네 가지 유형의 관찰방법을 상황에 따라 적용하는 방법을 이해시켜 주어야 한다. 이러한 관찰태도는 교사의 발문기술에 따라 얼마든지 유도할 수 있다.

ㄱ. 자연적 관찰

㉄ 여기 봉숭아꽃이 예쁘게 피었네. 꽃잎은 무슨 모양이니?

ㄴ. 실험적 관찰

㉄ 오렌지 주스 1컵과 물 1컵을 섞으면 어떤 색깔이 되겠니? 섞어 본 후 관찰해 보자.

ㄷ. 일시적 관찰

㉄ 오늘 비가 와서 비를 맞고 나니 채소들이 부쩍 자란 것 같구나. 배추 잎의 모양은 무엇과 비슷하니?

ㄹ. 계속적 관찰

㉄ 여기에 오늘 강낭콩을 심어 햇볕이 드는 창가에 놓아두었어. 어떻게 싹이 나서 자라는지 알아보기 위해서란다. 자라는 모습을 보면 재미있겠지. 우리 모두 강낭콩 싹이 나서 자라는 모습을 관찰하는 방법에 대해 먼저 생각해 보자.

② 관찰길잡이 안내

유아들에게 나팔꽃에 대하여 관찰해 보라고 막연히 안내하면 무엇을 관찰할 지를 몰라 결국 관찰을 포기하고 만다. 유아들이 주체적으로 관찰을 할 수 있도론 관찰의 관점을 제시한 관찰 길잡이 역할을 해 주어야 한다. 즉, 관찰 길잡이는 관찰하는 방법을 이해시키기 위한 유아용 학습지침이라고 볼 수 있다. 처음에 관찰 길잡이를 제시하여 구체적으로 유아들에게 지도해주면 다음부터는 유아들이 주체적으로 그리고 더욱 창의적으로 관찰의 관점이나 기준을 스스로 설정하여 의도적으로 관찰하게 된다. 관찰 길잡이는 식물의 관찰, 동물의 관찰, 승용차의 관찰 등 관찰대상 속성에 따라 다양하게 안내해 주어야 한다. 예를 들면 다음과 같다.

ㄱ. 식물관찰 길잡이의 ㉮

- 줄기는 어떤 모양인가?
- 잎은 어떤 모양인가?
- 꽃은 어떤 색깔인가?
- 잎은 줄기에 어떻게 매달려 있는가? 등

ㄴ. 동물관찰 길잡이의 ㉮

- 다리는 몇 개인가?
- 털의 모양과 색은 어떠한가?
- 어떻게 걸어 다니는가?
- 어떻게 음식을 먹는가? 등

ㄷ. 실험관찰 길잡이의 ㉮

- 얼음을 손에 올려놓고 녹는 모양을 관찰해 보자.
- 여러 가지 물건을 자석에 붙여 보고, 자석에 붙는 물건과 붙지 않는 물건을 찾아보자.
- 확대경을 사용하여 손가락 지문의 모양을 그려보자.

위와 같이 제시하여 상세하게 한 번 설명해 주면, 다음부터는 제시한 길잡이 외에 자신이 설정한 창의적인 기준에 따라 자발적이며 주체적으로 관찰을 하게 된다.

③ 관찰지도요소 제시

유아들과 주제학습을 진행할 때는 학습활동과정에서 유아들이 관찰해야 할 내용이 있기 마련이다. 따라서 교사는 활동주제별로 관찰목표와 관찰지도내용을 분석하여 주제학습활동 이전에 유아들이 관찰하도록 유도한다. 이와 같이 주제별로 관찰지도요소를 분석해 보는 것은 학습활동 진행과정에서 유아들에게 체계적인 관찰을 유도하는 교수 · 학습을 위한 사전준비과정으로 이루어진다.

〈표 Ⅱ-4〉 관찰지도요소 분석

활동주제	활동목표	관찰지도요소
우리 몸의 생김새	• 우리 몸의 겉모양을 관찰할 수 있다. • 몸의 외부기관의 명칭과 생김새를 말할 수 있다.	• 우리 몸의 겉모양(생김새) 관찰 • 주요 신체부위 명칭과 특징을 말해보기 • 우리 몸 겉모양 그리기

④ 유아의 관찰을 격려하기

다음에서는 유아의 관찰을 격려해 주는 교사의 모습을 제시한다(권영례, 1993).

(활동1) 꽃과 지문의 관찰(영상을 통해 실행)

교사는 유아의 탐구활동을 도와주기 위하여 구체적인 자료를 제시해 주고, 그때그때마다 유아들이 탐색할 수 있는 활동들을 언어적으로 제시해 준다. 유아의 관찰을 격려하는 교사의 언어 상호작용의 예를 제시하면 다음과 같다.

- ~에 대해 말해줄 수 있겠니?
- 이것의 색깔은 무엇이지?
- 너는 여기에서 무엇을 보았니?
- 어떤 일이 일어났니?
- ~을 보아라(들어 보아라, 냄새를 맡아 보아라 등).
- 그것이 어떻게 보였니?
- ~을 자세히 이야기해 보아라.
- 유아에게 확대경을 준다.
- 유아들이 보는 앞에서 새로운 교재를 제시한다.

2) 분류하기

(1) 개념

국어학적으로 분류란 물체나 물질을 공통적인 성질에 따라 종류별로 나누는 것이며, 특히 과학활동으로서의 분류란 '자연현상이나 사물을 어느 계통 혹은 체계에 따라 쉽게 이해할 수 있도록 유사점이나 상호관계, 동일성, 차별성 등 어떤 분류기준을 정하여 나누는 활동'이다.

(2) 분류와 유아생활, 논리적 사고력과의 관계

과학활동으로서의 자연현상이나 사물에 대한 분류 또는 교사가 제시하는 분류기준에 의한 다양한 물체나 물질에 대한 분류는 유아들이 일상생활 속에서 당면하게 되는 과학적 문제를 해결해 줌은 물론, 과학적 원리와 개념, 지식을 체득시켜주는 등 과학생활이나 과학교육에서는 없어서는 안 될 과학탐구활동 방법의 기능이며 능력이다. 이와 같은 분류하기는 과학탐구활동뿐만 아니라 우리들의 일상생활을 아주 간편하고 편리하게 만들어 준다. 슈퍼마켓에는 각종 다양한 물건들이 일정한 기준에 따라 분류되어 수요자들이 자기들에게 필요한 물건을 쉽게 선택하여 구입할 수 있도록 배열되어 있다. 가정에서도 생활의 간편함을 위하여 분류기준을 적용하고 있다. 부엌에는 그릇, 취사도구, 음식재료, 식사도구들이 놓여져 있고, 옷 종류는 방에, 그리고 세부적인 분류기준으로는 손수건, 양말, 내의 등 작은 옷 종류는 서랍에 넣어 두고 외투, 양복, 치마 등 큰 옷 종류는 장롱 속에 넣어 두어 일상생활을 대단히 편리하게 하고 있다. 또한 유치원에 오면 신발은 신발장, 사물함 위편에는 옷 종류, 아래편에는 학용품 그리고 흥미영역별로 다양한 학습활동자료가 분류되어 있어 유아들의 학습활동을 도와주고 있다.

특히 유아들의 유치원 내에서 학습활동에서뿐만 아니라 유치원에서의 간편한 생활을 위한 다양한 분류활동이 연속적으로 이루어지는데, 이러한 연속적인 분류활동을 통하여 논리적 사고력을 길러준다.

(3) 분류하기와 관련된 행동

분류하기와 관련된 행동의 예를 제시한다(권영례, 1993).

① 이들은 네 발 짐승이다.

② 나는 빨간색을 원한다. 너는 파란색을 가질 수 있다.

③ 이것이 바로 바위이다.

④ 저것은 이 카드에 속한다(말이나 행동으로).

⑤ 여기가 동물원이다(동물을 둘러싼 울타리나 장식물까지 포함한다).

⑥ 청소시간이다. 유아가 크레용을 둘 선반을 찾는다.

⑦ 유아는 나뭇잎, 단추 등을 나눈다.

⑧ 유아가 구슬 바구니에서 보라색과 노란색 구슬을 집어 실에 꿴다.

⑨ 유아가 잡동사니를 모아놓은 그릇에서 휴지를 집는다.

⑩ 가라앉는 것과 뜨는 것을 나누어 놓는다.

(4) 분류하기 지도의 실제

분류하기 지도를 위해서는 정확한 관찰하기, 일반적인 특징잡기, 동일성과 차별성 찾아보기, 광범위한 기준과 세부기준으로 분류하기, 분류를 통하여 개념을 도입하기, 분류하기 과정에서 교사의 격려하기 등의 지도방안에 대하여 살펴보기로 한다.

① 정확한 관찰하기

정확한 분류가 이루어지기 위해서는 우선적으로 정확한 관찰이 선행되어야 한다. 정확한 관찰이 이루어지지 않으면 정확한 분류가 이루어질 수 없다. 특히 관찰에서는 오감, 즉 보고, 듣고, 냄새 맡고, 맛보고, 그리고 느끼는 감각을 모두 사용하면 정확한 분류를 하는 데 도움이 된다. 관찰력을 기르기 위한 방안은 전 항에서 자세히 기술하였으므로 참고하기 바란다. 또한 분류가 이루어지기 위해서는 대상물체나 물건, 사상들을 관찰하여 그 특징을 파악하고 파악된 특징을 근거로 동일성과 차별성을 확인하고, 확인된 동일성과 차별성을 기반으로 분류기준을 설정한 후 분류작업이 이루어지는데, 이들 여러 가지 과정들은 순차적인 사고과정으로 이어진다. 그러나 유아들에게 이들을 종합적으로 지도하기보다 분류활동이 이루어지기까지의 과정 하나하나에 대하여 철저하게 지도한 후, 종합적이며 순차적인 사고를 하면서 분류활동을 하도록 지도하는 것이 효과적이다.

② 일반적인 특징잡기

일반적인 특징잡기는 대상 물체들에 대한 일반적인 특징을 발견하도록 발문을 통하여 유도한다. 예를 들면 다음과 같다.

> ㉵ (1: 세발자전거, 그네, 시소, 뜀틀) (2: 공책, 연필, 책받침, 지우개)
>
> 교사: 위의 물건들은 어떤 특징이 있나요?
> 유아: 앞 1번의 물건은 모두 타고 노는 놀이기구예요.
> 교사: 뒤 2번의 물건들은 어떤 특징이 있나요?
> 유아: 모두 학용품들이에요.

위와 같이 분류된 물건들의 특징을 발견하거나 대상물건 하나하나에 대한 특징을 발견하도록 유도할 수 있다.

③ 동일성과 차별성 찾아보기

동일성과 차별성 찾아보기 활동은 전 항의 일반적인 특징잡기를 더욱 확실하게 하기 위한 활동이다. 동일성과 차별성 찾아보기는 다음에 이어지는 분류의 준거를 설정하는 기초기능이다. 예를 들면 다음과 같다.

> ㉵ (세발자전거, 연필, 공책, 그네, 시소, 지우개, 뜀틀, 책받침)
>
> 교사: 위의 물건들을 보고 느낀 점을 말해볼까요?
> 유아: 세발자전거, 그네는 놀이기구예요.
> 교사: 예, 그러네요. 또 놀이기구에 들어가는 물건이 또 없나요?
> 유아: 시소와 뜀틀이 있어요.
> 교사: 나머지 물건들을 보고 느낀 점을 말해보세요.
> 유아: 연필, 공책은 학용품이에요.
> 교사: 위에 있는 물건들은 놀이기구와 학용품들인데, 세발자전거와 그네는 또 다른 종류인가요?
> 유아: 그네와 세발자전거도 놀이기구에 들어가요.
> 교사: 그러면 누가 전체적으로 놀이기구와 학용품으로 각각 분류해 볼까요?

④ 광범위한 기준과 세부기준으로 분류해보기

광범위한 기준과 세부기준으로 분류하기는 물체가 큰 범주에 포함되는 동시에 작은 범주에도 속하는 속성을 근거로 하여 1차 분류, 2차 분류하는 과정을 통해 논리적 사고력을 배양시킨다. 그 예를 들면 다음과 같다.

> ㊎ (소나무, 돌, 흙, 사람, 밤나무, 개, 돼지, 대추나무, 바위)
>
> 교사: 위 물건들을 어떻게 분류할 수 있을지 생각해 봐요.
> 유아: 살아 있는 물건과 죽은 물건으로 나눌 수 있어요.
> 교사: 예, 잘 발견했어요. 살아 있는 물건을 생물이라고 하고 죽어 있는 물건을 무생물이라고 해요. 생물에 속하는 물건들을 차례대로 말해 보세요.
> 유아: 소나무, 사람, 밤나무, 개, 돼지, 대추나무는 생물이에요.
> 나머지는 무생물이에요.
> 교사: 자, 그러면 생물인 소나무, 사람, 밤나무, 개, 돼지, 대추나무 등을 잘 보세요. 또 어떤 기준으로 분류해 볼 수 있을까요?
> 유아: 예, 동물과 식물로 분류할 수 있어요.
> 동물에는 사람, 개, 돼지가 있고요.
> 소나무, 밤나무, 대추나무는 식물이에요.

⑤ 분류를 통하여 개념을 도입하기

유아들에게 대상 물체를 교사가 제시한 분류기준에 따라 분류한 후, 분류한 물체들의 속성에 따른 개념을 도입하여 지도하는 경우이다. 예를 들면 다음과 같다.

> ㊎ (소나무, 들, 흙, 사람, 밤나무, 개, 돼지, 대추나무, 바위)
>
> 교사: 위 물체들을 어떤 기준으로 분류할 수 있을지 잘 생각해 보세요.
> 유아: 죽은 물체와 산 물체로 분류할 수 있어요.
> 교사: 산 물체와 죽은 물체로 분류해 보세요.
> 유아: 산 물체는 소나무, 사람, 개, 돼지이고요. 죽은 물체는 돌, 흙, 바위 등이에요.
> 교사: 잘 분류했어요. 산 물체를 생물이라고 하고, 죽은 물체를 무생물이라고 해요.

이와 같이 대화함으로써 분류과정을 통해 자연스럽게 생물과 무생물의 개념을 지도할 수 있다.

⑥ 분류하기 과정에서 교사의 격려하기

분류하기 과정에서 교사는 유아들을 다음과 같이 격려할 수 있다(권영례, 1993).

- 이것은 어느 곳에 놓아둘 수 있을까?
- 이 주머니에 똑같은 종류의 것들을 담아보자.

- 이 주머니에 있는 물건과 같은 것들은 어떤 것들이니?
- 부드러운 것들을 나에게 주겠니?
- 물에 뜨는 것과 가라앉는 것은 어떤 것일까?
- 이쪽에 놓을 수 있는 것이 이것 외에 또 있을까?
- 부드러운 것은 여기에 놓고 딱딱한 것은 저기에 놓아 두렴.
- 이것과 같은 것을 가지고 있는 사람은 누구니?

3) 의사소통하기

(1) 개념

의사소통은 사전적 의미로는 서로의 생각과 감정을 말, 행동, 글 등을 통해 주고받는 것이다. 의사소통이 원활하다는 것은 자신이 전달하고자 하는 의미가 상대방에게 잘 전달되는 것을 말한다. 특히, 과학교육에서 의사소통이란 '과학적 탐구활동 과정에서 발견하고 탐색한 내용을 언어 또는 그림, 그래프, 일기 등 비언어적이며 상징적인 표현으로 상대방에게 잘 인식시키고 나타내는 과정'으로, 의사소통은 학습의 수단이며 도구이고 또한 학습의 원동력이다.

(2) 의사소통의 하위능력과 논리적 사고력과의 관계

의사소통은 학습의 원동력으로, 의사소통 기술이 학습의 효율성을 좌우한다. 의사소통은 언어적 · 비언어적 전달방법을 통해 정확한 정보를 다른 사람에게 인식시키고 또한 자신의 정보와 지식을 상대에게 전달하는 표상활동이다. 특히 언어적 의사소통의 형태로는 여러 가지가 있겠지만, 그중 발문과 토론이 가장 대표적인 하위능력으로, 과학적 개념이나 지식을 이해 · 습득시키는 데 가장 적절한 기능이다. 또한 비언어적 의사소통의 형태로는 그림, 그래프, 일지 작성 등의 방법이 있다. 과학탐구활동은 언어적, 비언어적 의사소통이 적절히 혼합되어 융통성 있게 운영해야 한다. 특히 발문은 유아들의 학습 활동과정에서 호기심을 유발시키고, 다양한 발문유형에 따라 유아들의 논리적 사고력을 유발시킬 수 있다.

또 비언어적 의사소통의 형태인 그림, 그래프, 일지를 작성하는 과정과 작성된 그림, 그래프, 일지 등을 보면서 그 내용을 상대에게 설명하고 이해시키는 과정에서 창의적 사고력과 논리적 사고력이 배양된다.

(3) 의사소통하기 지도의 실제

의사소통하기의 주요 능력이나 기능으로서 언어적 의사소통에서는 발문과 토의가, 비언어적 소통에서는 그림, 그래프, 일지 등이 대표적인 능력이다. 다음에서 언어적 소통에서의 발문방법에 대하여 알아보기로 한다.

① 발문

질문이란 주로 모르는 입장에 있는 사람이 알고 있는 사람에게 던지는 물음을 가리키는 것으로, 일상생활에서 많이 사용하고 있음에 반하여 발문은 교사가 학습자들의 학습활동을 조성해 나가기 위해 던지는 문제제기를 가리키는 말이다.

본 절에서는 유아들의 과학교육에서 탐구과정과 탐구활동을 조장하는 발문의 방법에 대하여 생각해 보기로 한다.

ㄱ. 수렴적 발문과 확산적 발문

과학교육과정 개선연구(SCIS) 프로그램에서는 적절한 발문의 형태로 수렴적 발문과 확산적 발문을 강조한다.

가. 수렴적 발문

대부분의 현장교사들이 수렴적 발문은 단답이나 토막적 지식을 요구하는 발문으로, 유아들의 창의력이나 논리적 사고력을 길러줄 수 없다고 하면서 수렴적 발문을 과소평가하고 심지어는 사용하지 말아야 한다고 생각한다. 그러나 수렴적 발문은 다음과 같은 가치를 가지고 있다.

첫째, 유아의 이해 정도를 확인하는 과정평가의 기능을 갖는다.

둘째, 확산적 발문을 하기 위하여 관련 내용에 대한 유아의 이해를 돕기 위함이다.
수렴적 발문의 예를 들면 다음과 같다.

> ㉄ 교사: 나팔꽃은 가지로 뻗어가니 혹은 줄기로 뻗어가니?
> 나팔꽃 잎의 수 그리고 꽃의 색깔은 어떠하니?

위와 같이 교사가 확실한 몇 가지 답을 가지고, 그런 대답이 나오기를 기대하면서 발문을 한다. 그리고 교사는 이상의 수렴적 발문을 통하여 유아의 본시 학습내용을 확인한 후, 다음과 같이 확산적 발문으로 이어간다.

> ㉄ 교사: 우리 유치원 내에서 어디에 나팔꽃을 심으면 좋을까?

위와 같은 확산적 질문을 하기 위해 기초가 되는 내용을 먼저 수렴적 질문으로 하여 유아들의 이해수준을 확인한다.

나. 확산적 발문

확산적 발문은 다양한 경험과 관심을 유발하는 발문, 유의미하고 새로운 연결을 만들고 표현하는 사고과정으로 유아들에게 여러 가지 답과 반응을 요구하는 발문으로, 유아가 스스로 토의에 참가하도록 유도하는 발문유형이다. 확산적 발문의 가치는 다음과 같다.

첫째, 유아들에게 다양한 창의적 사고와 논리적 사고를 유발한다.

둘째, 다양한 창의적 사고와 논리적 사고를 유발하여 유아들 상호 간에 활발한 토의를 이끌 수 있다.

확산적 발문의 예를 들면 다음과 같다.

> ㉄ 황사의 피해를 줄이는 방법에는 무엇이 있을까?
> 이 콩을 어디에다 심어야 잘자라 콩을 맺을 수 있을까?

이와 같은 유형의 확산적 발문을 하면 유아들은 다양한 발표를 함으로써 토의가 활발해진다.

확산적 발문 시 고려할 점은 다음과 같다.

첫째, 주제학습을 진행하거나 토의를 하기 위해 확산적 발문을 하는 경우, 먼저 주제학습이나 토의의 목적을 분명히 이해시켜 주어야 한다.

둘째, 학습내용이나 확산적 발문의 기저가 될 만한 내용을 미리 수렴적 발문을 통해 확실히 주지시킨 후 확산적 발문으로 이끌어야 한다.

다. 수렴적 발문과 확산적 발문의 균형

수렴적 발문과 확산적 발문이 균형적으로 제시되어야 한다.

첫째, 수렴적 발문은 교수학습이 진행되는 도중에 과정적 발문으로, 형성평가적 기능을 가지고 학습내용의 이해 정도를 확인 점검하면서 교수학습을 진행시킨다.

둘째, 확산적 발문을 하기 전에는 확산적 발문의 기저가 되는 내용을 확인해야 하는데, 이때에는 수렴적 발문을 활용한다.

셋째, 여러 차례 수렴적 발문이 이루어진 후에 확산적 발문 그리고 여러 차례의 확산적 발문 후에 수렴적 발문으로 이어지는 것이 일반적이다.

ㄴ. 조지(George)와 그의 동료들의 발문

조지(George)와 그의 동료들의 발문 즉, 환기(Recall), 자료수집(data collecting), 자료처리(data processing) 및 평가(evaluating)하는 발문은 과학탐구활동에서 창의적 사고력과 논리적 사고력을 배양시키는 데 효과적인 발문기법이므로 이를 구체적으로 소개하면 다음과 같다.

가. 환기적 발문

㉠ 개념

수업에서나 개인적인 경험에 의해 체득한 지식에 대한 기억내용과 기억수준에 대한 질문이다.

㉡ 내용

수업에 필요한 기초적인 내용에 대한 발문으로 창의적 사고가 필요하지 않으나, 다른 발문을 위한 이해 수준을 확보하는 데 도움이 된다.

㉢ 발문의 ㊉

- 나팔꽃 잎은 모두 몇 개일까요?
- 고양이는 가축에 속하니?

- 너는 동물원에 몇 번이나 가보았니?

나. 자료수집의 발문

㉠ 개념

물체나 사상에 대한 직접 관찰을 통한 정보나 자료의 수집내용에 대한 발문이다.

㉡ 내용

- 자극하는 물체가 제시되고 발문에 따른 정확한 답이 나온다.

㉢ 발문의 ㉧

- 교사: 철수야, 나팔꽃을 보고 무엇을 관찰했니?
- 철수: 나팔꽃은 넝쿨로 자라나서 높이 올라가고 있어요.
- 교사: 영희야, 개는 왜 겨울에도 춥지 않을까?
- 영희: 개는 털로 몸을 모두 감싸고 있어서 겨울에도 춥지 않아요.

다. 자료처리의 발문

㉠ 개념

- 정보를 처리하는 유아에게 새로운 형태로 자료를 수집하도록 하는 발문이다.

㉡ 내용

- 학습자로 하여금 비교, 분류, 추론, 예견을 하도록 하는 발문이다.
- 유아들로 하여금 정보를 모으고, 모아진 자료를 서로 연결짓게 함으로써 논리적 사고력을 기를 수 있다.

㉢ 발문의 ㉧

- 고양이와 개는 어떤 점이 같고 어떤 점이 다른지 말할 수 있겠니?
- 빨간 물감과 흰색 물감을 같은 양으로 섞으면 어떤 색깔이 되겠니?

라. 평가적 발문

㉠ 개념

평가하고 증명하는 발문이다.

ⓛ 내용

- 학습자로 하여금 특별한 기준에 맞추어 가설이나 추론을 하게 하는 발문이다.
- 다양한 답이 나올 수 있으며, 경험에 대해 논리적으로 생각하게 하므로 논리적 사고력을 배양할 수 있다.

ⓒ 발문의 예

- 물에 소금을 탄 것을 어떤 방법으로 알아내겠니?
- 여기에 여러 가지 물건들이 있는데, 쇠붙이로 만들어진 물건을 골라내려면 어떻게 하면 되겠니?

마. 발문 시 고려할 점

㉠ 기억만을 요구하는 발문을 경시해서는 안 되나 자주 해서도 안 된다.
ⓛ 교사는 유아 수준에 맞는 발문을 해야 한다.
ⓒ 문제상황에 따라 발문이 이루어져야 하기는 하지만 환기적 발문, 자료수집의 발문, 자료처리의 발문, 평가적 발문을 균형 있게 해야 한다.
ⓔ 모든 발문은 유아의 호기심을 유발하도록 해야 한다.

4) 예상하기

(1) 개념

사전적 의미로서 예상이란 '앞으로 일어날 일을 미리 헤아려 봄' 또는 '앞으로 일어날 일을 내다봄'이며, 과학적 탐구과정으로서의 예상이란 '이미 알고 있는 지식을 활용하여 앞으로 일어날 일을 예측 또는 짐작해 보는 일'이다. 교사는 과학활동에서 어떤 실험을 하기 전에 실험을 하면 어떤 현상이 일어날 것인가 하는 예상을 세우고, 실험을 통하여 그 예상이 맞는지 틀렸는지를 확인하게 된다. 예상과 유사 용어로는 가설(Hypothesis)과 예견(Prediction)이 있다. 이들 세 용어는 같은 개념이다.

(2) 예상하기와 논리적 사고력과의 관계

관찰이 지각을 통해 얻는 작용이라고 한다면, 예상은 관찰하여 습득한 지식의 설명에서 유발되는 사고활동의 결과라고 할 수 있다. 예상은 과거경험에 의해서 결정되는 의견이고, 이 의견은 새로운 관찰이나 실험 등의 검증방법을 통하여 옳고 그름이 확인된다.

'깨끗한 물 한 컵에 붉은 잉크 한 방울을 떨어뜨린다면 어떻게 될까?' 하는 교사의 발문에 대하여 유아들은 이와 관련된 실험 즉, 물 한 컵에 설탕 넣어보기, 물 한 컵에 소금을 넣어보기에 대한 과거 실험이나 기타의 경험을 기초로 가설을 세우고, 가설을 세우게 된 이유나 근거 또는 의견을 발표시키고 토의한다. 실험을 통해 확인하는 일련의 과정을 통하여 논리적 사고력이 발달하므로, 과학활동에서 많이 활용하는 과학탐구활동 기법이다.

(3) 예상하기 지도의 실제

예상하기 지도의 실제를 기술하기 전에 '예상하기' 기법을 적용하는 '가설실험 학습'의 모형을 먼저 이해하도록 하자.

가설실험 학습모형은 일반적으로 다음과 같은 과정을 밟아 진행되는데, 관련 내용이 제5장에서도 자세히 다루어지니 참고하면 된다.

① 문제상황 제시

② 문제의식의 공유화

③ 학습문제 확인

④ 자료탐색

⑤ 가설 설정(예상수립)

⑥ 토론

⑦ 가설의 재설정(예상수정)

⑧ 가설검증(실험)

⑨ 이법화(규칙성 정리)의 과정을 밟는다.

위 가설 · 실험 학습과정 중 '예상하기'와 관련된 ⑤항부터 교수 · 학습의 흐름에 대하여 간략하게 기술하기로 한다. 특히 이 과정에서 논리적 사고력과 창의적 사고력이 배양된다.

⑤항 가설 설정(예상수립)

유아들이 과거에 학습한 학습결과, 유아들이 직접 경험한 학습내용, 오늘 교사가 제시해준 각종 정보와 자료를 근거하여, 앞 과정에서 제시된 학습문제에 대한 가설을 세우도록 한다. 이 가설이 바로 예상이다. 예를 들면, 다음과 같다.

> ㊐ 교사: '얼음에 열을 가하면 어떻게 될까요? 각자 생각해보세요.' 하고 가설(예상)을 세워보도록 한다.
> 교사: 여러분들이 세운 가설(예상)을 발표해 보세요.

그리고 유아들이 발표한 가설(예상)을 정리한다.

- 녹아서 물이 된다.
- 무게가 줄어든다.
- 크기가 줄어든다.

⑥항 토론

유아들이 제시한 가설을 정리하여 가설별로 유아들을 몇 개의 집단으로 분류한 후, 집단별로 유아들이 설정한 가설(예상)설정의 이유나 근거를 발표하도록 한다. 이때 유아는 자기가 설정한 가설(예상)에 대한 이유나 근거를 조리 있게 발표한다.

⑦항 가설(예상)수정

토론을 거친 후 다른 유아들의 이야기를 듣고 나서 자기의 최초 가설(예상)이 틀렸다고 생각하면 수정한다. 그리고 교사는 다시 가설(예상)을 정리하여 가설(예상)별로 지지하는 유아 수를 파악한다.

⑧항 가설검증(실험)하기

가설을 검증한다. 가설을 검증하기 위하여 얼음을 넣은 비커에 알코올 램프를 켜 가열시켜 본다. 얼음이 점차 녹아 물이 되는 과정을 확인한다.

⑨항 이법화

위의 실험을 통하여 나타난 결과를 정리한다.

'얼음에 열을 가하면 녹아 물이 된다'라고 이법화시킨다.

이상에서 간략하게 기술한 바와 같이, 유아들에게 가설실험학습을 적용한다면 유아들의 논리적 사고력과 창의적 사고력을 신장시켜주는 데 대단히 효과적이다. 그러나 유아들이 이상에서 열거한 교수·학습과정을 모두 적용하여 학습을 진행하기에 어려움이 있다면, 그중 가설설정(예상수립)과 토론, 가설(예상)수정 과정만을 적용하여 학습을 진행할 수도 있다. 이 과정에서 논리적 사고력과 창의적 사고력이 길러지기 때문이다. 이에 대하여 보다 자세히 설명하기로 한다.

⑤항 가설 설정(예상수립)

가설(예상)이란 지금 진행하려고 하는 실험, 교사가 안내한 학습문제에 대한 잠정적인 결론 또는 해답이다. 잠정적인 결론이나 해답에 대한 논리적인 근거를 찾기 위해 다양한 사고과정을 거침으로써, 특히 유아들에게 논리적인 사고력을 개발해줄 수 있다.

가설(예상)은 상식적으로 세우는 것이 아니라, 논리적인 타당성을 확보하기 위하여 반드시 다음과 같은 지식이나 경험을 바탕으로 해야 한다.

첫째, 본 과제와 관련하여 이미 학습한 지식 또는 규칙성

둘째, 유아들이 본 과제와 관련된 과거의 경험 또는 유사과제를 해결해 본 경험

셋째, 본 과제학습을 위해 교사가 제시해준 제반 정보와 자료

넷째, 동료 친구들의 의견 등을 종합하여 가설(예상)을 수립

예를 들면, '깨끗한 물 1컵에 빨간 잉크를 한 방울 떨어뜨린다면 어떻게 될까?'(실험과제)

- 예상 1: 컵의 물이 빨갛게 변할 것이다. (7)
- 예상 2: 컵의 맨 밑 부분에 빨간 잉크가 가라앉을 것이다. (3)
- 예상 3: 컵의 맨 위에 빨간 잉크가 떠 있을 것이다. (3)

위와 같이 가설을 세울 수 있다. 그리고 가설별로 유아 수를 파악하여 ( ) 속에 기록해 둔다.

⑥항 토론

유아들이 제시한 가설별로 지지하는 유아 수를 파악하여 가설별로 집단을 형성하고, 집단별로 가설을 설정한 근거나 이유를 발표하도록 한다. 예를 들면, '저는 빨간

잉크가 컵 속의 물에 골고루 섞여져 컵 속의 물 모두 빨갛게 될 것이라고 생각합니다. 왜냐하면 컵 물에 설탕을 넣으면 설탕이 컵 속의 물 전체에 녹아 퍼져서 우리들이 마시면 달기 때문입니다.'와 같이 가설에 대한 이유나 근거를 발표시킨다. 이때 고려할 사항은 다음과 같다.

첫째, 소수 유아가 지지하는 가설부터 발표시킨다.

둘째, 가설이나 근거를 발표한 유아에게 질의응답을 하도록 한다.

셋째, 가설이나 근거를 논리적으로 발표시켜, 다른 가설을 지지한 유아들이 가설을 재수정하도록 한다.

넷째, 교사는 어떤 가설에도 찬성이나 거부를 표명하지 않는다.

⑦항 가설(예상)수정

가설에 대한 토의를 거친 후에 유아 각자가 세운 가설(예상)을 수정할 수 있게 한다. 또래 유아가 설정한 가설(예상)과 가설(예상)설정의 근거나 이유가 타당하면 가설(예상)을 수정할 수 있음을 강조한다.

예를 들면, '가설(예상)별로 가설(예상)을 설정한 이유나 근거를 들어보았는데, 가설(예상)별로 지지하는 유아가 어떻게 바뀌었는지 알아보겠습니다.' 하고 가설(예상)별 지지 유아 수를 파악한다. 예를 들면, 다음과 같다.

(예상 1) 컵의 물이 빨갛게 변할 것이다. (7) (11)

(예상 2) 컵의 맨 밑 부분에 빨간 잉크가 가라앉을 것이다. (3) (1)

(예상 3) 컵의 맨 위에 빨간 잉크가 떠 있을 것이다. (3) (1)

이와 같이 수정될 수 있다. 이와 같이 가설(예상)이 설정되고 토의를 거쳐 재수정되면 실험을 통하여 가설(예상)을 검증하도록 한다. 구체적인 내용은 제7장을 참고하기 바란다.

5) 실험하기

(1) 개념

실험하기는 전 절에서 기술한 가설실험학습의 8번째 단계로서, 가설검증(실험하기)의 과정을 말한다. 실험이란 '가설이나 이론이 실제로 들어맞는지를 확인하기 위해 다양한 조건 아래 여러 가지 측정을 실시하는 일'이다. 즉, 과학에서 어떤 인위적 조작을 통해 현상을 창조해내는 일과 관련된 제반절차이다. 실험이 인위적 조작에 초점을 둔다면, 관찰은 보는 데 초점을 둔다. 그러나 일반적으로 실험은 실험과정이나 현상에 대해 관찰을 사용하여 확인하는 과정이다. 물론 실험은 조작된 조건하에서 나타나는 현상에 대해 관찰을 통해 결론을 도출한다.

(2) 실험하기와 논리적 사고력과의 관계

실험은 전 과정에서 수립된 가설(예상)을 확인하는 과정으로, 앞에서 밝힌 가설실험학습에서 이법화를 위한 마지막 과정이다. 이법화란 '유아들이 수립한 가설(예상)에 대해 실험의 과정을 통해 확인 검증된 사실을 하나의 원리나 법칙으로 정리하는 과정'으로, 모든 실험의 마지막 단계에서 이루어진다.

또한 실험에서는 유아 각자가 제시한 논리적 근거에 대한 타당성을 확인하는 과정을 통해 예상하기 과정과 같이 논리적 사고력이 계발된다.

(3) 실험하기의 실제

① 실험과 가설(예상)검증

실험과 가설(예상)검증은 같은 과정이다. 가설실험학습에서 가설(예상)검증은 실험을 통해 이루어지기 때문이다. 유아들과 가설(예상)을 검증하는 것은 실험을 통해 이루어지기 때문에, 먼저 유아들과 실험을 하기 위한 절차와 실험기구별 사용방법에 대하여 구체적으로 협의한다. 이때 고려할 점은 다음과 같다.

첫째, 실험순서에 따른 실험기구 사용법을 이해한다.

둘째, 실험 도중 유아 안전상 고려할 점을 이해한다.

넷째, 실험관찰 관점별로 관찰요령을 설명한다.

넷째, 실험결과를 정리하는 방법을 설명한다.

② 이법화하기

실험, 즉 가설(예상)검증과정을 관찰하면서 옳은 가설(예상)을 설정한 유아들은 즐거워 환호성을 올린다. 또한 틀린 가설(예상)을 설정한 유아들은 자기의 생각에서 무엇이 틀렸는가를 스스로 알아본다.

또한 실험결과를 이법화하거나 개념화하여 유아들에게 학습결과로 이해시킴은 물론, 일상생활에서의 적용방안과 발전적 과제를 생각하도록 한다.

③ 교사의 실험 격려태도

실험 시에 교사가 격려하는 언어 상호작용방법의 예를 들면 다음과 같다(권영례, 1993).

- 만약 ~라면 어떤 일이 생길까?
- 네가 ~을 한다면 무슨 일이 일어날 거라고 생각하니?
- 네가 ~을 할 수 있니?
- ~을 가지고 어떤 것을 할 수 있을까?
- 어떻게 하면 ~이 될까?
- ~은 이렇다. 그 다음은 어떻게 될까?
- 만일 네가 ~의 크기(모양, 색깔)를 바꿀 수 있다면 어떻게 하겠니?
- 만일 ~로부터 ~을 빼면 어떻게 될까?
- 여기에 ~을 보탠다면 어떻게 되겠니?
- 각기 다른 재료가 쓰인다면 어떤 일이 생길까?
- ~에 대해 알고 싶으면 어떻게 알아볼 수 있을까?
- 어떻게 하면 ~이 될까?

제5장

탐구중심의 교수 · 학습방법 적용을 통한 논리 · 논술교육

우리의 교육은 그동안 양적으로 엄청난 발전을 거듭하여 왔으나, 이제는 질적으로 내실을 기해야 한다는 교육계 내외의 목소리가 아주 높다. 이러한 기세에 맞물려 지금까지의 암기와 이론 위주의 교육에서 탈피하여 사고하고 행동하는 탐구 위주 교육의 중요성을 강조된지 오래되었다.

그러나 가르치고 학습해야 할 교육내용이 많은 초 · 중등교육에서는 아직도 탐구중심의 교육이 실현되지 못하는 실정이다. 하지만 유 · 초등교육 과정이 개정될 때마다 어떻게 가르칠 것인가? 하는 교육방법은 일관되게 탐구적 학습방법을 강조하여 왔다. 이것은 모든 교육활동에서 탐구적 학습방법으로 지도할 때 창의적이며 비판적 사고력을 배양해주고, 주체적이며 자발적인 유아중심교육을 실현해 줄 수 있기 때문이다. 본 장에서는 탐구중심의 교수 · 학습방법에 대한 관련 내용을 살펴본 후, 논리 · 창의 · 논술교육을 위한 실제 지도방법과 절차에 대하여 기술하기로 한다.

1. 탐구중심의 교수 · 학습방법에 대한 이해

탐구중심의 교수 · 학습방법의 이해에서는 탐구와 탐구학습, 탐구중심의 교수 · 학습모형에 대하여 알아보기로 한다.

1) 탐구학습

유아교육과정은 어떤 내용을 어떻게 편성하고 어떤 방법으로 가르칠 것인가에 관한 내용을 담고 있는데, 7차에 걸쳐 유치원의 유아교육과정이 개정될 때마다 지도내용은 다소 바뀌어 왔으나 지도방법은 탐구학습(Inquiry Method)을 일관되게 강조하여 왔다. 이는 모든 유아교육활동에서 탐구적 방법을 통하여 지도하는 것이 효과적이기 때문이다.

(1) 탐구와 탐구학습

탐구란 '신념이나 지식에 근거하여 적극적이고 끈기 있고 세밀하게 고찰하는 것이며, 신념이나 지식이 추구하는 여러 가지 결론에 관하여 고찰하는 것'(Dewey, 1933), 또는 '현재 당면하고 있는 중요한 가치와 문제에 대한 검토'(Massialas & Cox, 1966)라고 보고, 여기에는 '여러 가지 결론에 관한 고찰', '문제에 대한 검토' 등 학습자의 학습에 대한 발견적이며 가설검증적인 활동이 강조되고 있다. 따라서 탐구학습이란 '유아 자신이 발견과 가설검증적인 탐구과정에 따라 아이디어를 만들어내고, 그것을 실험 · 검증하는 유아주도적인 학습방법'이라고 정의할 수 있다.

(2) 탐구학습의 필요성

탐구학습은 과거 전통적인 교육방법의 모순을 해결하고자 하는 데서 출발한다.

① 교사가 학습문제에 대하여 언어적으로 설명하면서 결론을 제시해 주는 결과중심의 교육으로 과제해결력을 길러주지 못했다.

② 교사의 주도적인 학습 진행으로 유아들이 피동적으로 학습에 참여함으로써 학습의 주체성을 배양할 수 없었다.

③ 암기 위주의 학습으로 단편적인 지식의 전수에 국한되어 논리적이고 체계적인 사고력과 창의적 사고력을 체득시킬 수 없었다.

(3) 탐구학습의 특징

탐구학습은 과거 전통적인 학습방법에 반하여 다음과 같은 특징이 있다.

① 탐구학습은 유아가 학습과정에서 얻어지는 결론을 중시하는 결과중심의 학습

방법(learning centered product)이 아닌, 유아들이 직접 학습활동과정에 주체적이며 능동적으로 참여하여 결론을 도출해 나가는 과정중심의 학습(learning centered process)으로, 학습의 결과보다 과정을 더 중시한다.

② 탐구학습은 교사의 주도성을 배제하고 유아의 주도성을 최대한 존중하는 학습방법으로, 단순 암기를 통한 학습이나 교사가 일방적으로 주도하는 학습이 아니라, 유아 자신이 주변을 비판적으로 바라보고 스스로 결론을 찾아내도록 하는 유아중심교육이다.

③ 탐구학습은 유아 자신이 능동적인 탐구활동을 통하여 문제를 해결해 나가는 학습방법으로, 교사가 언어적으로 설명하거나 결론을 가르쳐 주는 것이 아니라, 유아가 유연한 사고와 다양한 활동을 통하여 결론을 이끌어낸다.

④ 탐구학습은 교재의 특질, 학습주제, 유아의 발달상황, 흥미, 요구 등을 고려하여 다양한 활동이 전개되므로 흥미롭다.

⑤ 탐구학습은 유아들의 학습활동을 강조하는 유아주도적인 학습방법으로, 발견학습, 가설실험학습, 문제해결학습, 귀납적 방법 등이 대표적이다.

(4) 탐구학습 모형

탐구학습 기본모형은 다음과 같다.

<표 Ⅱ-5> 탐구학습 기본모형

과정	주요활동
1. 탐구문제 설정	• 탐구문제 상황 제시 • 탐구문제 상황 분석 • 탐구문제 정리
2. 탐구활동 계획수립	• 탐구 주제에 따른 탐구집단 조직 • 탐구 하위주제 선정 • 탐구 하위주제에 따른 자료, 정보수집 • 탐구 하위주제 해결을 위한 역할분담
3. 탐구활동 전개	• 유아 각자가 맡은 하위주제에 따른 탐구활동 전개 • 교사의 역할수행 : 안내자, 중재자, 촉진자의 역할 • 활발한 탐구활동 격려 • 계획대로 진행하는지 확인 점검 • 유아 상호 간의 원활한 협조

과정	주요활동
4. 탐구활동 결과정리	• 탐구결과의 요약, 해석, 결론 • 탐구결과 정리: 만화, 글, 그림, 포스터 등의 형식으로 정리 발표
5. 탐구결과의 평가	• 학습결과 재확인: 이법화 • 탐구활동 전 과정평가

〈표 II-5〉에서 보는 바와 같이, 일반적으로 탐구학습의 기본모형은 5개의 과정을 밟는데 이 기본모형을 근간으로 하여 가설실험학습, 발견학습, 문제해결학습 등 다양한 형태의 탐구학습방법이 교재의 성격과 특질에 따라 고안되어 적용되고 있다.

(5) 탐구학습을 위한 교사의 역할

탐구학습이 유아 주도적으로 이루어지는 유아중심교육으로, 자칫 잘못하면 학습이 소란하고 무질서한 학습으로 전락될 우려가 있다. 따라서 탐구학습에서 교사는 교수자, 촉진자, 격려자의 역할을 효율적으로 수행해야 한다.

① 유아들의 탐구활동 전 과정에서 가치를 인정해 주고 허용적인 태도와 인내심을 가지고 유아를 대해야 한다.

② 다양한 자료와 정보를 제공하여 유아들의 적극적이고 활발한 탐구활동을 조장해주어야 한다.

③ 교사의 적절한 발문이 필요하므로 발문록을 사전에 치밀하게 작성하여 확산적 발문을 해야 하고, 특히 지적 갈등이나 동기유발을 돕는 발문을 많이 해야 한다.

④ 탐구활동은 시간, 장소, 방법, 형식, 계획 등이 하루 일과의 모든 활동에서 비구조적으로 이루어질 수 있게 한다.

⑤ 탐구활동은 유아 상호 간 또는 유아와 교구(자료) 간의 상호작용이 절대적으로 필요한 활동으로, 이러한 활동이 활발하게 이루어질 수 있는 방안을 강구하여 적용해야 한다.

⑥ 탐구활동과정에서 교사의 개입은 최소화하고, 개입하더라도 문제를 해결하는 안내자 역할만을 수행해야 한다.

2) 탐구학습과 논리 · 논술과의 관계

종래의 전통적인 교수학습방법은 지식 · 정보에 대한 주입식 교육으,로 유아들의 입장에서 보면 피동적으로 유아들의 흥미나 요구가 무시되고, 유아들의 학습준비성 등을 고려하지 않은 채 유아 중심의 주도적인 학습으로 이끌어가지 못하였다. 이러한 전통적인 학습에서는 유아들의 주체적인 학습활동과정이 무시된 채, 결과 위주의 학습으로 토막적인 지식만을 교사에 의해 일방적으로 주입되기를 강요받는다. 지식과 정보는 유아들 스스로가 주도성을 가지고 탐구, 탐색, 궁리, 생각, 비판, 논의, 창의 등이 동반된 학습활동을 통하여 직접적으로 체득한 지식이나 정보이어야 생명력 있는 지식이나 정보가 된다. 이런 입장에서 볼 때, 탐구학습은 유아 자신이 기존 경험에 근거하여 새로운 지식이나 정보를 얻기 위해 끈기 있고 세밀하게 고찰하고 발견하고 가설을 세워 검증하는 등 유아주도적인 탐구 · 탐색활동이 강조된다. 즉, 탐구학습이란 '유아 자신이 발견과 가설검증적인 탐구과정에 따라서 아이디어를 만들어내고, 그것을 실험 · 검증하는 유아주도적인 학습방법'이다.

이러한 탐구학습을 적용하면 유아들에게 미치는 영향은 다음과 같다.

첫째, Learning by doing(행동함으로써 배운다)을 강조하는 학습으로 유아들이 능동적, 주체적으로 이끌어가는 자기주도적 학습이 이루어지기 때문에 유아들의 주체성이 배양된다.

둘째, 처음부터 끝까지 모든 활동에 주도성을 가지고 참여함으로써 의사결정력, 사회적 책임감 등 사회성을 배양해 준다.

셋째, 가설을 세우고 수립한 가설을 실험적으로 검증하고, 타당한 가설을 세우기 위해 논리적이며 비판적이고, 합리적인 사고과정을 통해 기존의 정보나 경험을 재구성하며, 실험이나 조작 등 과학적인 검증활동을 통하여 논리적이며 비판적인 사고력, 창의적 사고력이 자연적으로 길러진다.

2. 탐구중심의 교수 · 학습방법 적용 지도의 실제

탐구학습이란 '유아 자신이 발견한 가설검증적인 탐구과정에 따라서 아이디어를 만들어내고 그것을 실험 · 검증하는 유아주도적인 학습방법'으로 여기서는 가설실험

학습, 발견학습, 문제해결 학습에 국한하여 학습과정, 이에 따른 전개방식, 그리고 학습활동안의 예를 제시한다.

1) 가설실험 학습

(1) 가설실험 학습과정

가설실험 학습은 유아들이 설정한 학습문제에 대하여 유아 각자가 가설(hypothesis)을 세우고 수립된 가설을 검증하기 위하여 관련 자료들을 관찰, 분석, 종합하고, 유아 상호 간의 토론을 통하여 유아 각자가 세운 가설과 가설설정의 근거를 알아본 후 최종적으로 실험을 통해 가설을 검증하여, 원리나 개념으로 이법화(개념화)해 나가는 탐구학습 방법으로 가설실험 학습과정은 다음과 같다.

단계	과정	구조
도입	문제의식 상황제시 문제의식의 확인	[문제상황 제시, 문제의식 유도 문제의식의 공유화] ↓ [학습문제 확인] ↓
전개	가설설정 자료분석, 가설설정 토론 가설수정 가설검증	[자료탐색, 관련 자료 제시] ↓ [관련 자료 종합분석 → 가설설정] ↓ (가설수정)→ (토론) →(가설설정 근거 제시) ↓ [가설 재설정] ↓ (가설타당성 확인) → (가설검증) →(관련 자료 제시) ↓
종결	이법화, 개념화	[이법화, 개념화] ←(적용방안 협의)

〈그림 Ⅱ-1〉 가설실험 학습과정

〈그림 II-1〉의 학습과정에 따라 학습활동을 개략적으로 설명하면 다음과 같다.

① 문제상황 제시

본시 학습문제에 대하여 관련 자료를 제시하면서 유아들로 하여금 문제의식을 갖도록 한다.

② 문제의식의 공유화

관련 자료를 보면서 교사가 이야기를 이끌어가거나, 유아들이 교사가 제시한 자료를 탐색하면서 문제의식을 갖도록 한다. 특히 개인의 문제가 아니라 전체 유아들의 공통된 관심사가 되도록 유도한다.

③ 학습문제 확인

앞의 두 과정을 거쳐 본시에 유아들이 해결해야 할 학습문제가 무엇인가를 확실히 이해하도록 한다.

④ 자료탐색

문제의식 유도자료(1차 자료) 제시에 이어, 이번에는 가설설정에 직접적으로 관련되는 자료(2차 자료)를 제시하여 유아들이 가설설정을 위해 자료를 면밀히 탐색하도록 한다.

⑤ 가설설정

제시된 자료탐색을 통하여 공유화된 문제에 대한 가설을 유아 각자가 설정하도록 한다. 가설을 설정할 때는 반드시 설정된 가설에 대한 이유 또는 근거를 확실히 정리하도록 한다. 이유나 근거가 명확하지 않으면 가설로서의 가치가 없음을 유아들에게 주지시킨다.

⑥ 토론

유아들이 제시한 가설을 정리하여 가설별로 유아들을 몇 개의 집단으로 분류한 후, 집단별로 유아들의 가설설정의 이유나 근거를 발표시킨다. 이때 유아는 자기가 설정한 가설에 대한 이유나 근거를 조리 있게 발표하도록 한다.

⑦ 가설의 재설정(수정)

토론을 거친 후 유아들이 설정한 가설을 수정할 수 있게 한다. 이 과정에서는 다른 유아가 발표한 가설설정의 이유나 근거가 자기가 설명한 가설에 대한 이유나 근거보다 합리적이라고 생각할 때, 자기의 가설을 재설정 또는 수정하도록 한다.

위와 같은 가설의 재설정(수정)과정을 거쳐 최종적으로 전 유아들의 가설설정이 종료된다. 이후 가설별로 유아들을 몇 개의 집단으로 다시 재분류한다.

⑧ 가설검증(실험)

유아들과 가설검증방법에 대하여 협의한 후 검증에 들어간다. 검증은 유아들이 제시한 가설에 따라 관련 자료를 분석하거나 실험을 통해 이루어진다. 옳은 가설을 설정한 유아는 즐거워 한다. 또한 틀린 가설을 설정한 유아는 자기의 이유나 근거에서 무엇이 잘못되었는가를 확인시키는 기회가 된다.

⑨ 이법화

가설검증 결과를 이법화하거나 개념화하여 유아들에게 학습결과를 이해시키고. 또한 일상생활에서 적용 방안이나 발전적 과제를 생각해 보기로 한다.

(2) 가설실험 학습활동안

위 가설실험 학습의 학습과정에 따른 학습활동안의 예를 제시하면 다음과 같다.

〈표 Ⅱ-6〉 가설실험 학습활동안의 예

생활주제 : 봄 활동주제 : 얼음이 녹아요.		교육과정 관련	자연탐구영역
		학습형태	가설실험 학습
		주요활동	탐구, 가설검증, 이법화
		학습목표	얼음과 물의 순환성을 이해할 수 있다.
		준비물	얼음, 물, 비커, 램프
단계	**과정**	**활동내용**	
도입	문제상황 제시	① 지난 겨울에 대하여 생각나는 대로 말해 볼까요? • 추웠어요. • 눈이 많이 왔어요.	

		• 얼음이 얼었어요. • 바람이 많이 불었어요.
	문제의식 유도	① 눈과 얼음이 어떻게 되었나요? • 다 녹아버렸어요. • 그냥 없어졌어요. • 몰라요. ② 얼음이 왜 녹아 없어졌나요? • 바람이 불어서. • 봄이 되니까. • 날씨가 따뜻해져서.
	문제의식의 공유화	③ 얼음은 어떻게 하면 물이 될까요? • 햇볕에 놓는다. • 부채질한다. • 깨뜨린다.
전개	자료탐색	① 실험에 쓰이는 물건을 확인해요. ② 실험에 쓰이는 기구에 대하여 어떻게 사용하는지 이야기 나누기를 한다.
	가설설정	① '얼음에 열을 가하면 어떻게 될까요? 각자 생각해 보세요.' 하고 가설(예상)을 세워 보게 한 후 토론하도록 한다. • 녹아서 물이 된다. • 무게가 줄어든다. • 크기가 줄어든다.
	가설설정의 근거제시	① 자기가 예상한 가설에 대하여 그 이유를 각자 말해 보게 한다. • 교사는 가설별로 원아 수를 파악하여 둔다.
	가설의 재설정	① 가설설정의 근거를 듣고 난 후 가설(예상)이 바뀐 사람이 있는가를 확인한다. 그리고 가설별로 원아 수를 다시 파악한다.
	가설검증	① 실험을 해봅시다. 실험하는 방법을 생각해봐요. 실험기구를 사용할 때 주의할 점은 무엇인가요? ② 실험결과를 봅시다. 어찌되었나요? 물이 되었어요. 가설이 맞는 사람, 틀린 사람을 확인하고 그 이유를 말해 보게 한다.
종결	이법화	① '얼음에 열을 가하면 물이 되고 물을 얼리면 얼음이 된다.'는 원리를 확인해주고, 이런 원리를 이용한 사례를 말해 본다.

(3) 가설실험 학습과정과 논리적 사고력과의 관계

가설실험 학습과정에서는 가설설정, 토론, 가설의 재설정, 가설검증의 과정이 핵심적인 활동이다. 가설을 설정하기 위해서는 다양한 정보와 자료를 수집하여 타당한 정보나 자료를 선택하여 가설을 설정한 후, 가설의 설정근거를 발표한 후 토의하여 가설을 재수정하고 최종적으로 가설을 검증하는 과정에서 다양한 자료나 정보의 분석, 자기주장이나 의견발표, 다양한 토의활동, 실험을 통한 가설검증과정을 통해 자연스럽게 논리적 사고력이 계발된다.

2) 발견학습

(1) 발견학습 과정

발견학습은 교사의 개입이 없이 유아 스스로 학습문제를 선정하고, 해결방법을 모색하여 학습활동을 이끌어가는 고도의 지적 기술 학습방법이다. 다시 말하면, 발견학습이란 여러 가지 자료를 관찰, 분석, 종합하여 개념이나 원리를 유아 스스로 발견해나가는 학습방법이다. '가설실험 학습'처럼 가설을 설정하거나 토론활동이 많이 이루어지지는 않으나, 제시된 정보나 자료를 분석 · 검토 · 종합하여 새로운 사실을 발견하도록 한다. 발견학습은 다음과 같은 학습과정을 밟는다.

단계	과정	구조
도입	문제의식 해결방안 모색	자료 탐색, 문제의식 관련 자료 제시 ↓ 학습문제 설정 ← 학습문제의 순서화 ↓ 해결방안 모색 ↓
전개	자료 제시	관련 자료 탐색 ← 1차 자료 제시 ↓ 발견내용 정리 ↓
	보충자료 제시	보충자료 탐색 2차 보충자료 제시 ↓
	추리	본격적인 추리 1·2차 탐색결과 ↓
	정리, 토의	개념정리 ← 발표·토의
종결	응용, 발전	적용방안 협의 ↓ 발전적 과제선정

〈그림 Ⅱ-2〉 발견학습 과정

〈그림 II-2〉의 발견학습 과정에 따른 학습활동을 개략적으로 설명하면 다음과 같다.

① 자료 탐색

교사가 제시해 준 자료를 탐색하면서 문제의식을 갖도록 한다. 이때 교사는 유아들이 본시 학습활동에 접근된 문제의식을 가질 수 있도록 관련 자료를 제시한다.

② 문제의식의 공유화

유아들이 각자 자료를 탐색하면서 문제의식을 갖도록 하고, 점차 전 유아들이 공통된 문제의식을 갖도록 유도한다. 이때 교사는 각 모둠을 돌면서 문제의식을 가질 수 있도록 발문을 하면서 격려한다.

③ 학습문제 설정, 해결방안 모색, 분담조직

앞 과정을 통하여 문제의식이 공유되면 해결하고자 하는 학습문제(궁금한 점, 알아보고 싶은 점)를 발표시킨다.

발표된 학습문제를 순서화 하고, 본시에 해결하고 싶은 학습문제를 모둠 수만큼 확정한다. 학습문제를 모둠별로 배정하고 해결방안을 모색하여 발표 · 토의시킨다. 학습문제를 하나만 선정하여 전체 유아들이 공동으로 해결할 수도 있다.

④ 관련 자료 탐색(1차 자료 제시)

선정된 학습문제를 해결할 수 있는 관련 자료들을 각 모둠별로 제공한다. 제공된 자료들을 관찰, 비교, 분석하는 등 학습문제 해결과 관련하여 탐색하도록 한 후, 1차 자료탐색을 통하여 발견된 사실을 정리한다.

⑤ 보충자료 탐색(2차 자료 제시)

교사는 2차 자료를 제공하여 1차 자료 분석을 통해 발견된 사실에 대하여 재차 확인하도록 격려한다. 이 과정은 가설실험 학습에서의 검증단계에 해당되며, 문제의 성격에 따라 1차 자료 제시만으로 끝낼 수도 있다.

⑥ 본격적인 추리 · 개념정리

교사가 제시한 1, 2차 자료 탐색을 통하여 발견된 사실들에 대하여 토의, 추리과정을 통해 하나의 개념으로 정리한다. 개념정리는 가설실험 학습에서 이법화의 과정과 같으며, 이것이 바로 학습활동의 결론이 된다.

⑦ 적용방안 협의, 발전적 과제 선정

발견된 사실을 일상생활에 적용하는 방법을 모색하고, 발전적으로 연구할 과제를 선정한다.

(2) 발견학습활동안

위 발견학습과정에 따른 학습활동안의 예를 제시하면 다음과 같다.

〈표 Ⅱ-7〉 발견학습활동안의 예

<table>
<tr><td colspan="2" rowspan="5">생활주제 : 동식물과 자연
활동주제 : 공기와 우리생활</td><td>교육과정 관련</td><td>자연탐구영역</td></tr>
<tr><td>학습형태</td><td>발견학습</td></tr>
<tr><td>주요활동</td><td>탐색, 발견, 이야기 나누기</td></tr>
<tr><td>학습목표</td><td>매연가스가 몸에 해로움을 이해하고 이에 대처하는 방법을 말할 수 있다.</td></tr>
<tr><td>준비물</td><td>공장에서 연기나는 사진, 집 안에 쓰는 여러 가지 전열 기구 사진</td></tr>
<tr><th>단계</th><th>과정</th><th colspan="2">활동내용</th></tr>
<tr><td rowspan="3">도입</td><td>자료탐색</td><td colspan="2">① 공장 굴뚝에서 검은 연기를 내뿜는 여러 종류의 사진을 유아들에게 제시하면서 모둠별로 돌려 보고 느낀 점을 말해 보게 한다.
• 공장에서 많은 물건을 만들고 있어요.
• 나쁜 연기를 내 보내고 있어요.
• 하늘이 까매요.
• 보기가 안 좋아요.</td></tr>
<tr><td>문제의식 유도</td><td colspan="2">① 여러 가지 유형의 자동차에서 가스를 내뿜는 여러 종류의 사진을 유아들에게 제시하면서 모둠별로 돌려 보며 느낀 점을 말해 보게 한다.
• 차에서 나쁜 가스를 내보내고 있어요.
• 멋져요.</td></tr>
<tr><td>문제의식의 공유화</td><td colspan="2">① 우리 생활 주변에서 공장과 자동차 외에 나쁜 가스를 배출하는 장소나 물건을 찾아봅시다.
② 나쁜 가스로부터 우리들의 몸을 보호하는 방법을 알아봅시다.</td></tr>
<tr><td>전개</td><td>관련 자료 탐색
(1차 자료)</td><td colspan="2">① 가정에서 활용하는 가정용품 사진을 제시하고 가정용품들이 가스를 배출하는지 이야기해 본다.</td></tr>
</table>

		② 유치원에 있는 물품사진들을 제시하고 그 물품들이 가스를 배출하는지 이야기해 보도록 한다. ③ 우리 주변에 있는 물건 가운데에서도 가스를 배출하는 것이 있는지 이야기해 보도록 한다.
	보충자료 탐색 (2차 자료)	① 굴뚝연기, 자동차 배기가스, 가정용품, 기타 물품들의 가스 때문에 해를 입는 여러 가지 사진들을 제시하고 돌려가면서 보고 느낀 점을 발표한다.
	본격적인 추리, 개념정리	① 지금까지 자료를 보고 느낀 점을 발표한다. • 가스를 배출하는 곳이 너무나 많아요. • 가스가 나와 몸에 해로워요.
종결	적용방안 협의, 발전적 과제 선정	① 다음에 무엇을 알고 싶어요? • 어떻게 하면 가스가 안 나올까요? • 가스로부터 우리 몸을 어떻게 보호할까요?

(3) 발견학습과정과 논리적 사고력과의 관계

발견학습과정에서는 학습문제해결 방안 모색, 1~2차에 걸친 관련 자료 탐색, 추리의 과정이 핵심적인 활동이다. 학습문제해결을 위해 타당한 방안을 토론을 통해 최선의 방안을 모색한 후, 이를 해결하기 위한 관련 정보나 자료를 분석하고 적절한 자료를 선택하는 과정, 그리고 선택된 자료를 최종적으로 비판 · 검토하는 과정에서 논리적 사고력이 자연스럽게 길러진다.

3) 문제해결 학습

(1) 문제해결 학습과정

문제해결 학습은 전통적인 암기 위주의 교수 · 학습방법의 한계를 극복하기 위하여 중요한 아이디어를 산출해 내고, 그것을 검증하여 일반화된 방안을 모색하기 위한 학습자 주도의 문제해결 과정을 강조하는 아동중심 교수 · 학습모형이다.

또한 문제해결 학습은 유아들이 일상생활 속에서 끊임없이 당면하게 되는 문제를 해결하고, 유아 자신의 삶을 행복하게 하기 위하여 문제해결 능력을 길러주기 위한 교수 · 학습방법이다. 문제해결 학습과정은 다음과 같다.

단계	과정	구조
도입	생활경험 상기 문제확인	관련 생활장면 안내 ↓ 생활경험 상기 ↓ 동기유발 ↓ 문제의식 제기 학습문제 선정 학습문제 초점화 ↓
전개	해결방안 탐색	해결방안 협의 가설설정 및 정의 정보자료 수집 ↓
	탐색활동	다른 방안 모색 수집자료 분석 가설검증 ↓
종결	개념화 적용, 발전	결론, 개념화 ↓ 적용, 발전

〈그림 Ⅱ-3〉 문제해결 학습과정

〈그림 II-3〉의 학습과정에 따라 학습활동을 개략적으로 설명하면 다음과 같다.

① 관련 생활장면 안내

교사는 유아들이 학습문제를 선정하여 해결하기를 기대하는 생활장면, 현상, 사태를 제시한다. 예를 들면, 공공시설에서 '순서 지키기'를 지도하고 싶다면 '여러분, 지난 주말에 어디 갔었어요?'라고 묻고, 유아들이 '놀이공원에 갔었어요.' 하고 대답하면 이때 교사는 놀이공원에 관련된 생활장면으로 안내한다.

② 생활경험의 상기

놀이공원에서의 생활경험을 각자 발표한다. 교사는 주로 즐거웠던 일, 불편했던 일을 상기시켜 불편했던 일이 학습문제로 선정되기를 기대하고 발문을 이끌어 간다.

③ 동기유발

학습분위기를 조성하기 위하여 학습주제에 관련하여 동기를 부여한다. 놀이공원에 관련된 사진자료를 유아들에게 제시한다.

④ 문제의 제기, 학습문제 선정, 학습문제의 초점화

유아들이 놀이공원에서 겪은 어려운 문제에 대해 이야기 나누기를 통하여 상기시킨다. 공중화장실이 더럽다, 수도를 이용할 때 줄을 서지 않는다, 꽃을 꺾어간다, 휴지나 오물을 버린다는 등의 문제로 집약되면, 그중에서 어떤 문제를 우선적으로 학습문제로 선정하여 학습할 것인가를 유아들과 협의한다. 그리고 선정된 학습문제에 대하여 유아들에게 확인하도록 하여 학습활동의 방향을 명료하게 한다.

⑤ 해결방안 협의, 가설설정, 정보 · 자료 수집

학습문제가 선정되면 해결방안을 유아들과 이야기 나누기를 통하여 모색하고 가설을 설정한다. 가설은 문제에 대한 잠정적인 해결방안이다. 가설이 세워지면 가설을 정리한다. 그리고 가설을 확인하기 위한 정보나 자료 수집계획을 세운다. 정보나 자료는 책, 그림, 사진, 화보, 광고물, 인터넷 등을 통하여 수집하는데, 수집된 자료가 가설을 검증하고 확인하는 데 직결되는 자료인지 검토할 필요가 없을 정도로 가급적이면 많은 정보나 자료를 수집하도록 한다.

⑥ 다른 방안 모색, 수집자료의 분석, 가설검증

가설을 검증하는 데 더 좋은 방법이 없는지 다시 한 번 더 생각해 보고 또 다른 방법이 없는 경우, 수집된 정보나 자료들을 가설과 비교하여 분석하고, 분류한 정보나 자료를 가지고 가설의 타당성을 검증한다.

수집된 정보나 자료를 가설검증에 효율적으로 활용하기 위해서는 최적한 정보와 자료가 수집되어야 하고, 또한 기설정된 가설을 검증하기 위해서는 기수집된 정보나 자료를 합리적으로 비교 · 분석하고 분류하여야 한다.

⑦ 결론, 개념화(일반화)

전항의 과정을 통해 검증된 가설을 이법화 또는 개념화한다. 개념화된 내용을 결론이기도 하고, 유아들이 당면한 문제에 대한 해결방안이기도 하다. 앞에서 예를 든 학습문제에 관련해서 볼 때, 놀이공원에서 수도를 사용할 때는 순서를 지켜야 하고 '순서를 지키기 위해서는 자기의 욕구를 조절할 줄 알아야 한다.'고 개념화할 수도 있다.

⑧ 적용, 발전

전항의 과정을 통해 개념화된 결론을 일상생활에 적용하기 위한 방안을 모색하고 실천을 위한 결의를 다지고, 차후 발전적으로 탐색해야 할 과제에 대하여 생각해 보도록 한다.

(2) 문제해결 학습활동안

문제해결 학습과정에 따른 학습활동안의 예를 제시하면 다음과 같다.

〈표 Ⅱ-8〉 문제해결 학습활동안의 예

<table>
<tr><td colspan="2" rowspan="5">생활주제 : 우리 동네
활동주제 : 공중도덕을 지켜요.</td><td>교육과정 관련</td><td>사회관계영역</td></tr>
<tr><td>학습형태</td><td>문제해결 학습</td></tr>
<tr><td>주요활동</td><td>가설검증, 탐색, 탐구</td></tr>
<tr><td>학습목표</td><td>공공시설에서 공공질서지키는 방법을 말할 수 있다.</td></tr>
<tr><td>준비물</td><td>공공시설을 사용하는 여러 가지 모습 사진</td></tr>
<tr><th>단계</th><th>과정</th><th colspan="2">활동내용</th></tr>
<tr><td rowspan="2">도입</td><td>관련 생활장면 안내</td><td colspan="2">① 지난 주에 여러분들은 어디를 가서 놀았는지 말해 봐요.
• 놀이공원, 식물원, 바닷가, 산, 극장 등</td></tr>
<tr><td>생활경험 상기</td><td colspan="2">① 여러분들은 놀이공원에 많이 다녀왔군요.
• 놀이공원에서 무엇을 하고 놀았어요? 즐거웠던 점을 이야기해 봐요.</td></tr>
<tr><td>전개</td><td>문제 제기</td><td colspan="2">① 여러분들이 놀이공원에서 겪었던 불편했던 일을 하나씩 이야기해 봐요.
• 꽃을 자주 꺾어요.
• 휴지를 아무데나 버려요.</td></tr>
</table>

		• 공중화장실을 먼저 사용하려고 떼써요. • 화장실, 수도를 사용할 때 차례를 안 지켜요.
	학습문제의 초점화	① 불편했던 점 중에서 오늘 공부할 문제를 생각해봐요. • 휴지를 아무데나 버리지 않게 하는 방법을 알아보기로 해요.
	가설설정	① 휴지를 버리지 않게 하려면 어떻게 하면 좋을까요? • 집에서 쓰레기통을 가지고 가요. • 한데 모아서 태워요. • 쓰레기 봉지를 가지고 가서 담아 와요.
	가설검증	① 가설별로 토의시킨다. • 집에서 쓰레기통을 가지고 가면 될까요? 안돼요. 무거워요. • 한데 모아 태우면 될까요? 안돼요. 불날 염려가 있어요. • 쓰레기 봉지를 가지고 가서 담아 와요. 제일 좋은 방법이네요.
종결	개념화	① 오늘 공부한 것을 정리해 봐요. • 공공장소에서는 휴지를 버리지 않아요. 쓰레기는 쓰레기 봉지에 담아 와요.

(3) 문제해결 학습과정과 논리적 사고력과의 관계

문제해결 학습과정에서는 가설설정, 정보자료수집, 수집된 자료의 분석, 가설검증이 핵심적인 과정이다. 설정된 가설을 지지하기 위한 다양한 정보와 자료를 분석 · 검토 · 취사 선택하고 선택된 자료를 가설과 연결하는 과정에서 논리적 사고력이 자연스럽게 키워진다.

4) 탐구학습 진행상의 유의점

탐구학습은 '유아 자신이 발견한 가설검증적인 탐구과정에 따라서 가설을 설정하거나 아이디어를 만들어내고, 그것을 실험 · 검증하여 이법화(개념화)하는 유아주도적 학습방법으로, 위에 제시한 3개 학습 유형별로 강조되는 탐구활동은 다음과 같다. 탐구학습 유형별로 강조되는 탐구활동은 유아의 논리적 사고력과 창의적 사고력 계발에 도움을 준다.

① 가설실험 학습: 유아들이 학습문제에 대하여 가설(예상)을 직접 수립하고 유아 각자가 설정한 가설에 대한 근거와 이유를 확실히 밝혀야 한다. 이를 근거로 소신 있는 토의 · 토론을 거쳐 가설을 검증하고, 자기가 설정한 가설을 확인하

는 등 가설설정, 가설설정의 근거나 이유정리, 토의, 토론, 가설의 수정 등 다양한 탐구활동이 강조되어야 한다.

② 발견학습: 발견학습은 가설실험 학습과 같이 가설을 설정하지는 않으나, 교사가 제시하거나 유아들이 수집한 자료들을 2~3차에 걸쳐 종합적으로 분석하여 하나의 원리나 개념을 찾아내는 학습방법으로, 공통요소나 특수성 찾기, 분석, 종합, 통찰 등의 다양한 탐구활동이 강조되어야 한다.

③ 문제해결 학습: 문제해결 학습도 가설실험 학습과 같이 가설을 설정한다. 그러나 가설실험 학습이 준비된 자료를 통하여 가설을 설정함에 반하여, 문제해결 학습은 가설을 설정하고 설정된 가설의 타당성을 검증하기 위하여 다양한 자료를 수집하는 점에서 다르다. 문제해결 학습에서는 다양한 해결방안의 모색, 체계적인 자료수집 활동, 수집된 자료분석, 종합 등의 다양한 탐구활동을 강조해야 한다.

위에 제시한 세 개 유형의 탐구학습방법이 공통적으로 다양한 과정을 밟도록 단계화되어 있으나, 이 방법들 모두는 순차적인 사고나 탐구과정으로 상황에 따라 일부 과정을 생략하거나 여러 개의 과정이 동시에 이루어짐으로써 시간이 단축될 수 있다. 그러나 논리적 사고력을 배양할 수 있는 핵심적인 과정을 생략해서는 안 된다.

제III부
논리 · 논술교육의 실제(2)

논술이란 자기의 의견과 생각을 상대방에게 설득을 목적으로 논리적이며 창의적이고, 합리적인 글이나 말로 표현되는 활동이다.
이를 위해서는 논술에 필요한 능력으로 문장구성능력, 언어구성능력, 독해능력, 청취능력 등을 언어교육을 통하여 배양시켜 주어야 한다. 또한 일상적인 언어활동에서 의사소통기술을 비롯하여 대화하기, 토론하기, 질의응답하기, 내 의견과 생각을 주장하기, 다른 사람의 말을 잘 경청하기, 독서하기 등에서 비판적이며 논리적이고 창의적으로 표현할 수 있는 기술을 연마시켜 주어야 한다. 다시 말하면, 위에 열거한 활동을 통하여 논리적 사고력, 논술력을 배양해줄 수 있도록 활동을 이끌어가야 한다.

제6장 대화를 통한 논리·논술교육

대화란 말을 서로 주고받고 하는 상호지향적인 이야기로서, 쌍방향적 커뮤니케이션의 형식을 밟는다. 유아교육기관에서는 이와 같은 대화로 이루어지는 모든 활동을 이야기 나누기 활동으로 명명하는데, 이야기 나누기는 바로 대화활동이 기본이 된다.

이와 같은 대화활동을 통하여 유아들은 서로의 생각과 경험을 공유하고, 관심과 지식의 범위가 넓어지면서 폭넓은 사회적 학습을 통하여 지식과 정보, 그리고 관습과 가치, 도덕을 이해해 가면서 비판적·논리적 사고력이 배양된다. 따라서 본 장에서는 유아교육활동에서 주종을 이루고 있는 이야기 나누기의 효율성을 도모하기 위해 그 근간이 되는 대화에 관한 폭넓은 이론을 이해하고 논리, 논술력 배양을 위한 대화방법에 대하여 기술하기로 한다.

1. 대화에 대한 이해

대화는 영유아교육과 교수·학습에서 핵심적인 과제이다. 대화란 말을 서로 주고받는 상호 지향적인 이야기로서, 쌍방적 또는 다각적인 커뮤니케이션의 형식을 갖는다. 수업에 있어서의 대화는 교사에 의해 일정한 수업목표를 지향하여 끊임없이 이끌어지고 구성되는 과정으로서의 대화가 되어야 한다. 따라서 수업과정에서 대화는 발문과 응답을 통한 '공동의 작업과정'이며, '공동의 활동과정'이어야 하고, 공동의 대화적 성격과 동시에 토론적 성격을 지닌 언어 상호작용으로 발전되도록 대화기법의 지도가 필요하다. 다음은 대화법, 그리고 대화의 효율화 방안으로 주의집중, 상호작용에 대하여 개략적으로 알아본다.

1) 대화법

(1) 개념

대화란 사전적 의미로는 '마주 대하여, 이야기를 주고받음', '둘 이상 실체 사이의 상호적인 의사소통'으로 정의하고 있다. 또한 대화는 서로 말을 주고받는 상호지향적인 이야기로서 쌍방향적인 커뮤니케이션의 형식을 밟는다. 그리고 대화는 말을 주고받는 다각적 커뮤니케이션(communication)의 형식을 취한다. 수업에 있어서의 대화는 교사에 의하여 일정한 수업목표를 지향하여, 끊임없이 이끌어지고 구성되는 과정으로서의 대화가 되어야 한다. 또한 수업과정에서 대화는 발문과 응답을 통한 '공동의 작업과정'이며, '공동의 활동과정'(박병학, 1986)이다. 이상의 성격을 종합하면, 영유아교육에서 대화란 '유아교육 활동실에서 교수·학습목표를 달성하기 위하여 교사와 영유아 사이에 발문과 응답으로 이루어진 상호적이고 쌍방향적인 의사소통'이라고 볼 수 있다. 그리고 대화기법이란 위와 같은 상호적이고 쌍방향적인 의사소통이 원활히 이루어지도록 유도하는 기법이다.

(2) 대화와 의사소통능력

대화에서는 의사소통능력을 기반으로 하며, 결국 대화는 의사소통이다. 대화는 문법적인 것은 물론 적절한 문장사용에 대한 지식을 습득하여야 한다. 즉, 화자나 청자가 되기 위해서 문법지식과 함께 상호작용의 상황에서 언어사용에 대한 소속사회의 규칙을 인식해야 하는 것이다. 언어능력은 문법적인 문장을 산출하는 화자의 능력이고, 의사소통능력은 이런 언어능력과 사회적 장면을 적절히 반영할 줄 아는 능력을 의미한다. 따라서 언어능력은 의사소통능력의 한 부분이라고 할 수 있다. 사회적 환경에 맞추어 언어를 산출하고 해석하면서 적절히 소통하려 할 때, 대화자들은 그 사회의 언어규칙에 맞추어 문장을 구성할 수 있어야 한다. 따라서 유아는 거의 동시에 언어능력과 의사소통능력을 습득하게 된다. 대화의 장면에서 유아의 의사소통능력을 돕는 것은 부모의 의사소통능력이다. 어린이집의 교사는 부모의 의사소통능력을 대행하기 위해 보다 깊이 있는 대화법을 연구 적용하여야 한다.

따라서 훌륭한 대화가 이루어지기 위해서는 다음과 같은 의사소통능력의 요건을 갖추어야 한다.

① 차례 맞추기

대화의 상호교환은 대화자 간의 차례 맞추기(turn taking)에 따라 이루어진다. 대화자는 대화를 적절히 주도하고 그에 반응함으로써 대화가 계속 이어지게 된다. 대화는 대화자 간에 상호 협조해야 한다. 따라서 유아들이 소통의 규칙을 잘 이해할 수 있도록 교사의 지도가 필요하다.

② 언어소통상황에 대한 이해

원활한 의사소통이 이루어지기 위해서는 언어소통상황에 대하여 알고 언어상황에 적절하게 대화를 하여야 한다. 유아가 언어소통상황을 이해하기 시작하는 시기는 4세경인데 4세 유아가 2세 어린이에게 설명할 때 더 짧은 문장을 사용했으며, 성인에게는 더 복잡한 구조로 설명하였다고 한다.

③ 의사소통능력과 언어능력

유아는 언어능력과 의사소통능력이 동시에 잘 발달되어야 세련된 발화자나 대화자가 될 수 있다. 이 두 가지 능력은 동시에 발달을 이룬다. 하임즈(Hymes)도 언어를 습득하는 유아는 언어이론이 중시하는 언어의 생성과 이해를 위한 문법면 외에 언어소통상황, 즉 소통의 대상, 장소, 목적 등에 관련되는 사용 체제를 자연스럽게 함께 학습한다고 주장하고 있다.

2) 대화의 효율화 방안

대화의 효율화 방안으로 주의집중과 상호작용 기법에 대하여 기술한다.

(1) 주의집중

① 개념

수업 중에 교사는 유아들이 학습활동에 적극적으로 참여하지 않을 때 유아들에게 학습활동에 집중하도록 요구한다. 그리하면 유아들은 자기들이 하던 모든 행동을 중단하고 교사가 기대하는 행동으로 변화시킨다. 이와 같이, 유아 개개인이 가지고 있는 다양한 행동패턴을 모두 버리고 교사가 바라는 행동으로 변화시키는 것을 주의집중이 되었다고 말한다. 즉, 주의집중이란 '하나 이상의 자극에 대해 선택적으로 초점을 맞추는 것'을 말한다.

② 주의집중과 반두라(Bandura)의 관찰학습

주의집중은 반두라(Bandura, 1977)의 관찰학습(observational learning)의 4가지 과정인 주의집중과정, 파지과정, 재생과정, 동기화과정의 첫 번째 과정으로서 개인이 모델의 행동을 주의하고, 중요한 측면들을 재인식하며, 뚜렷한 특징들을 서로 변별해야만 관찰학습이 가능하다. 관찰학습에서 주의집중의 정도를 결정짓는 요인은 모방될 자극의 강도, 크기, 명료성, 참신성 등을 들 수 있다. 둘째, 파지과정은 관찰한 자극을 머릿속에 기억하고 있어야 하므로 예행(rehearsal)이 중요하다. 예행은 관찰한 행동을 실지 상황에서 관찰한 것을 미리 연습해보는 것을 말한다. 반두라는 모방자극의 상상적, 언어적 표상이 관찰경험의 견고한 학습결과라고 주장하면서, 모방자극의 상징적인 해석과정을 중요시하고, 상징적인 해석과정은 예행과정보다 모방한 행동을 장기간 파지하는 데 더 효과적이라고 주장한다. 셋째, 재생과정은 일단 관찰되어 파지된 것은 관찰된 행동의 상징적인 구상으로서 상상적, 언어적인 내용으로 구성되어 있는데, 그것을 활용함으로써 표면적인 행동으로 재생하게 된다. 넷째, 동기화과정은 관찰한 행동을 기억하고 그 행동을 훌륭히 해낼 능력이 있다고 하더라도 그 행동이 부인당하거나 유인이 충분치 않다면, 관찰을 통한 학습은 실현될 수 없다. 그러나 긍정적인 유인이 도입된다면 학습된 행동은 금방 실현될 수 있다.

③ 주의집중시간

마일즈(Miles, 1933)의 연구에 의하면, 영아기의 주의 집중시간은 3~4세 정도의 유아는 약 8초, 5세아는 16.3초, 6세경은 27.5초밖에 응시를 하지 못하지만, 흥미를 끄는 놀이에서 주의집중을 유지할 수 있는 시간은 상당히 길어져서, 1세아는 약 21분, 2세아는 약 27분, 3세아는 약 50분, 4세아는 약 83분, 5세아는 약 97분 정도로 는다고 하였다. 따라서 흥미를 끄는 놀이나 계기가 마련된다면, 매우 오랜 시간 주의를 집중할 수 있다는 것을 알 수 있다.

④ 주의집중전략

영유아교육에서의 주의집중 기법은 모든 교수 · 학습활동에서 학습자의 흥미를 유발하여 지각적 각성을 촉구하는 것이 핵심 과제이다. 이에 앞에서 논의한 켈러(Keller)의 ARCS모형의 학습동기화모형의 첫째 요소인 주의집중(attention)요인을 도입 활용하는 방안을 제시하면 다음과 같다.

ㄱ. 주의집중을 위한 기본원리

영유아들에게 주의집중을 하도록 하는 최선의 방법은 학습자극을 적절히 변화시켜 주어야 한다. 예컨대, 손뼉치기, 높은 소리 내기, 책상 두드리기 등과 같은 자극을 활용할 수 있다. 주의집중은 학습활동의 모든 과정에서 계속 유지되어야 하며, 그러기 위해서는 자료제시기법을 다양하게 빈번히 변화시켜야 한다. 주의력을 유지시키는 기법으로 유머, 잠시 멈춤, 학습양식의 변화, 다양한 제시방식 등이 있다, 영유아들의 흥미와 호기심을 환기시켜 주의력을 집중시키는 것이 교수 · 학습활동에 있어서 필요조건이다.

ㄴ. 주의집중을 위한 기법

영유아들에게 주의집중을 위한 기법은 다음과 같다(Keller, 1983).

가. 교수자료의 제시기법을 그림이나 도표, 영상, 녹음자료 등으로 다양하게 한다.
- 그림이나 도표를 영상으로 제시할 때는 잠시만 보여주고, 자주 바꾼다.

나. 추상적인 것보다 실물, 사례, 일화, 실험 등 구체적인 예시자료를 활용한다.
- 추상적인 전류의 흐름을 설명할 때, 수돗물의 흐름으로 비유하여 설명할 수 있다.

다. 특이한 자극 및 갈등 상황이나, 참신한 문제사태를 제시한다.
- 주의력은 현 상태에서 급격한 변화가 있을 때 유발된다. 예컨대, 온 세상에서

자동차가 모두 없어진다면 어떻게 될까?라고 한다면, 호기심과 주의집중이 일어난다.

라. 익숙한 경험과 생소한 경험들을 동시에 제공한다.

- 영유아들이 익숙한 경험만 제공해 주면 주의력을 상실할 수 있다. 그러므로 낯설고 기대하지 않았던 경험들을 적절히 제공해주어야 한다.

마. 경험요소들을 비유적 방법으로 제시한다.

- 낯선 것은 친숙한 것으로, 친숙한 것은 낯선 것으로 만들 수 있는 비유법을 적용하여야 한다.

(2) 상호작용기법

상호작용기법에서는 상호작용의 개념과 유형에 대하여 생각해보기로 하자.

① 개념

상호작용 개념은 피아제(Piaget)와 비고츠키(Vygotsky)의 인지발달이론에 기초를 두며, 상호작용주의 또는 구성주의(이기숙, 2000)의 중심개념으로써, 영유아의 내재적인 힘과 외부의 의도적인 노력이 서로 상호작용함으로써 영유아의 성장과 발달이 이루어진다고 본다. 이영석(2005)은 상호작용(interaction)이란 유아교육의 과정에서 유아와 유아 간, 유아와 교사 간, 그리고 유아와 교구 · 교재 간의 원활한 교류를 뜻한다고 하였고, 또한 유아와 교사, 또래의 상호작용은 프로그램의 다른 어떤 특성보다 그들이 무엇을 배우고, 학습에 대해서 어떻게 느끼는지를 결정할 수 있게 한다(National Resarch Council, 2000; Pianta, 2003; 이은해 등, 2013 재인용). 또한 상호작용은 능동적인 교수 · 학습활동을 촉진하고 인간관계를 강화시키는 데 도움이 된다(Ralph & Eddowes, 2002)고 하였다. 상호작용 이론에서 인지적 발달에 놀이가 미치는 영향을 강조하며(Vygotsky, 1978), 주변 물체의 물리적 조작과 또래나 성인과의 상호작용을 강조한다. 그리고 원활한 상호작용을 하기 위해서는 교수 · 학습활동 내용과 영유아의 발달수준 간에 연계성이 있어야 하고, 영유아의 경험과 흥미에 기초하여야 한다(Jalongo & Eisenberg, 2000)는 것을 강조하였다. 그러므로 상호작용기법의 질적 심화를 위한 탐색은 매우 중요한 과제이다.

② 유형

교수 · 학습활동을 촉진하고 인간관계를 강화시키는 상호작용의 유형에는 관점에 따라 여러 가지가 있겠으나, 여기서는 어린이집에서 생후 몇 개월 만에 처음 접하게 되는 영유아와 교사 간, 영유아와 영유아 간, 그리고 영유아와 교구 · 교재 간의 상호작용 유형을 알아본다.

ㄱ. 영유아와 교사 간 상호작용

영유아가 생후 처음 접하게 되는 부모와 자녀 간의 상호작용에서 애착형성이 이루어지며, 어린이집에서는 최초로 부모 역할을 대행하는 교사와 만나면서 영유아와 교사 간의 상호작용이 이루어지게 된다. 이 때 교사는 영유아가 안심하고 어린이집에 적응할 수 있도록 보살펴주고, 기본적인 신체적 욕구를 충족시켜주며, 따뜻하고 보호적인 보육환경을 조성하고, 양육자 및 지도자로서 부모가 있는 자기 집에서처럼 영유아와 교사 간에 언어적 · 비언어적 소통을 통해 의미 있는 상호작용이 이루어지도록 해야 한다.

ㄴ. 영유아와 영유아 간 상호작용

영유아는 어린이집에서 다른 영유아를 만나서 놀면서 새로운 경험을 공유하고 도우면서 사회적 상호작용이 이루어지게 된다. 또한 또래들 간에 서로 배우고 스스로의 신체적 기능과 상상력을 발달시키고 유능감을 획득하기도 한다(Rogers & Sawyers, 1988). 영유아들은 놀이를 통해 서로 간에 은연중에 배우며, 더 잘하는 또래와의 놀이결과를 통해서 형식적 지도가 이루어지는 경우가 많다(Vygotsky, 1978).

ㄷ. 영유아와 교구 · 교재 간 상호작용

영유아는 교구 · 교재를 통하여 다양한 놀이를 체험하며, 흥미영역과 활동과제에 따른 교구 · 교재에 호기심을 가지고 탐색하며 밀접한 상호작용이 이루어진다.

따라서 활동실에서는 유아들이 활동하는 데 필요한 흥미영역의 교재 · 교구와 자료들을 충분히 확보해주어 영유아가 다투지 않고 함께 놀이할 수 있도록 충분한 공간과 교재 · 교구를 마련해주어야 한다.

3) 대화법과 논리 · 논술과의 관계

언어는 사고이다. 따라서 유아들이 동료 유아들과 이야기하고 또 이야기를 듣는 전과정이 사고활동 없이는 이루어지지 않는다. 유아들 간의 대화 중에는 동료 유아의 느낌이나 생각, 경험을 상황에 알맞게 소통하고, 동료 유아의 대화를 듣고 대화 속에 숨겨진 의도를 해석하고 분석하며, 발화의 내용을 선택하는 일련의 과정을 통하여 논리적 사고력이 길러진다. 특히 동료 유아에게 자기의 의견이나 주장을 하는 과정을 통하여 논리적인 논술력이 길러진다.

2. 대화를 통한 지도의 실제

대화를 통한 논리 · 논술교육에서는 다양한 대화방법 중에서 유아의 발언에 대한 교사의 반응기법, 상황적 발문기법, 대화방법의 길잡이, 대화의 효율화 기법 등 4가지 유형에 따른 기법을 잘 이해하고 적용해야 한다.

먼저 본 장에서 다루려고 하는 4가지 유형에 따른 주요기법과 세부기법을 정리하면 〈표 III-1〉과 같다.

〈표 Ⅲ-1〉 대화기법별 논리 · 논술과의 관련성

방법 / 유형	주요기법	세부기법
1. 유아발언에 대한 교사의 반응기법	1) 경청하기	(1) 적극적 경청
		(2) 소극적 경청
	2) 듣고 있다는 신호 보내기	(1) 언어적 표현
		(2) 동작적 표현
	3) 이해했다고 표현하기	(1) 반복하기
		(2) 다른 말로 표현하기
		(3) 감정 되받아 표현하기
		(4) 요약하기

방법 / 유형	주요기법	세부기법
1. 유아발언에 대한 교사의 반응기법	3) 이해했다고 표현하기	(5) 요구 받아주기
		(6) 공감하기
2. 상황적 발문기법	1) 상황적 발문기법	(1) 핵심발문
		(2) 과정처리발문
3. 대화방법의 길잡이	1) 대화방법 기본 길잡이	(1) 유아 자가질문, 대답, 경청 길잡이
		(2) 유아 자가발문, 응답훈련 길잡이
	2) 교사응답처리 길잡이	(1) 유아발문 응답처리 길잡이
4. 대화의 효율화 기법	1) 대화 효율화 기법	(1) 주의집중기법
		(2) 상호작용기법

〈표 III-1〉에 제시된 기법에 대한 실제 적용방법에 대하여 간단히 기술하기로 한다.

1) 논리적 사고를 돕는 유아발언에 대한 교사의 반응기법

교사와 유아 간의 대화가 논리적 사고를 돕기 위해서는 우선적으로 유아의 의견이나 생각의 발표가 많아야 한다. 언어는 사고이다. 즉, 유아가 자기의 의견이나 생각을 언어를 통하여 많이 표현하면 표현한 만큼 유아들의 사고활동이 활발해지기 마련이다. 따라서 교사는 유아의 언어표현을 장려하고 촉진하기 위해서는 유아들의 언어표현에 대하여 반응이 적절해야 한다. 교사의 유아의 언어표현에 대한 반응에 따라서 유아들의 생각이나 의견의 표현이 자유롭고 풍부해지며, 논리적이고 창의적인 표현을 할 수 있다. 다음에서 유아의 언어표현을 장려하고 촉진하는 데 있어 교사의 반응기법에는 경청하기, 듣고 있다는 신호 보내기, 이해했다고 표현하기 등이 있다. 이에 대하여 다음에서 차례대로 방법에 대하여 기술하기로 한다.

(1) 경청하기

경청하기는 유아의 생각, 아이디어, 감정 등은 물론, 학습내용에 대한 이해수준을 확인할 수 있는 방법인 동시에 기술이다.

유아가 말을 할 때 가만히 귀를 기울여 듣는 것은 대화의 기본적인 태도이며, 기술이다.

커뮤니케이션은 '말하기'가 아니라 '듣기'에서 시작된다. 사람은 이야기를 할 때 상대방이 내 이야기를 이해하는지, 공감하는지, 재미있어 하는지 등 그 반응을 기대하면서 이야기를 한다.

경청은 '듣는 사람'보다 '말하는 사람'이 더 많은 우리 시대의 사회인들에게 가만히 상대에게 귀를 기울여 듣는 것이 얼마나 위대한 소통의 지혜인지를 일깨워 준다.

경청하지 않고서는 유아의 의견이나 알고 있는 점, 잘못 이해하고 있는 점, 궁금한 점을 알 수가 없다.

유아의 의견을 제대로 이해하지도 못하고 유아의 학습문제 해결을 돕는다는 것은 어려운 일이다. 유아가 말하는 동안 교사가 잘 듣기만 해도 유아의 의견이나 생각을 존중한다는 의미가 전달되어 유아는 자기 의견을 당당하게 모두 표현할 수 있으며, 이를 통하여 자연적으로 논리적 사고력과 창의적 사고력 등이 동시에 계발될 수 있다. 경청하기에는 소극적 경청과 적극적 경청이 있다.

① 소극적 경청하기

소극적 경청하기는 유아가 이야기를 할 때 교사가 침묵을 지키며 이야기를 듣는 것이다. 또한 유아가 이야기 도중 침묵하거나 머뭇거릴 때도 교사는 침묵을 지킨다. 소극적 경청(침묵)이 쉬운 것 같으면서도 어렵다. 교사는 빨리 학습성과를 기대하기 위해서 유아의 이야기에 개입하는 등 조급하기 때문이다. 교사가 소극적 경청 시에는 때때로 '듣고 있다', '이해가 된다' 등의 의미를 간단히 표현한다. 유아의 눈이나 얼굴 응시하기, 고개 끄덕이기, '아.. 그랬구나' 등으로 표현한다.

② 적극적 경청하기

적극적 경청하기는 유아가 자기의 의견이나 생각을 발표할 때 적극적으로 표현하도록 격려하면서 경청하는 방법이다.

유아가 이야기가 막혀서 머뭇거릴 때 관련 질문을 하여 이야기를 다시 계속하게 하거나 이야기를 하는 유아의 감정이나 느낌, 태도 등을 이해하려고 노력한다. 적극적 경청방법은 유아들이 한 이야기를 되받아주거나 요약해주거나 하는 등 적극적으로 개입한다.

이상에서 밝힌 소극적 경청과 적극적 경청은 학습의 흐름이나 이야기를 하는 유아의 성격, 이해수준, 발표력 수준 및 기술 등을 고려하여 적절히 활용해야 한다. 소극적 경청과 적극적 경청기법은 다음에서 자세히 설명하기로 한다.

(2) 듣고 있다는 간단한 신호 보내기

경청을 하면서 때때로 유아의 이야기를 '열심히 듣고 있다.'는 신호를 보낸다. 신호를 받은 유아는 자기 이야기에 대하여 교사가 신뢰감과 존경을 하는 의미로 받아들여 표현을 계속할 용기를 갖는다. 간단한 신호에는 언어적 표현과 동작적 표현의 두 가지 방법이 있다.

① 언어적 표현

'으응', '그랬구나', '그런데' 등 언어로 보내는 신호

② 동작적 표현

고개 끄덕이기, 미소, 상대방의 눈이나 입을 바라보기, 유아의 귀에 맞추어 앉기 등 동작으로 보내는 신호 등의 2가지 종류가 있다.

(3) 이해했다고 표현하기

단순한 경청이나 듣고 있다는 신호만으로는 교사가 유아 자신의 이야기를 완전히 이해하고 있다고 생각하지 않을 수도 있다. 경청이나 듣고 있다는 간단한 신호보다 더 강력한 확인을 유아에게 보여주어야 한다. 유아의 이야기를 잘 이해하고 있다는 교사의 표현방법에 대하여 다음에서 기술하기로 한다.

① 반복하기

유아의 말을 거의 그대로 반복하는 것이다. 예를 들면 '형진이가 때렸어요.'라는 유아의 말에 대해 '형진이가 너를 때렸구나.'라고 유아의 말을 그대로 반복하는 것이다. 이러한 반복을 너무나 많이 사용하는 것도 좋지 않으며, 유아가 한 말 외에 다른 말을 곁들여도 안 된다.

② 다른 말로 표현하기

앞 항의 '반복하기'는 유아가 한 말을 그대로 되풀이하여 말하는 것임에 비하여, '다른 말로 말하기'는 유아가 한 말을 다른 말로 표현하는 경우인데 유아가 한 말보다 말수가 적은 것이 특징이다.

바꾸어 말하기는 유아가 한 말을 교사나 부모가 제대로 이해하고 있는가를 확인하기 위하여 또는 유아로 하여금 자신의 내면세계의 심리적 특성을 이해하도록 돕는 데 있다. 이때 교사나 부모는 유아의 말을 정확히 파악하여 다른 말로 표현하되, 교사나 부모의 의견을 첨가해서는 안 된다.

앞의 예로 든다면, '형진이가 때렸어요. 어제도 때리고 오늘도 때렸어요. 그리고 발로 차기도 해요.'라고 말을 할 때 교사는 '형진이가 너를 가끔 때리는구나. 형진이가 밉겠다.'라고 하는 예이다.

③ 감정을 되받아 표현하기

유아의 말에서 직접 표현하지는 않았지만 행동, 표정, 또는 말의 밑바닥에 깔려있는 감정을 되받아 표현하는 경우이다.

앞의 예로 든다면, '형진이가 때려서 화가 났겠구나.' 하면 감정을 되받아 표현하기이다. 유아의 마음속에 깔려있는 감정을 표현한 것이다. 유아는 이때 선생님이 나의 마음까지 알아주시는구나 하고 내심 기뻐한다.

④ 요약하기

유아는 논리적이고 핵심적인 내용만을 이야기하는 데 어려움을 느낀다. 유아들이 이야기를 많이 하게 되면 이야기내용이 산만해지기 쉽다.

예를 들면, '형진이는 나쁜 애에요. 오늘도 때렸어요. 그리고 어제도 때리고요. 아까는 발로 찼어요. 그리고 욕도 해요. 정말 미워 죽겠어요.'와 같이 이야기를 하는 경우, 교사는 '형진이가 너를 거의 날마다 괴롭히는구나? 형진이가 밉겠다.'라고 요약하여 말을 하는 경우이다.

⑤ 요구 받아주기

유아가 교사나 동료 친구에 대하여 이야기하는 것은 유아 나름대로의 요구가 있어서이다. 따라서 교사가 유아의 이야기를 들으면서 이야기를 하는 유아의 동기, 희망, 요구를 받아주는 것이다. 앞의 예로 든다면, '너를 도와주길 원하는구나.' 하고 이야기 하는 경우이다.

⑥ 공감하기

공감이란 유아의 경험, 사고, 신념 등을 상대방의 관점과 입장에서 듣고 이해하는 것을 말하는데, 특히 감정, 기분에 초점을 두어 이해하고 있다는 사실을 유아에게 말로 표현해야 한다. 인간관계에서 유아의 말의 내용을 이해하는 것도 중요하지만 상대방의 이야기를 듣고 상대방의 맘속에 담겨 있는 기분이나 감정을 상대의 입장에서 이해하고 받아들이는 일은 신뢰관계 형성과 대화의 촉진을 위해 중요하다(서명원 외, 2014). 앞의 예를 든다면, '형진이가 오늘 발로 차고 때렸어요.', '그래 화가 났겠구나.'(교사), '어제는 나를 밀고 어깨를 손으로 치고 또 욕을 했어요. 정말 형진이가 미워 죽겠어요.'(유아), '그래, 정말 네 기분이 안 좋겠구나.'(교사)와 같이 공감하면서 교사가 감정이입된 상황을 유아에게 표현하는 방법이다.

2) 논리적 사고를 유도하는 상황적 발문기법

상황적 발문이란 교수 · 학습이 진행되는 과정이나 상황에 따라 제시하는 적절한 발문을 말한다. 예를 들면, 학습과정상에서 볼 때 도입단계에서의 발문, 전개단계에서의 발문, 종결단계에서의 발문으로 구분할 수도 있고, 대상 유아의 인지적 수준에 따라 지식, 이해, 적용, 분석, 추리, 종합, 평가적인 발문으로 구분할 수도 있다.

발문수준에 따라 확산적 발문, 수렴적 발문으로 구분되는데, 교사는 이상에서 밝힌 다양한 발문들이 학습상황이나 유아의 수준에 따라 그에 적절한 발문을 해야 하는데 이러한 발문이 상황적 발문이다.

학습상황에서 이러한 상황적 발문이 적절하게 이루어져야 대화가 원활하게 이루어져 유아들의 창의 · 논리적 사고를 유발할 수 있다. 특히 학습 중 대화 중에 학습목표 달성에 접근시키기 위해 가장 많이 활용되는 상황적 발문유형은 핵심발문과 과정처리발문으로 구분할 수 있다.

(1) 핵심발문과 과정처리발문의 개념

핵심발문이란 교사가 '주제활동 중에 활동주제가 노리는 본질적인 활동목표를 달성하기 위해 제공하는 중심발문'으로, 일반적으로 도입단계, 전개단계, 종결단계별로 핵심발문이 있을 수 있다. 또한 과정처리발문이란 '유아들이 학습활동 중에 핵심발문에 쉽게 접근할 수 있도록 수업의 흐름과 유아의 반응에 따라 보완하는 발문'이다. 과정처리발문은 핵심발문보다 구체적이고 명시적이며, 발문의 횟수가 핵심발문보다 많기 마련이다.

핵심발문과 과정처리 발문의 예를 제시한다.

교사: 코끼리의 특징을 말해볼 수 있어요.(핵심발문)
유아: 몰라요.
교사: 동물원에 가 본 적이 있어요, 동물원에 가서 본 동물들을 말해봐요.(과정처리발문 1)
유아: 코끼리, 호랑이, 칠면조, 낙타, 사슴, 앵무새, 칠면조 등이 있어요.
교사: 코끼리하고 호랑이를 비교해서 같은 점을 말해봐요.(과정처리발문 2)

위 발문 중에서 핵심발문을 해결하기 위하여 과정처리발문 1과 과정처리발문 2가 순차적으로 이루어져 '코끼리의 특징'을 발견해가고 있다.

(2) 핵심발문의 유형

블룸(Bloom, 1956)의 인지단계에 따른 사고형태 중 '확산적 사고'를 자극하는 핵심발문은 창의성을 유발하며, '평가적 · 판단적 사고'를 자극하는 핵심발문은 논리적 사고를 유발한다. 각 사고형태에 따라 유아의 논리적 사고력과 창의적 사고력을 길러주는 교사의 핵심발문을 제시하면 다음과 같다(김영실 외, 2014).

〈표 Ⅲ-2〉 교사의 핵심발문

사고형태	유형	개념	발문수준	핵심용어	발문의 예
기억하기 · 회상하기	지식-기억 (knowledge-remembering questioning)	어떤 내용이나 사실, 개념이나 원리, 방법 등을 기억하고 인지하는 사고	과거에 학습한 사실, 개념, 일반화한 것 등을 회상하도록 하는 수준	• 이름을 말한다. • 기억해낸다. • 지적한다 (찾아낸다).	• 이 동물의 이름은? • 봄에 볼 수 있는 꽃은?
수렴적 사고	이해 (comprehension-understanding questioning)	이미 알고 있는 내용의 의미를 파악하는 사고	이미 알고 있는 어떤 정보나 개념을 설명하도록 하는 수준	• 비교한다. • 설명한다. • 간단히 말한다. • 예를 든다. • 관계 짓는다.	• 우리 반에서 키가 제일 큰 친구는?
확산적 사고	적용 (application-transferring questioning)	이미 배운내용이나 지식에 근거하여 새로운 문제해결을 위해 필요한 사고	어떤 정보나 개념의 활용을 요구하여 유아들이 지난 지식이나, 이해를 새로운 상황에 적용하거나 문제해결을 하도록 하는 수준	• 사용한다. • 계산한다. • 변화시킨다. • 구분(분류)한다. • 문제를 해결한다.	• 환경을 파괴하지 않으려면 어떻게 해야 할까? • 장난감의 주인은 누가 되어야 할까?
	분석 (analysis)	주어진 자료를 비교, 분류하고 순서를 통해 상호 간의 관계를 인식하는 사고	개념이나 자료 등을 부분으로 나누거나 서로의 관련성을 찾도록 하는 수준	• 원인(이유)을 찾는다. • 유목화한다. • 구별한다. • 결정한다. • 입증(확인)한다.	• 왜 사자의 발톱은 날카로울까? • 왜 비가 올까?
	추리 (reasoning)	자료를 종합적으로 분석하여 패턴이나 변화를 예측하는 사고	자료의 분석결과를 통해 그 다음 변화를 예측하여 이야기하도록 하는 수준	• 예측한다. • 생각한다. • 해석한다.	• 그 다음에는 무엇이 올까? • 그 다음에는 어떤 일이 생길까?
	종합 (synthesis-creating questionong)	내용이나 요소를 정리하여 새롭게 만들어 내거나 재편성하는 사고	여러 개의 아이디어나 요소들을 결합하여 독특하고 새로운 것을 창조하도록 하는 수준	• 계획한다. • 만든다(생산한다). • 제안한다. • 요약한다. • 결론을 내린다.	• 만약 낮은 없고 밤이 계속 된다면 어떤 일이 생길까?
평가적 판단적 사고	평가 (evaluation-judging questioning)	최선의 방법이나 중요도, 유용성이나 효율성 등을 평가하는 사고	어떤 기준을 이용하여 사물에 대해 판단을 내리도록 하는 수준	• 평가한다. • 판단한다. • 비교한다. • 선택한다.	• 개와 고양이의 같은 점과 다른 점은?

(3) 과정처리발문

교수 · 학습활동과정 중에서 교사의 핵심발문에 유아들이 쉽게 접근하여 교수학습 목표를 달성할 수 있도록 교수 · 학습의 흐름과 유아들의 이해수준과 반응을 관찰하면서 그에 적절한 과정처리발문을 하게 된다.

과정처리발문은 핵심발문에 비하여 구체적이며 명시적이다. 이러한 발문은 일반적으로 수렴적 발문으로 이루어진다.

구체적인 예를 들면 다음과 같다(전라북도 교육청, 2006).

① 반응 기다리기

반응 기다리기는 교사와 유아 간의 언어적 상호작용에서 나타나는 일차적인 반응 행동이다.

- 교사: "(2마리 공룡모형을 보여주면서) 두 마리 공룡의 서로 다른 점은 무엇일까요?"
- 유아: "크기가 달라요."

〈부적절한 반응〉

- 교사: "그래요, 크기가 다르지요."

〈적절한 반응〉

- 교사: "공룡의 크기가 어떻게 다른지 말해 볼까요?"

② 격려 및 지지하기

격려 및 지지하기는 교사의 효과적인 피드백 기술이다. 유아가 교사의 발문을 잘못 이해하고 대답을 하는 경우, 발문의 방향과 전혀 다른 엉뚱한 대답을 하는 경우, 학습활동에 적극적이지 못하는 경우에 교사가 유아를 격려하고 지지해 준다.

- 교사: "이 고무줄을 어디에 쓸 수 있을까요?"
- 유아: "고무줄을 손가락에 감으면 많이 아파요."

〈부적절한 반응〉

- 교사: "그래요, 고무줄을 손가락에 함부로 감으면 안 되겠지요."

〈적절한 반응〉

- 교사: "그래요, 진찬이는 손가락에 고무줄에 감아서 많이 아팠던 기억이 있구나. 진찬이는 고무줄을 손가락에 감을 수 있다고 했어요. 또 무엇을 만드는 데 쓰거나 어디에 사용할 수 있는지 말해 볼까요?"

③ 쉬운 말로 구체적으로 말하기

유아들로부터 초점에 벗어난 생각이나 엉뚱한 대답이 나오지 않도록 교사가 쉬운 말로 구체적으로 풀어서 하는 발문법이다.

- 교사: 바다에 사는 물고기의 종류를 대답하도록 요구하는 경우

〈부적절한 반응〉

- 교사: "바다에는 무엇이 살고 있나요?"

〈적절한 반응〉

- 교사: "바닷속에는 오징어, 조개, 미역, 물고기가 살고 있어요. 그러면 어떤 종류의 물고기가 살고 있을까요?"

④ 명료화하기

유아들이 자기표현을 더욱 분명하게 하고 자신들이 생각한 것에 대해 깊은 이해를 할 수 있도록 명료하게 하는 발문법이다.

- 교사: "오늘은 신문 만들기를 했어요. 신문을 만들 때, 궁금한 것이 있었다면 ○○ 모든 친구들에게 물어보도록 해요."
- 유아: "(진찬이를 보면서) 진찬아, 너는 어떤 신문을 오렸니?"

〈부적절한 반응〉

- 교사: "신문에서 어떤 부분을 오렸는지 진찬이에게 묻는 거예요?"

〈적절한 반응〉

- 교사: "신문에는 광고, 만화, 날씨, 텔레비전 프로그램 등이 적혀 있는데, 그중에서 어떤 부분을 오렸는지 진찬이에게 묻는 거예요?"

⑤ 초점화하기

교사의 핵심발문에서 유아의 반응이 벗어났을 때, 그 초점을 바로 잡아주거나 유아의 반응을 한층 좁혀 주는 발문법이다.

- 교사: "바닷속에는 많은 것들이 살고 있어요. 그 바닷속에는 무엇이 살고 있을까요?"
- 유아: "선생님! 저는 지난번에 엄마와 바닷가에 놀러 갔어요."

〈부적절한 반응〉

- 교사: "지금은 그 이야기를 하는 시간이 아니에요."

〈적절한 반응〉

- 교사: "그래요, 진찬이는 엄마와 함께 바닷가에 놀러 갔었구나. 그런데 진찬아! 바닷속에 어떤 동물들이 살고 있는지 보았나요? 어떤 동물들이 살고 있을까요?"

⑥ 예시 제시하기

유아들에게 자신의 응답 속에 담긴 생각이나 정보를 밝힐 기회를 주어서, 유아가 그 생각이나 정보를 정확하고 구체적으로 이해하고 있는지를 파악하기 위한 발문법이다.

〈부적절한 반응〉

- 교사: "참 잘 말했어요."

〈적절한 반응〉

- 교사: "바다에 사는 물고기의 이름을 말해 볼까요?"

(4) 상황적 발문기법 적용상의 유의점

① 핵심발문을 먼저 한 다음, 학습의 흐름이나 유아들의 인지수준에 따라 과정처리 발문을 한다. 과정처리발문은 핵심발문보다 요구하는 답이 협소하거나 명시적이어야 한다.

② 핵심발문은 과정처리발문보다 포괄적이며, 확산적 사고를 요구하는 발문이나

필요에 따라 수렴적, 단순기억적, 회상적 발문도 할 수 있다.

③ 상황적 발문은 확산적 발문보다 수렴적 발문 또는 지식, 이해, 적용, 분석, 추리, 종합, 평가적인 발문을 상황에 따라 적재적소에 이루어져야 한다.

3) 논리적 사고를 돕는 대화방법의 길잡이

유아들이 유아교육활동에 참여할 때 각 활동영역이나 내용에 따른 학습방법의 지침이나 길잡이를 이해시켜야 한다. 학습지침이나 학습 길잡이는 해당영역이나 내용에 따른 '학습하는 학습방법'을 말한다. 또한 '학습하는 학습방법'이란 유아들이 각 영역이나 내용에 대한 학습요령을 터득시켜 유아들 스스로의 주체적인 사고와 활동을 조장하고 격려하여, 주체적이며 자율적인 학습을 진행하도록 돕는 것이다. 이는 유아들에게 '물고기를 잡아주는 것이 아니라 물고기를 잡는 법을 가르쳐 주는 것'으로, 유아들 스스로 창의적이며 논리적인 사고과정을 기반으로 하여 모든 유아교육활동을 유아 중심적으로 진행시키는 것을 말한다.

기본학습 길잡이는 모든 유아교육 활동영역별로 제시되어야 한다. 본 절에서는 대화방법 중 유아질문 대답 경청 길잡이, 유아 자가질문 응답훈련 길잡이, 유아발문 응답처리 길잡이 등에 국한하여 기술한다.

(1) 유아 자가질문 대답 경청 길잡이

질문, 대답, 경청으로 구분하여 학습 길잡이를 제시한다.

① 질문 길잡이

질문 길잡이의 예를 들면 다음과 같다.

- 질문할 대상을 똑바로 보고 질문한다.
- 큰 소리로 똑똑하게 질문한다.
- 질문은 '입니까?', '할까요?', '말씀해주세요' 등 어미를 분명히 하도록 한다.
- 이해가 안 가는 말에는 재질문을 한다.
- 고운 말 바른 말을 사용하고 예절을 갖추어 질문한다.
- 선생님이나 친구들의 말을 잘 듣고 질문한다.

- 일이 일어난 차례를 생각하며 질문한다.
- 지금 이루어지고 있는 활동에 관련하여 질문한다.

② 대답 길잡이

대답 길잡이의 예를 들면 다음과 같다.

- 큰 소리로 똑똑하게 말한다.
- 머릿속으로 이야기할 내용의 순서를 정한 후 정해진 순서대로 말한다.
- 대답할 때는 질문한 대상을 똑바로 보고 말한다.
- 듣는 유아를 고려하여 자신의 기분이나 느낌을 말로 표현한다.
- 질문대상 외에 듣는 유아를 가끔 바라보며 똑똑하게 말한다.
- 일이 일어난 차례를 생각하며 말한다.
- 고운 말 바른 말을 사용하며 예절을 갖추어 말한다.
- 선생님이나 동료 유아들의 말을 잘 듣고 말한다.
- 대답할 내용의 요지나 순서를 정하여 차례대로 말한다.

③ 경청 길잡이

경청 길잡이의 예를 들면 다음과 같다.

- 상대방의 말에 귀를 기울여 주의 깊게 들으면서 그 말의 의미까지 파악하며 듣는다.
- 상황에 맞는 얼굴표정을 지으면서 듣는다. 예를 들면, 재미있으면 미소짓기, 의견이 다르면 고개를 약간 갸우뚱하기 등이다.
- 말하는 교사나 유아에게 주목하며 진지하게 듣는다.
- 이해가 안 되는 내용은 질문할 준비를 하면서 듣는다.
- 말하는 태도와 기술에서 좋은점과 고쳐야 할 점도 생각하면서 듣는다.

(2) 유아 자가질문 응답훈련 길잡이

대화란 질문과 응답으로 이루어진다. 교사의 유아에 대한 질문과 응답, 그리고 유아의 교사에 대한 질문과 응답이 바로 그것이다.

교사의 유아에 대한 질문과 응답은 직전교육과 오랜 현직 교육활동을 통하여 세련되었다. 그러나 유아의 질문과 응답은 지극히 미약한 수준이어서 교사와 유아 간의 원활한 대화를 위해서는 유아의 질문과 응답기술을 향상시켜야 한다. 유아의 질문과 응답기술을 향상시켜야 할 이유를 들면 다음과 같다.

첫째, 유아의 질문과 응답기술을 향상시켜 대화의 질적 수준을 높이며 종국적으로는 교수 · 학습의 효율성을 제고시키기 위함이다.

둘째, 질문과 응답은 고도의 사고활동을 동반함으로써 유아들의 논리적 사고력과 창의적 사고력을 배양시킬 수 있다.

셋째, 유아의 질문과 응답기술을 향상시키기란 현재와 같은 다인수 학급에서 교사에게만 의존해서는 안 되고, 유아 스스로 질문과 응답기술을 주체적이며 자발적인 노력으로 향상시켜야 한다.

그 방법으로 유아가 자기 자신에게 질문하고 유아 자기 자신이 응답하는 과정을 반복적으로 시행함으로써 질문과 응답의 질적 수준을 향상시키며, 또한 질문과 응답의 내용을 궁리하는 과정을 통해 논리적 사고력과 창의적 사고력을 계발시켜주는 것이다. 이것이 바로 자가질문 응답훈련이다. 자가질문 응답훈련의 예를 들면 다음과 같다.

- 자기 질문: 여름에는 왜 더울까?
- 자기 응답: 공기가 뜨거우니까.
- 자기 대답: 해와 우리가 사는 지구와의 거리가 가까우니까 해의 열을 더 많이 받으니까.
- 자기 질문: 왜 지구와 해의 거리가 가까워졌을까?
- 자기 대답: 모르겠네, 내일 선생님에게 물어봐야지.

위와 같이 자기가 한 질문에 대하여 응답하고 응답한 내용 중에서 또 질문하고 대답하는 등 질문과 응답의 기술을 향상시킨다. 이런 과정을 통하여 학습현장에서 질문과 응답의 기회가 주어지면, 이를 활용하여 교사와 유아 간의 학습의 효율성을 제고시키기 위한 대화로 이끌 수 있다. 그리고 스스로 질문하고 응답하는 과정을 통하여 논리적 사고력과 창의적 사고력을 길러줄 수 있다.

(3) 유아발문 응답처리 길잡이

교사의 발문은 본시 학습목표를 달성하기 위한 목표지향적인 활동이다.

그러므로 본시 학습목표를 비롯하여 활동과정, 활동내용, 유아의 경험, 유아의 발달이나 이해수준, 학습흐름과 내용 등 다양한 상황에 따른 최적한 발문을 해야 하며, 또한 교사는 유아들의 발표내용에 대하여 적절하게 응답처리를 해주어야 한다. 응답처리를 잘못하면 유아가 더 발표하려는 내용을 중단할 수도 있고 질문이나 발표에 대한 공포감을 가질 수 있으며, 또한 유아의 논리적 사고와 창의적 사고의 싹을 아예 잘라버리게 될 수도 있다. 교사의 유아 발표내용에 대한 응답처리의 목표는 다음과 같다.

첫째, 유아들이 가급적 많은 내용을 발표하도록 격려하고,

둘째, 유아들이 본시 학습목표 구현에 접근하도록 유아활동을 이끌어야 하며,

셋째, 학습활동을 통하여 논리적 사고력과 창의적 사고력 계발을 촉진할 수 있도록 유아의 응답을 처리해야 한다. 다음에서 잘못된 응답, 잘된 응답처리의 예를 들어본다.

〈잘못된 응답처리〉

유아: "선생님, 가을이 되니 하늘이 파래졌어요."
교사: "그래, 가을이 되니 하늘이 훨씬 파래졌구나."

〈잘된 응답처리〉

유아: "선생님, 가을이 되니 하늘이 파래졌어요."
교사: "좋은 걸 발견했구나, 가을이 되니 하늘이 파래졌는데 파래진 원인은 또 있을 것 같구나. 잘 생각해보렴."

따라서 유아발언에 대한 교사의 응답처리는 유아 개개인의 특성에 따른 응답처리의 개별화, 응답처리의 상황적 접근으로 이루어져야 하나, 교사가 일반적으로 지켜야 할 지침이 있다.

① 유아발문 응답처리 지침

ㄱ. 뚜렷한 발문의 목적의식

교사는 발문의 목적의식에 따라서 호명 또는 지명이 이루어져야 한다. 첫째, 단순한 기억을 재생하려는 것인가?, 둘째, 이해의 정도를 알아보려는 것인가?, 셋째, 활발한 사고활동을 유발시키려고 하는가?, 넷째, 활동과제에 대한 전체의 주의를 환기시키려는 것인가? 등에 대한 분명한 목적의식을 가지고 유아의 인지적 수준을 고려하여 해당 유아를 지명하여야 한다.

- 발문내용의 구성은 수업목표와 직결된 뚜렷한 목적의식을 지니고 있어야 한다.

ㄴ. 지명의 방법

- 발문에 대한 지명은 일부 유아에게 편중되지 않고, 전 유아에게 골고루 지명하여야 한다.
- 지명은 유아의 적극적 성격, 소극적 성격 등 학습자의 능력과 성격차를 고려하여 적절하게 이루어져야 한다.

ㄷ. 응답지도

가. 유아의 응답에 대한 교사의 반응기법

- 교사는 유아의 응답을 인정하는 표현으로 '좋아!', '맞았어!', '그렇지!' 등으로 평가하고, 발음이나 오류가 있을 때는 바르게 지도하며 격려한다.
- 유아의 결정적인 오답에 대해서는 그에게 오답인 이유를 온정적으로 알려준다.
- 불안전한 응답을 했을 때, '틀렸어' 등으로 평가하지 말고, 교사는 바른 답을 쉽게 고쳐서 설명해주어야 한다.
- 유아의 미숙한 응답이나 표현방법이 서투른 경우, 교사가 도와서 분명하게 해주고, 격려해주어야 한다.

나. 유어의 질문에 대한 교사의 반응기법

- 유아의 응답이나 질문은 모두 소중하게 받아들이고 구체적으로 지도되어야 한다.

- 교사는 질문을 한 유아에게 반문함으로써 스스로 답을 발견할 수 있도록 자극한다.
- 교사는 유아의 질문을 칭찬, 환영하고 스스로 질문하도록 그들을 격려한다.
- '○○이의 질문에 대하여, 누가 답해 볼까?'라고 하며, 다른 유아들로 하여금 같이 생각해보고, 응답해 보도록 유도한다.
- 교사가 '나는 ○○이의 질문에 이렇게 답하겠습니다.'라고 하며, 목적지향의 문답활동을 하도록 한다.

4) 논리적 사고를 돕는 대화의 효율화기법

논리적 사고를 돕는 대화의 효율화기법에서는 주의집중기법과 상호작용기법에 한해 기술하기로 한다.

(1) 주의집중기법

모든 유아교육활동에서 본시 학습활동 목표를 효율적으로 구현하기 위해서는 현재 진행하고 있는 활동에 유아들을 집중시키는 일이 제일 중요하다.

특히 이야기 나누기에서 참여하는 교사와 유아가 현재 진행되고 있는 대화에 집중해야 한다. 교사가 유아들과 대화하면서 오늘 아침에 출근길에 배우자와 말다툼한 일을 상기시킨다던지, 유아들이 현재의 대화활동에 집중하지 않고 유아들 상호 간에 서로 장난하거나 다른 사고활동에 몰두한다면 본시 학습활동의 목표를 효율적으로 성취할 수 없다.

유아교육활동을 효율적으로 전개하기 위해서는 다양한 동기유발과 주의집중기법을 활용하여 유아들의 사고방향을 한데 집중시킨 후 학습활동을 진행시켜야 한다.

흔히 교사가 주의집중을 시키기 위하여 체벌, 격리, 억압 등 다양한 행동수정기법을 사용하기도 하지만, 이들 방법들은 대부분 단기적인 성과는 있을지 몰라도 장기적인 성과는 기대할 수 없다.

또한 유아교육기관에서는 초·중등학교와는 달리 수업시간과 쉬는 시간이 구분이 없다. 그러므로 수업이 진행되는 중에 휴식이 이루어지며, 자연스럽게 화장실을 간다.

따라서 하나의 활동이 끝나면 주의를 집중시켜야 다음 활동이 효율적으로 이루어지는데, 이를 위한 주의집중기법을 소개한다(김진영 외, 2013).

① **노래부르기**

교사들이 가장 많이 사용하는 방법이다. 유아들이 즐겨 부르는 노래나 새로 배운 노래를 부르면서 자연스럽게 교사들에게 집중하는 방법이다.

특히 유아들은 노래를 한번에 배우기보다는 자연스럽게 반복되는 과정에서 익히게 되므로 새 노래를 익히는 방법으로도 바람직하다.

② **손유희**

이야기나 노래에 맞추어 손으로 여러 가지 동작을 하는 활동이다. 유아들이 단순하게 반복되는 손동작에 흥미를 보이고 교사에게 집중하는 효과가 높기 때문에 주의집중을 위해 많이 사용되었으나, 유아들의 창의성을 저해한다는 비판을 받고 있다. 특히 교사가 정해주는 일정한 손동작을 반복하는 활동이 유아들로 하여금 동작에 대한 무조건적인 모방을 시킬 수 있고, 모두가 같은 표현을 해야 한다는 생각을 줄 수 있다는 것 또한 온몸을 이용한 표현이 아니라 앉은 자세에서 손만을 움직이는 표현에 대한 우려가 있었다. 따라서 손유희에 지나치게 의존하지 말아야 한다.

③ **관찰적 게임**

유아들이 사람이나 사물의 변화를 알아맞히는 게임으로, 짧은 시간 안에 주의를 집중시킬 수 있으며 동시에 유아들의 관찰력을 길러줄 수 있는 활동이다.

ㄱ. 어떻게 달라졌을까요?

가. 선생님을 관찰한 후 잠시 눈을 감게 한다.

나. 선생님의 모습에서 변화된 것을 찾아낸다.

다. 소매 걷어 올리기, 스카프 두르기, 안경 벗기와 같이 쉽게 찾아낼 수 있는 변화에서부터 익숙해진 후에는 머리핀 빼기, 시계풀기와 같이 다소 어려운 변화도 바꿀 수 있다.

라. 유아들이 앞에 나와서 변화를 주게 하고 교사나 친구들이 찾아내게 해도 재미있다.

ㄴ. 순서가 바뀌었어요.

가. 3~4명의 유아들을 앞으로 나오게 한다. 어떤 순서로 서 있는지 관찰하게 한다.
나. 자리에 앉아 있는 유아들이 눈을 감고 있는 사이에 서로 자리를 바꾸게 한다.
다. 어떻게 바뀌었는지 찾아낸다.

(테이블에 인형, 블록, 연필 등을 나란히 놓고 할 수도 있으며, 한 가지를 없앤 후 무엇이 없어졌는지 찾아내게 할 수도 있다. 익숙해지면 숫자를 늘린다.)

ㄷ. 무엇일까요?

물건의 부분을 보여주고 무엇인지 알아맞히게 하거나, 그림을 봉지에 넣거나 종이로 가린 후 조금씩 보여주면서 무슨 그림인지 추측하게 한다.

또는 잠시 동안 그림을 보여준 후 그림 속에 무엇이 있었는지 기억해내는 게임도 할 수 있다.

④ 수수께끼

처음에는 교사가 문제를 내고 유아들이 알아맞히게 하나 점차 유아들이 문제를 낼 수 있도록 한다. 유아들이 내는 문제는 어른의 시각에서 보면 상당히 엉뚱한 경우가 많으나, 무안을 주거나 고쳐주려고 하지 않는다.

이 외에도 교사가 보여준 물건이나 그림을 보고 다른 친구들에게 설명하여 맞추게 하거나, 다음과 같은 '땡, 딩동댕' 놀이도 할 수 있다.

- 땡, 딩동댕

  교사가 짧은 문장을 들려 준다. 문장의 내용이 틀리면 유아들이 '땡' 하고 말하고, 맞았을 경우에는 '딩동댕'이라고 말한다.

  예 '연필로 머리를 빗습니다.'
  '양말은 머리에 쓰는 것입니다.'
  '겨울에는 춥습니다.'
  '내 동생은 나보다 나이가 많습니다.'

- 확장활동

  교사가 문장의 앞부분을 고정하고 뒷부분만 이야기할 수도 있다.

㉮ '난다 난다 난다 난다 새가 난다.'
'난다 난다 난다 난다 사자가 난다.'
'난다 난다 난다 난다 비행기가 난다.'

⑤ 말놀이

끝말잇기, 'ㅇ'자로 시작하는 말 찾기(예: 오, 아…), 과일 이름 대기, 귓속말로 전달하기 등 말을 이용한 놀이를 할 수 있다.

⑥ 숫자놀이

교사가 치는 악기, 손뼉 등의 수를 알아맞히기, 엄마동물과 아기동물 짝짓기 등 수를 이용한 놀이를 간단하게 할 수 있다.

⑦ 따라하기, 반대로 하기

- 교사의 동작이나 말을 따라하거나 반대로 하는 활동이다
  ㉮ 교사가 손을 올리면 같이 올리고 손을 내리면 같이 내린다.(따라하기)
  교사가 손을 올리면 내리고 손을 내리면 올린다.(반대로 하기)
  교사가 '큰 사과'하면 유아들이 '작은 사과'
  교사가 '작은 과자'하면 유아들이 '큰 과자'
- 다양하게 변화시킬 수 있다.
  ㉮ 교사가 손을 벌리거나 좁히는 활동, 교사가 일어나거나 앉는 활동 등

⑧ 신체적인 움직임

앉은 자세에서도 간단한 체조를 하면서 유아들을 집중시킬 수 있다.

㉮ 손에 힘을 주다가 풀기, 손털기, 목 움직이기, 서로 안마해주기, 어깨돌리기 등

⑨ 주의집중기법의 사례

주의집중기법을 영유아 교수 · 학습활동에 적용한 사례들을 발췌해보면 〈표 III-3〉과 같다.

〈표 Ⅲ-3〉 영유아 교수·학습 활동에서 주의집중기법 실천사례

활동주제	활동내용	교사의 주의집중기법	교수자료 및 특기사항
1) 즐거운 유치원	동화: 도널드의 유치원 첫날	자유롭게 손뼉치다가 신호악기소리에 멈춘다.	테이블 인형(도널드, 토끼, 요술할머니, 사자, 개구리 등)
2) 놀잇감	그림동화: 영희와 장난감	'잘 치우는 어린이' 노래 다함께 부르기	'영희와 장난감' 그림동화, '잘치우는 어린이' 노래악보
	새 노래 배우기: 치우는 시간	주먹을 쥐었다 피었다를 여러 번 해 본다.	자동차, 인형 등, '치우는 시간' 악보
3) 바닷속의 생물	이야기 나누기 모여 앉기	'어디에서 나나' 노래를 불러 주의환기	바닷속 그림, 소라, 조개껍데기, 김숙경 '어디에서 나나' 악보
	염전 둘러보기	'어디에서 나나' 노래를 변형시켜 부르기	김, 미역, 오징어는 염전에서 만든다.
	출석 부르기	'열 작은 아이' 노래를 부르면서 출석 확인	유아 앞으로 다니며, 한 명씩 악수하며 노래 부른다. 열 번째 유아는 자리에서 일어서게 한다.
4) 물놀이	이야기 나누기 모여 앉기	'바윗돌 깨뜨리기' 노래 부르면서 주의집중	물에 뜨는 것, 가라앉는 것, 물놀이 경험 있는 유아의 발표
5) 냄새 상자	이야기 나누기 모여 앉기	교사가 향수병을 들고 교단에 선다.	향수병, 마늘 등 유아: 아, 냄새 나네요!
		손을 들어보세요, 박수 3번 쳐 봅시다.	짝짝짝, 반짝 반짝 손 내리고 선생님 보세요.
6) 혼자 할 수 있어요	동화: 혼자 할 수 있을까요?	반에 있는 물건의 이름을 대며, 손가락으로 가리켜 본다('○○은 어디 있나' 노래 부르며).	'혼자 할 수 있을까요' 그림동화
	새 노래: 졸려 졸려	손뼉을 크게 또는 작게 쳐 본다.	손인형, 손가락 인형, 트라이앵글, '졸려 졸려' 악보
7) 맛있는 간식	동화: 맛있게 먹어요	자석판에 간식접시, 컵, 포크그림자료 붙이기	자석을 붙인, 간식접시, 컵, 포크 그림자료, 자석동화
8) 사이좋게 지내요	동화: 아기사자 머리깎기	신호악기 소리가 몇 번 울리는지 알아맞힌다.	'아기사자 머리 깎기' 그림동화, 신호악기
	생일 축하 활동	'주먹 어디 있소' 손유희	생일 축하 준비물, 고깔모자, 선물 등
9) 동물	새 노래: 병아리	부분 보고 전체 알아맞히기(닭, 병아리)	새 노래: 병아리(안희옥), 병아리 사진이나 그림
	동화: 닭의 볏과 개의 다리, 돼지의 코	세 동물의 소리 내어 보기(아빠닭, 엄마닭, 강아지, 돼지 소리)	'닭의 볏과 개의 다리, 돼지의 코' 그림동화

활동주제	활동내용	교사의 주의집중기법	교수자료 및 특기사항
10) 여름	손유희: 여름 냇가	손 유희 및 노래: '여름 냇가'	손 유희: '여름 냇가' 악보
	게임: 자리 바꾸기	'곰 세 마리' 노래 후 차례로 인사시킨다.	다른 색의 옷을 입은 곰 인형 3개
11) 추석	손유희: 흔들흔들 짝짝	흔들흔들(두 팔 내밀고), 짝짝(손뼉치기 2회)	피아노나 우크렐레, 노래 악보
12) 신나는 겨울	동화: '잃어버린 장갑'	수수께끼 내어 알아맞히기를 한다	부직포 벙어리장갑, 테블 인형(여우, 토끼, 곰, 개구리, 할아버지)
	동화: 빨, 파, 노 도깨비	색 셀로판지로 만든 '송이' 인형을 가지고 도깨비 이야기 유도	송이 인형, 막대 인형(빨강 도깨비, 파랑 도깨비, 노랑 도깨비)

출처: 1) 이상금 외(1992), 유치원교사용지도서, 3세아 교육활동 지도자료, 교육부.
2) 류근우 외(1987), 교수행동의 효율화 - 유치원교육의 수업장학, 전라북도 교육연구원.

(2) 상호작용기법

전항에서 대화란 상호 지향적 이야기, 쌍방적 또는 다각적인 커뮤니케이션의 형식으로 정의한 바 있다.

이상의 정의에서 밝힌 바와 같이, 대화의 상호작용은 동전의 양면과 같은 성격을 지닌다. 유아와 유아간의 상호작용이 활발하게 이루어진다함은 교사와 유아 간에 활발한 대화가 이루어진다는 의미이다. 따라서 활발한 상호작용이 이루어진다 함은 활발한 대화가 이루어져 학습의 효율성을 제고시켜준다는 의미로서, 대화와 상호작용은 상호작용적 관계를 갖는다는 의미이다.

논리적인 사고력을 배양하기 위해서는 논리적이고 창의적인 상호작용을 유지하는 것이며, 이는 또한 논리적이며 창의적인 대화로 이어진다. 따라서 훌륭한 대화를 위해서는 활발한 교사와 유아 간에 상호작용이 이루어져야 한다.

물론 교사와 유아 간의 상호작용에 국한하지 않고 유아와 유아, 유아와 교구 간의 상호작용은 같은 맥락에서 생각해야 한다.

교사와 유아 간의 상호작용의 중요성을 인식하고 실천하는 교사는 또한 유아와 유아 간, 유아와 교구 간의 상호작용을 중시하기 마련이다.

① 상호작용 증진방법

ㄱ. 영유아와 교사 간 상호작용 증진방안

가. 영유아와 교사의 비율을 낮춘다.

「영유아보육법」 제17조 및 시행규칙 제10조에 따라 보육교직원의 배치기준에서 연령별 반편성 시 교사 대 아동비율은 만 0세 1:3, 만 1세 1:5, 만 2세 1:7, 만 3세 1:15, 만 4세 이상 1:20을 준수해야 한다. 단, 어린이집 상황에 따라 총 정원의 범위 내에서 초과보육 운영이 가능하다. 초과보육 범위는 만 0세 해당 없음, 만 1세 1:7명 이내, 만 2세 1:9명 이내, 만 3세 1:18명 이내, 만 4세 이상 1:23명 이내까지 인정된다.

나. 개별 상호작용을 원칙으로 하고, 소집단 활동지도가 바람직하다.

개별 또는 2~3명의 소집단일수록 영유아 간의 상호작용이 증가되고, 영유아와 교구 간의 접촉이 증가되어 상호작용의 질이 높아진다.

ㄴ. 상호작용 증진을 위한 핵심전략

가. 기본적인 신체적 욕구를 충족시킨다.

- 수유, 기저귀 갈기, 안아주기와 놀이, 음식과 영양, 배설, 신체적, 심리적 안정감, 안전과 건강에 대한 기본적인 욕구를 충족시켜 준다.

나. 따뜻하고 보호적인 분위기를 만든다.

- 교사는 영유아에게 비지시적인 언어사용과 비언어적으로 긍정적인 상호작용을 하며, 온정적이고, 민감하며, 지지적인 상호작용은 거칠고 비판적이거나 무관심한 행동보다 유아발달에 더 유익하다(Kontos et al, 1994).
- 영유아에게 반응적이고 세심하고 일관되며, 편안하고 지지적이며 문화적으로 민감한 양육을 제공함으로써 유아와 개별적인 관계를 발달시킨다. 이러한 행동들은 모든 유아의 긍정적인 발달과 학습을 촉진시킨다(NAEYC, 2003).

다. 언어와 의사소통을 격려 지지한다.

- 교사는 영유아가 대화를 할 수 있도록 개방적인 발문을 하고, 유아가 말하고 표현할 때 주의 깊게 들어주며, 영유아가 이야기하도록 격려한다.

- 교사는 영유아가 자유롭게 이야기하고 싶어지게 하는 분위기를 만들고, 다양한 교구자료와 경험을 제공하여 의사소통을 촉진한다.

라. 주도성을 격려한다.

- 주도성은 영유아가 과제를 시작하고 수행하는 능력이다. 어릴 때부터 영유아는 자신의 의도를 신호로 알리고 행동한다.
- 교사는 다양한 학습의 기회를 제공하고, 영유아의 흥미와 선택을 존중함으로써 주도성을 격려한다. 교사는 영유아에게 스스로 계획할 기회를 제공하고 유아가 배운 것을 반영하는 기회를 제공해야만 한다. 영유아가 계획하고 실행하고 스스로의 학습활동을 검토할 때 그들의 행동이 더 의미 있게 되고, 영유아는 언어와 그 외 지적인 측면에서 보다 잘 수행하게 된다고 하였다.

마. 정보와 모델기술을 제공한다.

- 영유아는 스스로 개념을 이해하지만, 유능한 또래와 성인의 지도에서도 도움을 받는다.
- 초기 교과학습의 모든 영역에서 목적과 내용을 명료하게 하는 정보와 특별한 기술의 모델링으로 영유아에게 내용을 제공하는 것은 매우 중요하다.

바. 영유아의 활동과 성취를 인정한다.

- 교사는 단순한 칭찬보다는 흥미와 격려를 통해서 영유아의 학습 결과물이 가치 있다는 것을 보여주는 것이 좋다, 칭찬은 비교와 경쟁을 낳고, 불안감을 키우지만, 반면 격려는 유아에게 주도성, 자신감과 자신의 작품을 객관적으로 보는 능력을 발달시킨다.
- 교사는 영유아가 한 것에 대한 구체적인 의견 제시, 영유아의 계획과 생각에 관해 질문하기, 영유아의 아이디어를 반복하고 모방하기, 또 그 아이디어를 기록하거나 촬영하기, 또 그의 작품을 게시하고, 부모와 함께 살펴보기 등이 있다.

사. 또래 상호작용을 지지한다.

- 교사가 또래관계를 촉진하는 방법은, 교사 스스로 영유아와 믿을 만하고 지지적인 상호관계를 형성하는 것이다. 즉, 영유아에게 호의를 가지고 존중하

여 대하고 진실한 대화를 나눔으로써 교사는 영유아가 다른 사람에게 어떻게 상호작용할지에 대한 정서적 지침을 제공한다.

- 흥미영역의 놀이교구와 자료들을 많은 유아가 함께 놀이할 수 있도록 충분한 양을 준비하고 넓은 공간을 확보한다.
- 같은 또래와 적어도 몇 달간 장기적으로 같은 학급에서 안정적으로 집단을 유지한 경험을 한 집단은 사회적 유능감이 좀 더 발달될 수 있다.
- 자유선택활동 시간이나 실외놀이에서 또래관계를 주의 깊게 관찰하고, 일과 시간에도 서로가 상호작용할 수 있는 기회를 제공한다.
- 교사는 발문이나 문제를 해결하는 데 도움이 필요한 영유아에게 또래 친구의 도움을 받도록 해주거나, 둘이서 협력해서 해결하도록 할 수도 있다.

아. 독립적으로 문제를 해결할 수 있도록 격려한다.

- 영유아가 자신의 문제를 스스로 해결하도록 격려하는 몇 가지 기술은 다음과 같다.

첫째, 교사는 영유아가 우연히 마주친 도전을 인정하고 그것이 자료의 문제인지, 또래관계인지, 일과인지 등 문제를 말로 표현할 수 있도록 격려한다.

둘째, 교사는 영유아가 문제를 발견하고 해결하도록 기다린다. 즉, 영유아가 스스로 문제를 해결 했을 때 더 만족스러워 하고 더 많이 배울 수 있다.

셋째, 교사는 영유아가 몇 번의 시도에도 성공하지 못했던 민감한 상황에 대해 시의적절한 제안으로 도움을 줄 수 있다. 즉 적절한 힌트나, 갈등해결 등에서 영유아에게 문제해결의 선택의 기회를 주기도 한다.

제7장
토론을 통한 논리 · 논술교육

우리는 일상생활을 통하여 수없이 많은 토론거리를 만나고, 호악 간에 한쪽 주장이나 의견을 선택하여 살아가면서 선택을 잘했을 경우에는 많은 이익을 가져다주지만 선택을 잘못했을 경우에는 낭패를 보는 일이 많다.

특히 오늘날 우리가 매일 접하는 TV방송과 신문에는 우리들의 올바른 판단과 현명한 판단을 요구하는 수많은 갈등과 문제들의 홍수 속에서 늘 분노하고 슬퍼하며, 개탄하기도 하면서 살아간다. 유아들도 이런 상황에서 문제의 성격은 다를지언정 자유롭지 못하다.

따라서 유아들이 합리적인 판단과 선택을 도울 수 있는 창의적 사고력과 비판적 사고력을 배양할 수 있는 토론교육이 절실하며, 어려서부터 토론문화를 정착시켜야 할 필요성이 있다. 특히 토론은 자기의 의견을 논리적으로 주장하는 과정에서 논술력이 길러지는 등 토론과 논술은 연관성이 아주 높다. 본 장에서는 토론수업에 관련된 이론을 살펴보고 논리 · 논술력을 기르기 위한 토론수업의 실제에 대하여 기술한다.

1. 토론에 대한 이해

1) 토론의 개념

토론이란 무엇인가? 여러 학자들이 제시한 개념을 정리하면 다음과 같다.

〈표 Ⅲ-4〉 토론의 개념

학자명	토론의 개념
고정리(2012)	• 자신의 견해를 상대편에 설득하여 납득시키는 시도이며 규칙에 의거하는 논의이고, 특히 논리적인 사고방식의 전개 • 어떠한 목적을 위하여 두 사람 이상이 생각이나 정보를 교환하는 과정
김영실 등(2014)	• 어떤 논제에 대하여 찬성자와 반대자가 각기 논리적인 근거를 발표하고, 상대편의 논거가 부당하는 것을 명백히 밝히는 말하기의 한 형태
박찬옥 등(2013)	• 타인의 주장에 대한 모순을 지적하고 자신의 주장을 정당화하는 것을 목적으로 하는 의사소통과정

이상의 학자들의 견해를 종합하면, 토론은 다음과 같은 성격을 내포하고 있다.

첫째, 토론은 대화, 말하기, 의사소통과정이다.

둘째, 토론은 창의 또는 논리적인 사고체제이다.

셋째, 토론은 자기주장을 정당화하려는 지적활동이다.

넷째, 토론은 두 사람 이상의 집단과정으로 이루어진다.

다섯째, 토론은 일상생활에서 당면하는 제반문제에 대한 해결과정이다.

이상의 성격을 종합하면, 토론이란 '일상생활 중에 당면하는 제반문제에 대하며 관련이 있는 두 사람 이상이 창의 또는 논리적 사고체계에 근거하여 자기의 의견을 관철시키고, 정당화시키기 위한 대화, 말하기, 의사소통방법을 통한 문제해결과정'이다.

2) 토론과 토의

토론은 토의의 하위개념으로, 자기의 의견이나 주장을 분명히 밝히고 자기의견이나 주장에 대한 확실하고 분명한 증거를 제시하는 등 문제해결에 초점을 맞추는 대화, 말하기, 의사소통 과정이나 토의와는 다음과 같은 차이점이 있다.

첫째, 토의는 어떤 공통의 문제에 대하여 좋은 해답을 얻기 위한 과정임에 반하여 토론은 이미 안출된 방안 가운데 타당한 논리에 근거하고 있는 하나의 방안을 선택하는 과정이다.

둘째, 토의를 통하여 어떤 공통의 문제에 대한 해결방안으로 다양한 방안이 산출될 수 있으나, 토론에서는 최선의 방안 하나만을 선택하는 것이 일반적이다.

셋째, 토론은 토의에 비하여 자기 의견을 정당화 하기 위해 토론을 위한 자료수집, 의견 발표 및 주장 등 전과정에서 고도의 창의적이며 논리적 사고와 비판, 판단을 전제로 하여 이루어진다.

3) 토론교육의 중요성

토론교육을 통하여 창의적 사고력, 비판적 사고력, 논리적 사고력 등을 길러주어 미래사회에 대처할 능력을 배양시켜주는 데 효과적임은 잘 알고 있으면서도, 유아들에게 토론방법과 기술을 체득시키는 일은 그리 쉽지 않다. 초 · 중등학교의 경우는 더욱 그러하다. 역대 교육 관계장관들이 초 · 중등학교에 토론문화정착을 교육정책으로 수십 년 전부터 펼쳐 왔지만, 초 · 중등학교 학생들의 토론수준은 그리 탐탁치 못하다.

그 대표적인 이유가 가르쳐야 할 교수 · 학습량의 과다, 대학 입학에 초점을 맞춘 지식 우선의 지적탁월성을 강조하는 교육을 꼽을 수 있다. 그러나 유아교육기관에서는 초 · 중등학교와는 상황이 다르다. 즉, 반드시 이수해야 하는 교과도 없고 반드시 성취시켜야 할 학업기대수준이 없어 교사는 학업성취압력으로부터 비교적 자유스럽다. 따라서 유아교육기관에서 유아기부터 토론기술을 확실히 정착시켜주어야 할 필요가 있다. 고정리(2012)는 토론교육의 필요성을 다음과 같이 정리하고 있다.

첫째, 토론은 스스로 논의를 구성하고 자신의 주장을 방어하는 적극적이며 능동적인 자세를 육성하는 데 필요한 기법이다.

둘째, 토론을 통하여 다른 사람의 의견을 경청하고 진정으로 받아들일 수 있는 아량을 습득하여 사회생활에서의 성숙성을 함양하는 데 도움이 된다.

셋째, 토론을 자신의 생각을 논리적으로 구성하여 조리 있게 발표함으로써 상대방을 설득하는 데 그 목적이 있으므로, 사고력 신장과 의사표현능력의 발달에 도움이 된다.

넷째, 교섭능력과 임시응변능력을 신장시킬 수 있다.

다섯째, 상대방 의견의 옳고 그름을 판단하는 비판적 사고력과 경청하는 자세, 다양한 각도에서 사고하는 능력을 길러준다.

여섯째, 문제의 모든 정보에 대한 종합적 접근을 시도하면서 지식을 통합하는 능력과 당면문제에 대한 조사분석 및 문제의 본질을 파악하는 능력이 향상된다.

일곱째, 리더십 함양과 건전한 비판정신, 판단력 등 민주시민 자질을 함양시킬 수 있다.

여덟째, 대인관계능력을 기르는 데 도움이 된다.

아홉째, 상대방의 의견을 존중하는 태도와 자신의 주장을 체계적으로 말할 수 있는 능력을 기를 수 있다.

열째, 의사소통능력을 신장시키는 데 도움이 된다.

열한 번째, 자료조사능력과 탐구능력을 길러 준다. 토론을 하려면 배경지식이 있어야 한다.

4) 토론과 논리적 사고력, 논술력과의 관계

합리적인 토론이 이루어지기 위해서는 타당한 근거를 제시하고 자기 주장을 펼쳐 나가야 하는데, 이렇게 되기 위해서는 합리적 판단능력과 의사결정력, 논리적 사고력, 비판적 사고력, 창의적 사고력 등 다양한 사고와 능력 등이 활용되어야 한다.

또한 유아는 토론에 필요한 자료를 수집하고 수집된 자료를 취사선택하여 증거자료화 하며, 자기 의견의 정당성을 주장하기 위해 상대방을 설득하고 제압할 수 있도록 대화를 이끌어가는 방법을 강구하기 위하여 창의적이며 논리적 사고를 해야 하는 등 토론의 전 과정에서 이러한 능력이 배양된다. 청자 또한 화자가 발표한 내용을 선택하기 위한 과정에서 유아들의 각 주장에 대하여 무비판적으로 받아들이기보다, 비판하고 판단해야 하는 사고과정을 통해 화자나 청자 모두에게 다양한 사고력이 배양될 수 있다. 특히 토론은 자기주장을 펼치는 과정을 통해 논술력이 향상된다.

2. 토론을 통한 지도의 실제

토론학습지도의 실제에서는 토론학습주제 정하기, 토론규칙 정하기. 토론기법, 토론지도를 위한 교사의 역할, 토론교수 · 학습지도의 순으로 기술한다.

1) 토론학습주제 정하기

토론학습을 전개하기 위해서는 토론학습에 적절한 토론주제를 선정하여야 한다.

유아들의 생활 주변에 토론주제가 많은 것 같으면서도 유아들에게 최적한 토론주제를 선정하는 일은 그리 쉬운 일이 아니다.

토론학습에서는 토론주제를 선정하는데서부터 유아들의 창의적이며 비판적이고 논리적인 사고과정을 거쳐야 한다. 토론주제는 모든 유아들의 관심대상이 되면서도 흥미가 있고, 토론의 결과가 유아들의 일상생활에서 유아들의 행동을 결정하는 데 도움이 될 수 있어야 한다.

토론주제 선정 시에는 다음과 같은 점을 고려해야 한다.

첫째, 토론주제는 유아들의 연령별 발달수준에 적절해야 한다.

만 5세 유아의 경우에는 유아들이 당면한 문제이면서도 논리적, 창의적 사고가 자극될 수 있도록 심화된 내용의 주제이어야 한다. 예를 들면 다음과 같다.

3세아에게는 '왜 부모님을 즐겁게 해드려야 할까?'

5세아에게는 '왜 헐벗고 굶주리는 사람들을 도와주어야 하는가?'

등과 같이 연령이 높아질수록 고도의 논리적인 사고와 판단이 필요하며, 유아들의 관심과 흥미가 있는 토론주제를 선정해야 한다.

둘째, 토론주제는 TV의 뉴스, 광고, 신문의 사설 등에서 선정할 수 있다.

오늘날 TV는 유아들에게 새로운 정보를 비롯하여 취미, 오락, 뉴스를 제공하는 등 긍정적인 영향을 주는가 하면, TV 속에서 반영되는 일부 뉴스나 프로그램들이 유아들의 건전한 인성과 성격형성에 악영향을 준다는 부정적 영향으로 TV시청에 관한 시비 또한 만만치 않다. 따라서 유아들의 TV시청 방법, 시간, 자세 등을 비롯하여 TV 프로그램들이 유아에게 악영향을 미치는 상황 하나하나가 토론주제가 될 수 있다. 예를 들면, 음주운전을 하다가 사람을 죽게 두고 운전자가 도망간 뉴스를 보고 '뺑소니 운전자를 어떻게 하면 없앨 수 있을까?'와 같은 토론주제를 선정하듯이 TV의 뉴스, 광고, 각종 프로그램, 그리고 신문에서 논쟁이 된 문제를 다룬 사설이나 기사 등을 통해 토론주제를 선정할 수 있다.

셋째, 유아교육기관에서 이루어지는 활동과정 속에서도 얼마든지 토론주제를 찾을 수 있다. 자신의 욕심만 채우기 위하여 규칙을 무시하고 화장실을 먼저 이용하려고 하고, 마음에 드는 놀이기구만을 먼저 타려고 하는가 하면 순서를 무시하고, 유치원 버스에 오르는 유아들의 승차모습을 보고 '규칙을 지키지 않는 유아를 어떻게 해야 할까?' 하고 토론주제를 선정할 수 있듯이 유아교육기관에서의 유아활동 상황을 들여다 보면 다양한 토론주제를 선정할 수 있다.

넷째, 유아들의 가정생활이나 사회생활 속에서 당면하는 문제나 갈등상황들을 토론주제로 선정할 수도 있다.

유아들은 가정생활에서나 사회생활 속에서 많은 갈등과 문제를 만난다. 가정이나 사회생활 속에서 겪는 갈등상황이나 문제에 대하여 부모님이나 형제들에게 물어보아도 만족스러운 해답을 얻지 못하고, 갈등과 문제로 유아들의 가슴 속은 답답하기만 하다.

예를 들면, 불결한 공중화장실 사용 모습을 보고 '공중화장실을 깨끗이 사용하지 않는 사람들을 어떻게 처리해야 하나?' 등 수없이 많은 갈등과 문제 상황에서 토론주제를 선정할 수 있다.

2) 토론규칙 정하기

토론은 자기의 의견을 정당화시키고 상대방과 대립되는 의견을 파기시키는 충돌과정으로, 각종 운동경기에서 공평성을 유지하기 위하여 다양한 경기규칙이 있듯이 공평한 토론이 되게 하기 위해서는 사전에 토론규칙을 정해 놓고 토론자들이 꼭 준수하도록 해야 한다. 토론규칙에는 일반적으로 다음과 같은 내용이 포함되어야 한다.

① 토론의 처음과 마지막 발언은 긍정팀이 하도록 한다.
② 논박의 시간은 양 팀에게 똑같이 주어져야 하고 토론이 끝나면 투표로 결정한다.
③ 토론자가 참관자에게 간단히 목례인사를 한 후 참관자들을 똑바로 보고 큰 소리로 천천히 자기주장을 말하는 등 토론예절을 지켜야 한다.
④ 토론자는 자기의 주장을 뒷받침 할 수 있는 다양한 자료 즉, 차트, 실물, 그래프, 사진 등을 충분히 확보하여 증거물을 제시하면서 자기의견을 주장한다.
⑤ 발표가 끝난 후 상대편 토론자나 참관 유아들의 질문에 성의 있게 답변한다.

곤욕스럽거나 어려운 질문이라고 해서 화내거나 신경질을 부리지 않는다.

⑥ 토론자들은 상대편 토론자들의 주장을 반박하거나 논리적으로 설득시키되, 상대편을 무시하고 비난하거나 비하하는 발언은 절대 하지 않는다.

⑦ 토론자들은 정해진 시간의 종료벨이 울리면 무조건 자기 주장을 종료하고 내려오되, 고개 숙여 인사하는 것을 반드시 지켜야 한다.

⑧ 토론의 진행이나 토론시간에 대한 타종은 교사가 담당한다.

⑨ 양쪽 토론자들이 자기 주장을 종료한 후 교사는 양쪽 주장에 대하여 간단히 요약하여 참관 유아들에게 제시할 수 있으나, 반드시 어느 한쪽 편의 주장을 옹호하는 발언을 해서는 절대 안 된다.

⑩ 토론자들은 반드시 자기 주장을 말하며 의견이나 생각을 전달하는 것이 아니다. 특히 다른 유아가 말하는 주장을 자기가 빌어서 하면 절대 안 된다. 반드시 자기의 주장을 말해야 한다.

⑪ 토론은 어떤 문제나 주제를 다루지 않고 주제 속에서 찬성/반대가 대립될 수 있는 하나의 '안건'을 다룬다.

⑫ 토론은 의견과 정보의 발표가 아니라 찬반에 대한 자신의 입장을 이유와 설명으로 정당화하고 상대방의 반론을 꺾는다. 정당화와 반론꺾기는 토론자의 두 가지 의무이다.

⑬ 자유롭게 발표하는 것이 아니라, 미리 정한 연사들이 미리 정한 순서에 따라 각각 정해진 시간 안에 발표를 마쳐야 한다. 발표는 찬성 편부터 시작하고 시간은 합의에 의하여 이루어진다. 찬성과 반대 발언이 각각 끝날 때마다 상대쪽의 1명과의 질의-응답이 있을 수 있다. 이렇게 찬성-반대 대결을 1회전으로 하여 계속해서 2회전, 3회전으로 팀 토론을 전개할 수도 있다.

⑭ 사회자는 대개 다수결 원칙에 따라 결론은 내리지 않고 토론자의 임무수행 정도를 평가하여 심사자가 승자와 패자를 결정하고 사회자는 토론을 진행하는 역할만 한다.

3) 유아토론기법지도

유아들이 토론하는 데 필요한 토론기법은 다음과 같다.

(1) 모든 문제에는 찬성과 반대가 있음을 알고 토론에 임해야 한다

토론이란 찬성하는 생각과 반대하는 생각 간의 충돌과정으로, 항상 어떤 문제에 대하여 다른 사람은 나와는 다른 생각을 가지고 있을 수 있다고 인정하고 토론에 임해야 한다.

(2) 유아 주변의 모든 문제에 대하여 관심을 갖는다

유아들은 그들의 일상생활 속에서 부딪히는 갈등이나 문제들에 대하여 늘 호기심을 가지고 민감하게 생각해보고, 그들의 관련 지식이나 과거 경험들을 활용하여 논리적으로 판단해보는 습관을 갖도록 하면 토론에 관한 기술을 더욱 빨리 연마할 수 있다.

(3) 모든 토론에서는 자기 자신의 생각이나 주장으로 상대편의 주장을 반격해야 한다

'○○○가 이렇게 이야기하더라.'라는 식으로 권위 있는 사람의 의견으로 주장해서는 안 된다. 다만 권위 있는 사람의 의견을 내 주장으로 소화시켜 내 주장으로 만들어야 한다. 강력한 자기 주장은 동료 유아들의 사고체제를 흔들어 놓기도 하고, 예민한 분석력과 논리성은 더 깊은 주장을 만들어 낸다.

(4) 토론에서는 상대편의 주장이 근거가 없거나 모순됨을 논박해야 되므로, 주장하는 내용과 방법이 논리적이어야 한다

따라서 알고 있는 것을 종합 정리하여 자신의 주장에 분명한 근거를 제시하기 위하여 증거를 수집하고, 자기의 주장에 대하여 책임지는 종합적인 능력이 필요하다. 이러한 과정에서 유아는 자신의 의견을 표현하는 방법과 다른 사람의 의견을 받아들이는 태도를 배우게 된다(김영실 외, 2014).

(5) 토론예절을 지키도록 한다

토론이란 찬성파와 반대파 간의 정정당당한 충돌과정으로, 토론과정에서는 반드시 토론예절을 지키도록 지도해야 한다.

주장하는 태도가 미숙하다고 해서 무시하거나, 주장의 논리가 미약하다고 해서 비난하는 등의 행동을 일체 지양해야 한다.

주장내용의 호악 간에, 자기의 의견과의 대립여부에 관계없이 발표하는 사람이나 주장을 듣는 사람이든 간에 기본적인 예절을 꼭 지키도록 지도해야 한다.

(6) 토론은 말하기, 의사소통, 대화의 과정으로 말하는 기법, 듣는 기법에 대하여 잘 이해하고 실천해야 한다.

① 말하는 기법

- 또박또박 말하기
- 똑똑한 발음으로 크게 말하기
- 시선을 참관 유아들에게 골고루 주기
- 토론주제에 벗어나지 않게 말하기
- 질문에 대비하여 말하기
- 근거를 제시하며 말하기
- 경어를 쓰며 말하기
- 준비된 자료를 적극 활용하기

② 듣는 기법

- 적극적 경청하기
- 듣고 있다는 간단히 신호보내기(간단한 미소짓기, 고개 끄덕이기 등)
- 이해했다고 표현하기(고개 끄덕이기)
- 말하는 사람에게 시선 보내기
- 끼어들지 않기
- 불쾌한 반응 보이지 않기
- 동료 유아와 말하거나 장난치지 않기 등을 들 수 있다.

4) 토론지도를 위한 교사의 역할

토론지도를 위한 교사의 역할이란 전 항에서 밝힌 유아토론기법 지도를 비롯하여 토론주제 정하기, 토론규칙 정하기, 토론학습지도 등 전 분야에 걸쳐 교사의 개입은 불가피하지만 교사의 주도성을 최소화하며, 유아들이 주도적이며 주체적으로 모든 계획을 수립하고 진행을 하도록 교사는 토론의 전 과정에서 소극적으로 개입해야 한다. 이런 관점에서 교사의 역할을 생각해보기로 한다.

(1) 교사는 토론주제와 토론의 방향을 유아들에게 이해시키기 위하여 다양한 동기유발 기법과 이야기 나누기를 통해 주지시키고 토론을 진행시킨다.
토론이 정상적으로 진행되지 않는다고 생각될 때, 교사가 불가피하게 개입하여 적절한 발문과 지금까지 과정을 잘 요약 제시하고 앞으로의 토론방향에 대하여 적절하게 안내한다.

(2) 토론을 시작하기 전에 자유스러운 토론분위기를 조성해주어야 한다.
토론학습에서는 유아들이 자기주장을 하는 한편, 상대 유아의 주장에 대하여 반론을 제기하며 또한 유아들이 발표한 주장에 대한 질의응답을 하는 등 토론의 전 과정이 이야기, 대화, 의사소통으로 이루어지기 때문에 활발한 토론이 이루어지도록 토론분위기를 조성해주어야 한다.

(3) 토론이 시작되기 전 찬성과 반대팀을 미리 구분하여 찬성팀부터 발언의 기회를 주되, 찬성팀이나 반대팀에게 발언시간을 똑같이 부여한다.

(4) 유아들의 수행과 과정을 중시한다. 토론은 수행이므로 토론진행과 유아들이 참여하는 토론과정 자체가 유아들의 비판적이며 논리적 사고력을 향상시켜주는 활동이므로, 교사는 토론을 계획하고 진행자의 역할에 한정한다.

(5) 유아 중심적으로 운영되도록 교사의 주도성을 최소화한다. 즉, 유아들이 모든 것을 주도적으로 교사의 주도성을 최소화한다. 즉, 유아들이 모든 것을 주도적으로 이끌어가게 하고 교사는 준비와 진행, 그리고 심판자의 역할만을 수행한다.

(6) 처음에는 유아 주도성을 강조함으로써 토론과정이 다소 혼란해질 수도 있으나 크게 문제시할 필요가 없다. 점차적으로 토론과정이 숙련될 것으로 기대하고 이때에도 교사개입은 최소화하여 진행과정에 별다른 문제가 없다면 그대로 놓아둔다.

(7) 진행과정에서 토론의 활성화를 위하여 적절한 동기를 유발해 준다.
즉, 의견을 주장하는 양편 발표자의 발표기법상의 장점을 칭찬해 준다. 그렇게 하면 발표자는 교사가 칭찬해 준 기법을 더욱 강화하여 적용함으로써 자기 주장이 확실해질 것이다. 이때 양편 발표자에 대한 칭찬은 객관적인 사실에 근거하고, 또한 양편 발표자에게 공정해야 한다.

(8) 사회자는 대개 다수결원칙에 따라 결론을 내리지 않고 토론자의 의무수행 정도를 평가하여 심사자가 승자와 패자를 결정하고, 사회자는 토론의 진행만을 담당한다.

(9) 자유롭게 발표하는 것이 아니라 미리 정한 발표자가 미리 정한 순서에 따라 각각 정해진 시간 안에 발표를 마쳐야 한다.
발표는 찬성팀부터 시작하고 시간은 합의에 의해 이루어져야 한다. 찬성과 반대 주장이 각각 끝날 때마다 상대편의 1명과 질의 · 응답을 할 수 있다. 이렇게 찬성 · 반대의 대결을 1회전으로 하여 계속해서 2회전, 3회전으로 팀 토론으로 전개할 수도 있다.

(10) 토론의 맨 마지막에는 모두 발언을 통하여 각 팀에서 최종주장을 하도록 한다. 마지막으로 옳고 그름과 좋고 나쁨을 가려내기 위하여 찬성과 반대의견을 모아 양 팀의 일치된 의견과 개인별 의견의 차이점 · 공통점에 대해 알아보고, 상대팀의 주장을 평가해서 토론주제에 대한 새로운 대안을 제시한다.
정리단계에서 교사는 일방적으로 의견을 정리하지 말고 유아의 참여를 마지막까지 격려해야 한다(김영실 외, 2014).

5) 토론교수 · 학습지도

(1) 토론교수 · 학습지도모형

토론교수 · 학습지도모형을 구안할 때 특히 강조한 점은 다음과 같다.

첫째, 토론주제 선정을 위한 이야기 나누기 시간을 설정한다.

둘째, 선정된 토론주제에 대한 의견을 탐색하기 위한 기간을 설정하여 주고 자료수집을 하도록 한다.

셋째, 수집된 자료를 근거로 하여 찬성과 반대에 대한 판단을 하고 관련 자료를 확보한다. 이상의 관점에 따라 설정된 토론교수 · 학습의 일반적인 모형은 다음과 같다.

〈표 Ⅲ-5〉 토론교수 · 학습지도모형

단계	과정	활동내용
준비단계	• 토론주제 선정 (안건)	• 이야기 나누기 • 생활상의 당면과제, 갈등관계 제시 • 당면과제, 갈등과제에 대한 구체적인 상황제시 • 학습할 토론주제 선정
	• 토론주제 관련 자료수집	• 토론주제 관련 자료수집 • 관련 도서 탐색 • 부모 형제로부터 조언받기
	• 결론정리 (결론) (이유)	• 수집된 자료를 분석하여 결론정리 • 찬성, 반대 입장정리 • 찬성, 반대 입장에 따른 이유정리
들어가기 (문제인식)	• 동기유발 • 토론주제인식 • 토론학습안내	• 학습동기유발 • 경험상기 및 정리하기 • 문제제시, 파악하기 • 토론수업목표 확인
토론준비 (토론인식)	• 토론집단구성 • 수집자료분석	• 토론방식(토론형태) 결정 • 자료배치와 역할분담 • 토론에 필요한 준비물 확보 • 토론의 규칙과 진행방법 안내
토론활동 (토론전개)	• 민주적 토론진행 • 적절한 통제조정 (설명 · 주장) (반론꺾기)	• 이야기 중심의 토론 • 허용적 분위기 조성 • 자기 주장 발표 • 자기 주장에 대한 질의, 응답 • 근거에 따른 반박 또는 질문하기 • 가장 좋은 의견 찾기
토론정리	• 자료의 해석, 가치발견 (정리)	• 토론결과 정리 • 토론과정 반성과 평가
적용발전	• 내면화, 자각	• 실천의지 다지기 • 자기입장 정리 • 토론에 대한 소감발표 • 차시예고

토론교수 · 학습은 〈표 III-5〉와 같이 6단계와 다양한 과정에 따라 이루어지나 상황에 따라 몇 개의 과정이나 활동을 생략하여 진행할 수도 있다.

이러한 생각으로 구안된 토론교수 · 학습모형이 다음에 제시하는 토론의 6단 논법이다.

(2) 토론의 6단 논법

토론은 6단 논법에 의해 진행할 수도 있는데, 전항 토론교수 · 학습모형과정의 ( ) 안에 쓴 토론 6단 논법을 참고하기 바라며 이에 대하여 간단히 기술하기로 한다.

① 안건(토론주제)

안건(토론주제)은 토론에 참가하는 유아들 간에 찬성과 반대의 의견이 나올 수 있는 것이면 가능하다. 따라서 진리에 해당하는 것은 안건이 될 수 없으며, 토론참가자들이 안건에 드러난 용어나 개념에 동의할 수 있는 범위이어야 한다. 진리는 정답이 하나이므로 토론이 이루어지지 않는다.

② 결론

안건에 대한 자기의 입장을 정하는 것이 결론이다. 즉, 찬성이나 반대의 한쪽을 지지할 수 있다는 것은 그것의 옳음과 정당함을 주장할 수 있다는 것과 같다.

③ 이유

토론의 본질은 이유와 설명이다. 여기서 이유와 설명이 6단 논법의 핵심이다. 자신의 주장이 상대방의 것보다 나은 해결책이라는 것을 증명하기 위한 과정이 바로 정당화의 의무를 수행하는 과정이다.

④ 설명(주장)

이유를 찾았으면 설득력 있는 예시 자료를 들어서 실증하면서 자기의 결론이 합리적이고 타당하다고 주장한다.

⑤ 반론꺾기

미리 반론을 예상하고 '반론꺾기'를 할 수 있다. '반론꺾기'란 일단 찬성토론이 있은 후 반대쪽에서 찬성쪽의 이유와 설명이 잘못되었음을 지적하는 과정이다.

⑥ 정리

어떤 토론주제에 대한 결론으로 찬반 어느 쪽을 택하든 대개의 경우, 예외가 있을 것이다. 정리에서는 자신의 주장과 동시에 예외상황을 고려한 양보적인 자세를 보여야 한다.

(3) 토론교수 · 학습활동의 실제

위의 토론교수 · 학습모형에 따른 토론교수 · 학습의 '예'를 제시한다.

〈표 Ⅲ-6〉 토론교수 · 학습활동안의 '예'

<table>
<tr><td>토론주제</td><td colspan="2">여러분은 놀리는 친구가 있다면 어떻게 할까요?</td><td>활동연령</td><td>만 5세</td></tr>
<tr><td>토론목표</td><td colspan="4">놀림을 당하는 경우에는 어떻게 대처할까?</td></tr>
<tr><td>활동유형</td><td colspan="2">대·소집단 활동-토론</td><td>관련생활
주제</td><td>유치원과 친구</td></tr>
<tr><td>누리과정
관련요소</td><td colspan="2">사회관계영역, 다른 사람과 더불어 생활하기</td><td>활동
자료</td><td>친구들과 생활하는
모습 삽화 6점</td></tr>
<tr><td>단계</td><td>과정</td><td colspan="3">활동내용</td></tr>
<tr><td>준비단계</td><td>토론주제
선정
(1. 안건)

토론주제
관련
자료수집</td><td colspan="3">• 다음 주에 토론하고 싶은 문제에 대하여 이야기해 봐요.
• 여러분들이 사회에서나 가정에서 또는 유치원에서 생활을 하면서 부딪치는 어려운 과제나 문제가 토론주제가 될 수 있으니까 있으면 한 개씩 이야기해 봐요.
• 친구들이 유치원에서 정해진 규칙을 안 지키고 자기 마음대로 해요. 마음이 무척 불안해요.
• TV 방송을 보니까 음주운전사가 사람을 치어 죽이고 도망갔어요. 도로에 다니기가 무서워요. 음주운전을 못하게 하는 방안은 없을까요?
• 친구가 나를 괴롭혀서 유치원에 오기가 싫어요. 이런 친구는 선생님에게 알려야 하나요, 참아야 할까요?
• TV 방송을 보면 어른들이 아무데서나 담배를 피워요. 담배를 못 피우게 할 수 없을까요?
• 여러분들이 제시해 준 문제 가운데 다음 주 토론주제로 선정했으면 하는 내용은 어느 것으로 할까요?
• 친구가 괴롭혀서 유치원에 오기 싫은 유아가 있네요. 그 문제를 토론주제를 삼았으면 해요. 우리 학급문제로서 아주 중요해요.
• 여러분들도 모두 그렇게 생각하세요?
그러면 '친구가 괴롭혀서 유치원에 가기 싫어요'를 토론주제를 선정합니다.
• 그러면 토론주제에 대한 관련 자료를 수집하기로 해요. 관련 자료를 수집하는 방법에 대하여 이야기해요.
• 부모님한테 물어봐요.</td></tr>
</table>

<table>
<tr><td colspan="2" rowspan="2">준비단계</td><td rowspan="2">결론정리
(2. 결론)
(3. 이유)</td><td>• 형, 누나한테 물어봐요.
• 유치원에 가기 싫었을 때의 친구들 경험을 들어봐요.
• 각자 토론주제에 대하여 관련 자료를 많이 수집해오도록 해요.</td></tr>
<tr><td>• 수집된 자료를 근거로 해서 결론을 정해봐요.
• 찬성: 선생님에게 괴롭히는 유아이름과 괴롭히는 내용에 대하여 자세히 이야기해 줍니다.
• 반대: 친구에게 직접 말하거나 참고 맙니다.</td></tr>
<tr><td rowspan="3">주
제
토
론
학
습</td><td>들어
가기
(문제
의식)</td><td>동기유발
경험의 상기

문제인식

토론목표
확인</td><td>• 친구들 사이에 우정을 지킨 이야기를 들려준다.
• 친구들과 싸운 일이 있는가? 그때의 기분은?
• 친구들과 사이좋게 지낼 때 그때의 마음은?
• 친구들 때문에 속상해 본 적이 있는가?
• 친구가 괴롭혀서 유치원에 나오기가 싫을 때 어떻게 해야 할까?
• 선생님이나 부모님께 이야기한다.
• 친구에게 직접 이야기하고 괴롭히지 않을 때까지 참는다.
• 또 다른 생각은 없는가?
• 친구가 괴롭혀서 유치원에 나오기가 싫을 때 어떻게 하는 것이 좋을까요?에 대한 의견은 두 가지가 나왔습니다.
• 선생님이나 부모님에게 이야기해서 그 친구를 다시는 못하게 벌을 받게 한다.
• 친구에게 직접 이야기하여 지킬 때까지 기다려 본다.</td></tr>
<tr><td>토론
준비
(토론
인식)</td><td>토론집단
구성

토론준비</td><td>• 토론방법을 협의한다.
• 안별로 찬성하는 유아 수 파악
• 안별로 찬성하는 유아들끼리 분단편성
• 토론규칙 진행방법을 협의한다.
• 안별로 이유를 발표한다.
• 발표한 안에 대하여 반대편 유아 3명이 질문하면 답변하도록 한다.
• 팀별로 토론준비에 들어간다.
• 발표유아 선정, 질의유아 3명 선정
• 수집된 자료분석하기
• 발표할 이유를 종합적으로 정리하기
• 발표할 요령과 방법 협의하기</td></tr>
<tr><td>토론
활동
(토론
전개)</td><td>민주적 토론
진행
(4. 설명)

2차토론 준비</td><td>• 발표분위기를 조성한다.
• 찬성팀부터 찬성이유를 발표시킨다.
• 찬성팀 발표내용에 대한 질문내용에 대하여 답변한다.
• 반대팀의 반대이유를 발표시킨다.
• 반대팀 발표내용에 대한 질문내용에 대하여 답변한다.
• 다시 팀별로 모여서 2차 토론준비를 한다.
• 팀별로 토론준비에 들어간다.
• 앞에 이루어진 이유발표에 대하여 잘된 점, 고쳐야 할 점
• 이유발표 유아, 질의유아 2명 선정(교체)</td></tr>
</table>

주제토론학습	토론 활동 (토론 전개)	(5. 반론꺾기)	• 이유정리 • 발표할 요령과 방법 협의하기 • 2차토론을 진행한다. • 진행 요령은 1차토론 시와 같다.
		토론결과 정리 (6. 정리)	• 토론 후 지지내용 변경 유무를 확인한다. • 양편 주장 이유를 유아들로 하여금 정리하게 한다.(찬성) • 선생님에게 이야기하면 동료 유아는 꾸중을 듣는다. 그러면 동료 유아는 더 귀찮게 하거나 유치원에 안 나올 수도 있다.(반대) • 선생님에게 알리지 않으면 계속 유아들을 괴롭힌다. • 유아들로 하여금 양편 주장 이유발표 태도, 보충질의 방법 및 태도에 대하여 종합적으로 잘된 점과 수정할 점을 발표시킨다. • 교사는 최종적으로 유아들이 이상에서 발표한 내용을 종합하여 각 팀별로 잘한 점과 시정할 점을 종합하여 정리해 준다.
	토론 정리	내면화 (자각)	• 각자 유아들이 이러한 상황에서 어떻게 대처할 것인가를 발표시킨다. • 다음 주 토론 주제선정 요령을 예고한다.

위와 같은 토론교수 · 학습과정을 통해 지도하면 논리적 사고력이 길러지며, 또한 발표, 주장, 논쟁의견제시, 의견청취, 비교, 비판 등 다양한 언어적 상호작용을 통해 논술력이 향상된다.

제8장

독서토론을 통한 논리 · 논술교육

독서와 토론은 민주시민의 기본적인 자질로서 필수적인 학습영역이다. 또한 독서가 왕성한 사회는 상식이 통하는 건전한 사회가 되고, 토론이 활발한 사회는 소통이 잘되는 원활한 사회가 될 것이다. 특히 독서와 토론은 자라나는 유아들에게 지혜와 지식을 넣어주며, 규칙과 질서에 대한 의식을 심어주어 상대방을 배려하고 더불어 살아가는 사회조성에 절대적으로 필요한 자양분이 될 것이다. 또한 독서와 토론은 본질적으로 논리와 창의, 그리고 논술력을 길러주는 데 직결되는 교육활동으로 본 장은 전북교육청(2010)에서 추진 중인 '초등 독서 · 논술교육 기본계획'과 '교사를 위한 독서토론 길잡이'를 중심으로 편성하였음을 일러 둔다. 본 장에서는 독서토론의 방법과 절차를 살펴보고, 논리 · 논술력을 기르기 위한 독서토론 지도방법의 실제에 대하여 기술한다.

1. 독서토론에 대한 이해

1) 개념

책을 읽은 후에 토론주제를 정하고, 토론의 규칙을 지켜서 서로의 의견을 교환하고 토론하는 교육방법이다.

2) 목적

독서토론교육의 목적은 다음과 같다(신현숙, 2005).

① 읽은 책의 내용에 대한 심화와 동시에 유아들의 언어사고기능을 향상시키는데 있다. 토론을 통해 유아들의 각종 안건에 대한 더 좋은 결론을 선택할 수 있게 되는 동시에, 그 과정에서 유아들이 생각하는 사고기능에 발전적인 변화가 일어나기를 기대하는 것이다.

② 주어진 안건을 놓고 자신의 입장을 정하고 그 의견이 옳음을 증명하기 위하여 적절한 이유와 설명, 그리고 예상되는 반론까지 잠재우는 말하기 과정에서는 언어구사력, 질문능력, 논술력 등 모든 언어적 행동의 기능을 향상시키는 데 있다.

③ 두 사람 또는 여러 사람이 서로 대치되는 입장에 서서 자신의 생각을 언어(말/글)로 논술문법에 따라 전개하는 대결의 순간들을 통해, 문제나 주제나 안건에 대해 충분히 생각하여 더 나은 선택을 하도록 돕는다.

④ 다른 사람이 나보다 더 좋은 의견을 제시할 수 있다는 열린 마음을 갖고서 서로 대치되는 입장에서 문제나 주제나 안건에 대한 생각과 충돌을 통해 더 나은 선택을 하도록 한다.

⑤ 비판적 사고능력을 기르고 민주적인 의사소통능력을 길러 준다.

⑥ 유아 스스로 주제에 대해 능동적으로 준비하고 참여하는 과정을 통해서 자기주도적 학습능력을 신장시켜 주는 데 있다.

3) 규칙

'서로의 의견을 내놓고 의논하는' 토의와는 다르게 토론에는 '대결의 룰(규칙)'이 필요하다. 전통적인 토의에 비해 토론은 엄격한 순서와 규칙이 있다(신현숙, 2005).

① 어떤 문제나 주제를 다루지 않고, 주제 '속'에서 찬성/반대가 대립될 수 있는 하나의 '안건'을 다룬다.

② 의견과 정보발표가 아니라 찬반이 각각 자신의 입장을 이유와 설명으로 정당화하고 상대방의 반론을 꺾는다. 정당화와 반론꺾기는 토론자의 두 가지 의무이다.

③ 자유롭게 발표하는 것이 아니라 미리 정한 연사(들)가 미리 정한 순서에 따라 각각 정해진 시간 안에 발표를 마쳐야 한다. 발표는 찬성팀부터 시작하고, 시간은 합의하여 정한다. 찬성과 반대 발언이 각각 끝날 때마다 상대쪽의 1명과의 질의-응답이 있을 수 있다. 이렇게 찬성-반대 대결을 1회전으로 하여, 계속해서 2회전, 3회전으로 팀 토론을 전개할 수 있다.

④ 사회자가 대개 다수결 원칙에 따라 결론은 내리지 않고, 토론자의 의무수행 정도를 평가하여 심사자가 승자와 패자를 결정하며, 사회자는 단순히 토론을 진행하는 역할을 한다.

4) 지도자의 역할

① 유아의 수행과 과정을 중시한다. 토론은 수행이므로 토론진행과 유아들이 참여하는 과정 자체가 유아들의 토론능력과 언어사고기능을 향상시켜 줄 것이므로, 지도자는 토론을 계획하고 진행하는 '매니저' 역할에 역점을 둔다.

② 유아 중심이다. 유아들이 모든 것을 다 하게 하고 지도자는 준비와 진행 속에서 심판의 역할을 주로 한다.

③ 내용이 먼저이고 형식이 나중이다. 토론에서는 각자가 맡은 역할에 따라 말하고 청취하는 언어사고의 수행 자체가 잘 되도록 하고, 토론의 진행형식을 점차로 자연스럽게 익히도록 유도한다.

④ 동기를 유발한다. 승자와 패자의 결정이나 진행과정에서 서로 공격하고 비판하는 과정을 통해서, 그리고 토론형식의 진행에서도 유아들의 흥미를 느끼도록 준비하고 유도한다.

5) 확인 및 평가

① 토론활동을 하는 동안 토론의 모습을 녹화하거나 녹음하여 토론활동이 끝난 후 함께 보면서 자신과 친구들의 토론활동을 확인하고, 상대방의 논박 중에서 좋았던 점이나 장점이나 단점 등을 이야기하는 과정을 통해 자신의 토론활동에 대해 점검해 본다.

② 책을 읽은 후에 토론의 룰을 지켜서 서로 의견을 교환하는 독서토론은 자신의

주장을 펼친 후에 토론평가표에 따라 점검을 하고 평가를 하여 승패를 가른다. 그리고 평가표를 어떻게 작성하여 평가할 것인가는 여러 가지 방법이 있을 수 있겠으나, 이유와 설명과 반론 꺾기를 중심으로 점수화하여 판단한다. 토론은 토의와는 달리 정확한 승패를 가르는 것이 중요하므로, 독서토론 후에도 채점을 하여 분명하게 승패를 가리도록 한다.

6) 독서토론 교수 · 학습모형

독서토론 교수 · 학습모형은 다음과 같다.

〈표 Ⅲ-7〉 독서토론 교수 · 학습모형

학습단계	학습과정	활동내용
들어가기 (문제인식)	동기유발 주제인식 학습안내	▪ 학습동기유발 ▪ 경험 상기 및 정리하기 ▪ 문제제시, 파악하기 ▪ 토론수업목표 확인
↓	↓	
토론준비 (토론인식)	토론집단구성 자료수집분석	▪ 토론방식(토론 형태) 결정 ▪ 자리 배치와 역할 분담 ▪ 토론에 필요한 준비물(읽기자료, 기록자료) ▪ 배경지식 확인 ▪ 주제 선정과 확인 ▪ 토론의 규칙과 진행방법 안내(토론유형 결정)
↓	↓	
토론활동 (토론전개)	민주적 토론진행 적절한 통제조정	▪ 이야기 중심의 독서토론 ▪ 허용적 분위기 조성 ▪ 독서토론 주제와 내용 확인 ▪ 주인공의 행동이나 이야기내용과 나의 경험 비교 과정을 통해 문제 상황 발견하기 ▪ 문제상황을 해결할 수 있는 나의 의견 제시하기 ▪ 제시된 의견 분석(좋은 점, 문제점) ▪ 가장 좋은 의견 찾기
↓	↓	
토론정리	자료의 해석 가치 발견	▪ 토론결과정리 발표 ▪ 토론과정 반성과 평가 ▪ 토론결과 종합정리

↓ ↓

적용발전	내면화	▪ 실천의지 다지기 ▪ 자기 입장 수정 ▪ 독서토론에 대한 소감발표 ▪ 차시예고, 과제제시

독서토론 교수 · 학습모형은 〈표 III-7〉에서 보는 바와 같이 일반적으로 5단계를 거친다. 독서토론 교수 · 학습모형에 따른 실제 독서토론 교수 · 학습활동은 다음에 이어지는 독서토론수업의 실제를 참고하기 바란다.

7) 독서토론과 논리 · 논술과의 관계

토론학습주제가 TV뉴스, 광고, 신문, 일상생활 속에서 토론주제를 선정함에 반해, 독서토론은 도서를 읽고 도서 속에서 전개된 장면 속에서 토론주제를 선정하는 것만이 다를 뿐이다. 따라서 일반적인 토론이나 독서토론이나 합리적인 토론을 위해서는 타당한 근거를 제시하고 자기주장을 펼치기 위해 논리적 사고력, 비판적 사고력, 창의적 사고력을 활용하여 독서토론에 참여 하게 된다. 또한 여러 과정을 통하여 논리적 사고력, 비판적 사고력, 창의적 사고력, 논술력 등이 더욱 향상된다.

2. 독서토론수업의 실제

1) 독서토론 교수 · 학습의 개요 익히기

(1) 토론과 논술의 만남

논리적인 사고능력을 기르고 민주적인 의사소통능력을 길러 준다는 토론, 책을 제대로 이해하고 감상할 수 있다는 토론, 우리 교실에서는 할 수 없는 것인가?

일정한 형식으로, 우리가 해결해야 하는 주변의 친근한 주제로, 일주일 전부터 자료를 준비해서 모두가 참여하는 즐거운 활동으로 만들어 가자.

① 생각을 넓히는 토론

ㄱ. 토론의 규칙

가. 토론의 6단 논법

- 안건에 대해(1단)
- 결론을 밝히고(2단)
- 그런 결론에 이르게 된 이유를 찾아 제시하고(3단)
- 이유의 옳음을 충분히 설명하고(4단)
- 나의 결론에 반대 또는 대조되는 의견(반론)이나 생각을 고려하여, 내 생각과 견주어 그것이 비논리적임을 보여주거나 잘못됨을 지적하고(5단)
- 예외를 정리하여 말한다.(6단)

나. 찬성 먼저, 반대는 찬성비판

토론의 묘미는 싸울 듯, 말 듯 아슬아슬한 논리의 줄타기가 아닐까? 양측이 서로 지나친 말싸움을 하는 것도 곤란하겠지만, 서로 너무 점잖게 자신의 주장만 하는 것은 활발한 토론활동이라 할 수 없다. 박진감 넘치는 토론을 위해 토론에서는 반드시 찬성쪽이 제시하는 이유를 반대쪽이 집중적으로 비판한다.

ㄴ. 토론과정

토론과정을 그림으로 나타내면 다음과 같다.

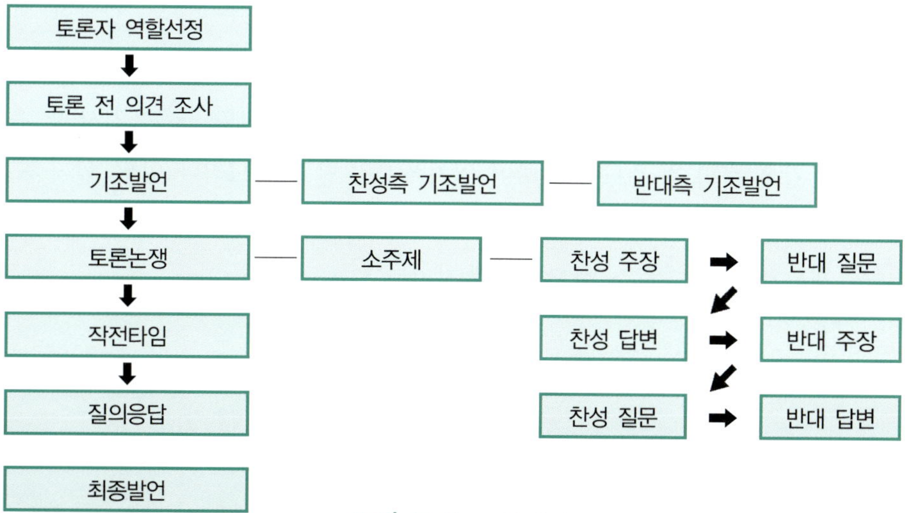

〈그림 Ⅲ-1〉 토론과정

ㄷ. 독서토론 교수 · 학습의 과정(전 · 중 · 후)

독서토론을 통한 논술문 쓰기 교수 · 학습 진행절차는 다음과 같다.

〈표 Ⅲ-8〉 독서토론을 통한 논술문 쓰기 교수 · 학습 진행 절차

토론활동단계		주요학습활동	비고
토론 전	자료조사	• 주제도서 읽기 • 관련 도서 찾아 읽기 • 토론거리 정하기 • 소주제 선정하기	• 독서카드 • 난상토론 • 주장 – 근거카드
토론 중	논쟁토론	• 자료 공유하기 • 입장 정교화 하기 • 논쟁토론을 통한 자료 보강	• 토론기록장
토론 후	토론결과 정리	• 개요 작성 • 논술문 쓰기	• 개요 작성지 • 논술문 용지

독서토론을 통한 논술문 쓰기는 〈표 Ⅲ-8〉에서 보는 바와 같이 토론 전, 토론 중, 토론 후의 3단계를 거치는데, 각 단계별 활동내용에 대하여 다음에서 기술하기로 한다.

가. 토론수업 전에 할 일

㉠ 토론주제 선정하기

독서를 통해 사고능력을 배양해 표현능력을 강화하는 수업, 즉 '창조하는 독자'로 만들기 위한 토론 수업을 위해 논술 활동의 논제는 책에서 추출하되, 다양한 책과 자료 조사활동을 통해 다양한 근거자료를 보강할 수 있도록 한다. 어느 정도 말하기에 자신이 붙으면 주제를 선정하고, 관련도서를 찾아 읽게 한다. '일기 검사'가 주제라면 '일기 감추는 날'을 주도서로 하여 일기쓰기의 단점이 드러나 있는 '일기 도서관'을 함께 읽도록 한다. 또한 도서내용에만 한정하지 않고 다양한 자료를 조사하도록 하여 생동감 넘치는 논술 활동을 전개한다.

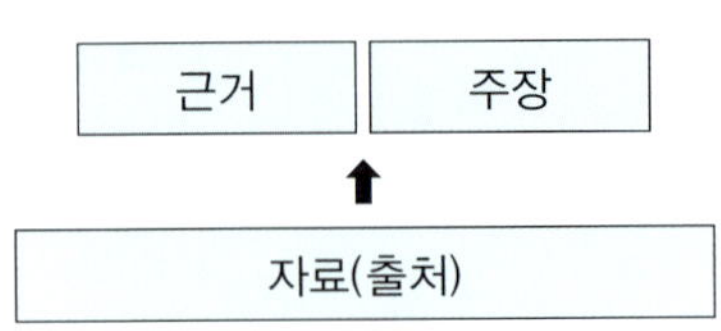

〈그림 Ⅲ-2〉 주장 – 근거카드

나. 토론수업 중에 할 일

㉠ 조별 협의하기

각자 마련된 주장과 근거를 자신의 동료 유아들과 공유하면서 다른 유아들의 의견을 참고하여 주장과 근거를 보충한다. 모형 마이크를 이용해 발언 시간을 제한하고 조별 협의활동에 집중할 수 있도록 유도할 수 있다. 조별 협의 시 규칙은 발언 시간 30초 준 후, 새로운 정보를 메모하며 듣기, 말하는 사람 바라보기 등의 규칙을 마련한다.

㉡ 논거 보충하기

조별 협의활동을 통해 자신과 다른 의견이나, 새로운 정보를 접한 유아들은 자기의 의견을 수정할 수 있는 기회를 준다. 처음에 작성한 주장-근거카드를 바탕으로 조별 협의시간에 새로 접하게 된 논거들을 보충하여 기록할 수 있는 시간을 준다.

이 자료들은 논쟁 토론시간에 훌륭한 토론자료가 되어 토론내용을 더욱 풍성하게 해 준다.

㉢ 본격적인 토론활동

찬성 측 발언을 시작으로 하여 찬성 측 최종발언을 끝으로 토론활동이 마무리되도록 논쟁토론의 절차를 계획한다.

㉮ 토론자 역할선정

- 대표 토론자
  - 찬성측 반대측 각 4명 선정
  - 토론자들은 조별자료 수집활동 시 가장 두각을 나타내는 유아
  - 토론 전 발언순서와 자료 사전 협의
- 사회자
  - 토론과정을 효과적으로 조율해 나갈 수 있는 유아
  - 토론의 절차를 숙지하고 의견을 종합 · 정리할 수 있는 유아
- 판정인
  - 각 측의 대표 토론자 8명과 사회자 1명, 칠판 서기 1명을 제외한 유아
  - 토론자의 발언에 대해 보충 발언과 질문 가능

㉯ 의견조사

본격적인 토론이 시작되기 전 토론 참여자들의 의견을 조사하고, 토론이 끝난 후 의견 변화를 살펴 토론의 성패를 정한다. 따라서 토론이 시작되기 전, 의견과 토론이 종료된 후 의견을 조사하여 그 증감을 표시한다.

〈표 Ⅲ-9〉 **토론결과 기록표**

구분	찬성	중립	반대
토론 전			
토론 후			
결과			

㉰ 기조발언

문제 사태, 그에 대한 주변의 반응, 그에 대한 나의 생각들을 언급한다.

㉱ 소주제별 논쟁토론

- 소주제 1: 토론주제에 대한 상황
- 소주제 2: 토론주제에 대한 찬반 측의 장단점(비교)
- 소주제 3: 더 나은 해결방안

토론주제에 3개의 소주제를 선정하여 이를 중심으로 자료를 수집하도록 한다. 토론자들은 소주제의 범위 안에서 주장을 펼치고, 상대 주장에 대한 질문과 반론을 하고 그에 대한 답변을 한다.

㉲ 최종발언

각 측의 대표 토론자들이 자신의 주장을 요약 · 정리하고 다시 한 번 주장을 강조하는 순서이다. 최종발언은 논술문에서 결론의 성격을 가진다. 이 단계에서 각 측의 토론자들은 상대 측에서 제기한 반론을 중심으로 자신의 주장을 보완하여 상대 반론을 꺾을 수 있다.

다. 의견을 정리하는 논술문 쓰기

토론과정을 반영하면서 논술문 쓰기에 도움이 될 수 있도록 구조화된 개요들을 마련하여 이를 바탕으로 논술활동이 이루어지도록 한다.

토론활동을 통해 입장을 정하고 주장을 보강한 유아들은 그 사고과정을 개요작성표에 작성하고 논술문을 작성한다.

2) 독서토론 수업의 실제

(1) 독서토론 준비(1/2)

토론도서를 선정하여 읽은 후 독서토론 주제를 선정한다.

토론 도서	세상에서 제일 힘센 수탉(이호백 저, 재미마주)
토론 주제	여러분은 어떤 말과 행동으로 부모님께 힘을 드리고 싶나요?

① 토론도서 살펴보기

선정된 토론도서를 탐독하여 도서의 내용에 대하여 확실히 이해한다. 특히 토론 주제와 관련하여 읽도록 한다.

 세상에서 제일 힘센 수탉	수평아리 한 마리가 태어나 힘센 수탉으로 자라난다. 수탉이 늙어 할아버지가 되지만 건강하게 자라나는 손자, 손녀들, 세상에서 제 역할을 다 하고 있는 아들, 딸들의 존재를 통해 자부심을 갖는다는 이야기로 진정한 최고가 무엇인지를 일깨워 주는 그림 동화이다. 또한 할아버지, 할머니, 나 그리고 가족의 의미를 다시 한 번 되새겨 보게 되는 이야기다.
주요장면	• 어느 화창한 봄날, 병아리 한 마리가 태어났어. 아주 튼튼해 보이는 수평아리였지. 이 수평아리는 보기만큼이나 씩씩했어(pp.2-4). • 수탉이 절망에 빠져 있을때, 수탉의 아내가 조용히 다가와 이렇게 말했단다. '여보 힘내세요. 당신은 아직도 세상에서 제일 힘센 수탉이에요.' '이리 좀 와 보세요'(p.19) • 수탉은 세상에서 제일 멋진 꼬리 깃털을 활짝 폈어(pp.29-30).

② 관련 도서 살펴보기

토론도서와 관련된 도서를 1~2권 정도 선정하여 탐독시키고 내용을 파악한다. 특히 토론주제와 관련하여 읽도록 한다.

짱뚱이의 사랑하는 울아빠	• 오진희, 파랑새 어린이 • 어릴 적 고향 풍경이 담뿍 묻어나는 흙냄새 가득한 책으로 가족은 슬픈 일과 기쁜 일도 함께하고, 서로에게 힘과 용기가 되어 주는 존재라는 사실을 일깨워 준다.
생각할 문제	• 화목한 가족이란 어떤 모습일까? • 사랑하는 가족을 위해 내가 할 수 있는 일은?

아빠를 화나게 하는 10가지 방법	• 실비 드 마튀이시왹스, 어린이 작가정신 • 주말이면 피곤하다고 집에만 있는 아빠를 화나게 할 10가지 방법을 소개하고 있다. 그러나 '아빠를 기쁘게 해주고 싶다면 여기 있는 걸 정반대로 해봐.' 하고 결론지음으로써 아빠에 대한 사랑을 그리고 있다.
생각할 문제	• 우리 아빠와 나는 어떤 사이인가? • 내가 생각하는 아빠를 기쁘게 해드리는 방법은?

③ 토론 참고자료

토론 주제에 대한 자기의 생각과 의견을 정리한다.

토론주제 설명

• 토론주제

– 만약에 수탉처럼 우리 엄마나 아빠가 힘들어하시는 모습을 보면, 여러분은 어떤 말과 행동으로 엄마, 아빠께 힘을 드리고 싶나요?

• 설명

– 아주 힘이 센 수평아리로 태어난 수탉은 늠름하게 자라 세상에서 제일 힘센 수탉이 되었다. 그러나 세월이 흘러 어느 날, 수탉은 자신의 힘이 예전처럼 세지 않다는 것을 알고 슬픔에 빠진다. 이때

수탉 아내가 다가와 건강하게 자라나는 손자, 손녀들, 제 역할을 다하고 있는 아들딸들을 보여주면서 여전히 그가 제일 힘센 수탉이라는 것을 알려 준다. 항상 강하게만 보이는 부모님들도 힘이 들어 기운이 없어 보일 때가 있다. 그럴 때 여러분은 부모님을 어떻게 위로해 드리고 싶나요?

근거자료

• 늘 가족을 위해 힘든 일도 마다하지 않고 열심히 일하시는 아빠에게 감사의 인사를 하겠습니다.
• '엄마, 아빠 저희 때문에 힘드시죠? 라고 말씀드리며 어깨를 주물러 드리겠습니다.
– 수탉의 아내가 절망에 빠진 수탉에게 아직도 세상에서 제일 힘센 수탉이라고 말하며 위로함.
• 공부를 열심히 하여 훌륭한 사람이 되어 효도하겠다고 말씀드립니다.
– 수탉의 아들들이 힘이 세고 딸들이 알을 제일 많이 낳는 것처럼 자기가 할 일을 잘 하고 있음.

(2) 독서토론 교수 · 학습지도(2/2)

앞 (1)항과 같이 준비한 독서토론 준비자료를 활용하여 실제 독서토론학습을 전개한다. 독서토론학습은 〈표 III-10〉의 독서토론 교수 · 학습지도안과 같이 전개한다.

〈표 Ⅲ-10〉 독서토론 교수 · 학습지도안의 예

토론도서		세상에서 제일 힘센 수탉		
토론주제		만약에 수탉처럼 우리 엄마나 아빠가 힘들어하시는 모습을 보면, 여러분은 어떤 말과 행동으로 엄마, 아빠께 힘을 드리고 싶나요?		
토론수업목표		토론진행방법에 따라 독서토론을 해 봅시다.		
토론수업유형		원탁식 토론	토론수업조직	전체–모둠–전체–전체
단계	**과정**	**교수·학습활동**	**시간**	**자료(•) 및 유의점(•)**
문제 인식	동기유발 학습문제 확인	• 병아리를 키워본 경험 이야기하기 • 학습문제 알아보기 [토론진행방법에 따라 독서토론을 해봅시다.]	3' 2'	• 관련 동영상
토론 인식	활동 1	• 학습안내 활동 1. 토론 준비하기 활동 2. 토론하기 활동 3. 토론 결과 정리하기		
토론 전개	활동 2			• 부착물
토론 정리	활동 3	(활동 1) 토론 준비하기 ◉ 토론도서 '세상에서 제일 힘센 수탉' 내용 확인하기 • '세상에서 제일 힘센 수탉' 등장인물 및 주요 사건	8'	

적용 발전	정리 과제제시 및 차시예고	에 대한 내용 확인 질문하기 – '세상에서 제일 힘센 수탉' 내용을 바탕으로 발표한다. ◉ 토론주제 정하기 • '세상에서 제일 힘센 수탉'을 읽고, 함께 토론하고 싶은 주제가 있으면 발표시키기 – 다양한 토론주제를 발표한다. • 여러 가지 의견 중에서 한 가지 주제를 정하기 – 다수결에 의해 토론주제를 정한다. ◉ 토론규칙 알아보기 • 토론방법 안내하기 – 토론방법, 발언시간 등 토론규칙을 잘 익힌다. **(활동 2) 토론하기** ◉ 모둠 토론하기 • 사회자의 진행에 따라 토의활동하기 – 토론주제에 대해 자유롭게 자신의 생각을 이야기 한다. **(활동 3) 토론 결과 정리하기** ◉ 토론 결과 정리하기 – 각 모둠별로 토론 결과를 어떻게 표현할 것인지 의견을 나누어 보고 표현활동하기 • 모둠별로 토론 결과 발표하기 – 인형극으로 발표하기 – 방송극으로 발표하기 – 편지글로 발표하기 – 인터뷰 형식으로 발표하기 – 노래로 발표하기 – 그림이나 만화로 발표하기 • 잘된 점과 의문사항 질문하고 답변하기 ◉ 사랑의 나무 만들기 – 따뜻한 위로의 말을 담아 사랑하는 사람에게 사랑의 말을 적어 붙이기 • 가족의 사랑을 느낄 수 있는 도서 찾아서 읽기 – '짱뚱이의 사랑하는 울아빠', '아빠를 화나게 하는 10가지 방법' 등 • 다음 시간 토론도서 소개하기 – '그래, 결정했어!'	 10' 10' 5' 2'	*다양한 토론주제 중에서 자유롭게 선택할 수 있도록 한다. • 학습지 * 타당한 근거를 갖추어 자신의 주장을 발표할 수 있도록 한다. * 표현방법에 지나치게 치우치지 않고 부모님에게 힘을 주는 말과 행동을 다양한 방법으로 표현할 수 있도록 한다. • 게시판(나무줄기), 나뭇잎 모양의 색종이

융판활용 계획

핵심판서	제시시기
• 토론도서 : 세상에서 제일 힘센 수탉 • 토론주제 : 만약에 수탉처럼 우리 엄마나 아빠가 힘들어하시는 모습을 보면, 여러분은 어떤 말과 행동으로 엄마, 아빠께 힘을 드리고 싶나요? – 감사 인사하기 – 감사의 편지쓰기 – 공부 열심히 하기 – 부모님 일손 도와드리기	활동 3

평가 계획

평가내용	평가기준	평가척도	평가방법	평가시기
논리성	토론 주제에 알맞은 주장과 타당한 근거를 발표한다.	상	관찰	활동 2
	토론 주제에 알맞은 주장을 발표한다.	중		
	토론 주제에 알맞지 않은 주장을 발표한다.	하		

위 독서토론 교수 · 학습지도안에서 보는 것처럼 토론주제선정, 토론, 정리의 과정을 거치면서 유아들은 논리적 사고력, 창의적 사고력, 논술력이 길러진다. 특히, 교수 · 학습진행과정에서 다양한 토의, 논의, 주장의 활동을 강화하여 논리적 사고력, 창의적 사고력, 논술력이 배양되도록 교수 · 학습을 진행시키는 데 노력해야 한다.

(3) 독서토론 도서목록

유아교육기관에서 독서토론에 활용할 수 있는 도서목록은 다음과 같다.

〈표 Ⅲ-11〉 독서토론 도서목록

순	책이름	지은이	출판사	영역
1	줄무늬가 생겼어요	데이빗 섀논	비룡소	토론도서
	알몸으로 학교 간 날	마르크 르탄	아름다운사람들	관련도서
	안돼, 데이빗!	데이빗 섀논	지경사	관련도서
2	무지개 물고기	마르쿠스 피스터	시공사	토론도서
	티코와 황금날개	레오 리오니	마루벌	관련도서
	아모스와 보리스	윌리엄 스타이그	시공주니어	관련도서

순	책이름	지은이	출판사	영역
3	입이 똥꼬에게	박경효	비룡소	토론도서
	똥은 참 대단해	허은미	웅진닷컴	관련도서
	윌리와 악당 벌렁코	앤서니 브라운	웅진주니어	관련도서
4	피노키오	카를로 콜로디	효리원	토론도서
	거짓말 공주	코카 레플러	책단배	관련도서
	빈 화분	데미	사계절	관련도서
5	송아지와 바꾼 무	최래옥	고려원북스	토론도서
	아주 특별한 선물	펄 벅	길벗어린이	관련도서
	크리스마스 선물	존 버닝햄	시공주니어	관련도서
6	이모의 결혼식	선형경	비룡소	토론도서
	우리 개를 찾아주세요	에즈라 잭 키츠	베틀북	관련도서
	손님	윤재인	느림보	관련도서
7	강아지똥	권정생	길벗어린이	토론도서
	너는 특별하단다	맥스 루카도	고슴도치	관련도서
	마음아 작아지지마	신혜은	시공주니어	관련도서
8	틀려도 괜찮아	마키타 신지	토토북	토론도서
	실수해도 괜찮아	안네테 노이바우어	주니어김영사	관련도서
	자신만만	양승현	아이즐북스	관련도서
9	세상에서 제일 힘센 수탉	이호백	재미마주	토론도서
	짱뚱이의 사랑하는 울아빠	오진희	파랑새 어린이	관련도서
	아빠를 화나게하는 10가지 방법	실비 드 마튀이시왹스	작가정신	관련도서
10	그래, 결정했어	알린 드 페틴니	대교출판	토론도서
	못된 개가 쫓아와요	마이런 얼버그	시공주니어	관련도서
	생각이 처음 열리는 날	백석	보림	관련도서
11	사윗감 찾아나선 두더지	김향금	보림	토론도서
	강아지똥	권정생	길벗어린이	관련도서
	개구리네 한솥밥	백석	보림	관련도서

순	책이름	지은이	출판사	영역
12	어느날 빔보가	마르틴 아우어	국민서관	토론도서
	구합니다. 완벽한 애완동물	피오나 로버튼	책과 콩나무	관련도서
	애완동물을 갖고 싶어	바르브로 린드그렌	보물창고	관련도서
13	생각을 키우는 글쓰기	해오름	대교출판	토론도서
	방 좀 정리해, 제발	디디에 레비	교학사	관련도서
	1학년을 도와줘	서영경	계림북스	관련도서
14	팔려가는 당나귀	브라이언 W 스미스	비룡소	토론도서
	괜찮아	최숙희	웅진주니어	관련도서
	고양이 마을 신나는 학교	선안나	문원	관련도서
15	지각대장 존	존 버닝햄	비룡소	토론도서
	늑대가 들려주는 아기돼지 삼형제 이야기	존 셰스카	비룡소	관련도서
	일기 도서관	김유대	사계절	관련도서
16	똥벼락	김회경	사계절	토론도서
	흥부와 놀부	전래동화	책빛	관련도서
	홍길동전	허균	창작과 비평사	관련도서

제9장

발문기법을 통한 논리 · 논술교육

플랜더스(Flanders)의 언어 상호작용 분석법에서는 교수 · 학습활동 중에 언어활동이 차지하는 비중이 3/4이고, 그중 3/4이 교사의 언어활동이며 또한 교사의 언어활동 중 교사의 발문이 차지하는 비중이 대단히 크다. 이는 교사가 효율적인 교수 · 학습지도를 이끌기 위해 발문기술이 절대적으로 필요함을 암시한다.

발문이란 교사가 유아의 학습활동을 조장하기 위하여 던지는 문제제기를 가리키는 말로서, 발문은 하나의 발문으로 끝나는 경우도 있으나 유아의 사고활동에 따라 또 다른 발문으로 이어지기도 한다. 이와 같이 훌륭한 유아교육활동을 전개하고 유아들이 의식하지 않았던 것에 대하여 문제의식을 갖는다든지, 논리적 사고력이나 창의적 사고력을 유발하기 위해서는 훌륭한 발문기법이 전제되어야 한다. 따라서 본 장에서는 발문에 관한 일반적인 이론을 탐색해보고, 논리 · 논술력을 기르기 위한 효율적인 발문기법에 대하여 생각해보기로 한다.

1. 발문기법에 대한 이해

1) 개념

발문이란 교수 · 학습에서 언어 상호작용과정의 한 형태인 문답법에 있어서 제기되는 의문을 가리키는 것으로, 질문과 같이 사용되고 있다. 질문이란 주로 모르는 입장에 있는 사람이 알고 있는 사람을 향하여 던지는 물음을 가리키는 것으로 일상생활에서 많이 사용되고 있는 데 반하여, 발문은 교사가 학습자들의 학습활동을 조성해 나가기 위하여 던지는 문제제기를 가리키는 것으로, 주로 교수 · 학습과정에서 사용되고 있다. 질문의 경우에는 하나의 정답을 얻으면 그것으로 족하지만 발문의 경우에는 하나의 정답으로 족한 경우도 있으나, 더 나아가 학습자에게 어떤 사고활동이 일어났는지가 문제가 되는 것이다. 발문에 의해 학습자가 의식하고 있지 않았던 것에 대하여 문제의식을 갖게 된다든가, 사고활동을 유발한다든가, 놀이활동을 유발 촉구하는 데 그 본질이 있는 것이다. 따라서 발문이란 교사가 학습자들의 사고활동을 유발시켜주기 위한 문제제기를 말한다고 정의할 수 있다.

2) 유형

발문은 교수전략의 중심적 요소이자 교수목표를 달성하기 위한 수단이며, 언어적 교수방법의 핵심적 요소라고 볼 때, 발문의 유형을 분류하는 일은 매우 중요하다. 발문을 의미 있게 분류하기 위한 준거는 다음과 같다.

첫째, 조건은 발문의 분류는 발문의 목적과 밀접한 연관을 가지고 이루어져야 한다.

둘째, 조건은 분류된 유형은 신뢰성이 있으며 사용하기 쉬운 것이어야 한다.

셋째, 조건으로 발문을 분류하는 유형은 사용하기에 적합해야 한다.

이 세 가지 조건을 고려하여 다음과 같이 발문유형을 분류할 수 있다.

(1) 인지과정에 따른 발문

문제를 해결하기 위하여 영유아가 거쳐야 하는 인지과정에 따라 발문은 다음과 같은 4가지 유형으로 분류할 수 있다.

① 정의적(definitional) 발문

어떠한 하나의 사물이나 단어, 용어에 대하여 정의를 내려야 하는 발문이다. 예컨대, '네가 가지고 노는 이 물건을 무엇이라고 하니?' 정답: '장난감' 또는 '인형' 등이다.

② 경험적(empirical) 발문

응답자가 자신의 감각적 지각에 근거하여 응답하는 것으로, 사실, 사실의 비교와 대조, 사건의 설명, 사실에 근거한 결론 등을 요구한다. 예컨대, '코끼리는 어떻게 생겼나?', '토끼는 어떻게 생겼나?', '캥거루 주머니는 무슨 역할을 하나?' 등이다.

③ 평가적(evaluative) 발문

응답자가 자신의 개인적인 가치 판단을 요구하는 것으로, 칭찬, 비난, 권장, 비판, 평가를 의미한다. 예컨대, '일곱 마리 아기 토끼와 늑대에서 누가 착한 일을 하였나?'

④ 형이상학적(metaphysical) 발문

응답자가 자신이 가지고 있는 형이상학적 신념을 진술하게 하는 것으로, 신 또는 신학적 신념을 말하며, 내세의 삶과 관계를 맺는다. 예컨대, '신은 정말로 있는가?', '착한 사람은 죽은 후에 어디로 가는가?' 등이다.

(2) 기억 재생적 발문과 창조적 발문

① 기억 재생적 발문

어떤 사실이나 사상에 대한 지식을 기억하고 있는지를 확인하는 발문이다. 일문일답식 발문 또는 좁은 발문이라고도 한다. 예컨대, '소를 어디에서 보았나?', '추석날 밤에 엄마랑 무엇을 보았니?' 등이다.

② 창조적 발문

학습자들의 사고를 자극 유발하여 탐구적 학습활동을 창조해 나가는 발문이다. 기억 재생적 발문이 일문일답의 형태로 전개되는 데 반해, 창조적 발문에 의한 교수 · 학습활동은 일문다문답의 형태로 전개되는 것을 기대한다. 예컨대, '물고기 놀이에서 물고기와 낚시는 있지만 찍찍이가 없다면 무엇으로 붙일 수 있니?', '날씨가 더울 때 어떻게 하면 시원해질까?' 등이다. 창조적 발문은 사고발문이라고도 하며, 브루너(Bruner, 1963)는 '매개적 발문(medium question)'이라고 하였다.

(3) 미니스와 쉬라블에 의한 분류

미니스와 쉬라블(Minnis & Shrable)은 교사의 발문을 발문수준적인 입장에서 세 가지로 나누었다. 수준 1은 재생적 수준(data recall)이고, 수준 2는 추론적 수준

(infering)이며, 수준 3은 적용적 수준(application)이다.

① 재생적 발문

재생적 발문은 이미 학습한 내용을 교사가 발문함으로써 영유아가 반응하도록 하는 발문이다. 이 경우 누가, 언제, 어디서, 무엇을, 어떻게, 얼마나, 어떤 종류 등의 단순지식의 재생을 요구하는 용어가 쓰여진다. 예컨대, '아파서 병원에 가면 누가 치료해주니?', '의사선생님을 도와주는 사람은 누구니?'

② 추론적 발문

이 추론적 발문은 단순지식의 재생에 대한 발문이 아니라, 생각을 해서 답변해야 하는 일종의 문제해결 수준의 문답활동이다. 이 경우 왜, 어떻게, 비교하다 등이다. 예컨대, '우리가 먹는 달걀은 누가 주니?', '병아리는 어디서 나오니?' 등이다.

③ 적용적 발문

이 수준은 영유아가 예언하고, 새로운 사태에 적용시키는 답변을 할 수 있도록 하는 발문이며, 발산적 반응과 관련이 있다. 또한 그 반응은 사전에 예측할 수 없고, 정답, 오답으로 평가하지 않아야 한다. 예컨대, '만일 자동차가 없었다면 추석명절에 할머니 댁에 빨리 갈 수 있을까?', '만약 코끼리가 코를 크게 다쳤다면 먹이를 어떻게 먹을까? 등이다. 적용적 수준은 재생적 수준과 추론적 수준의 기초가 튼튼히 마련되었을 때 전개될 수 있는 문답활동이다.

발문의 유형에는 이 외에도, 톰슨과 보워(Thompson & Bower, 1968)의 수렴적 발문과 확산적 발문을 비롯하여, 샌더스(Sanders, 1966)의 분류, 갤러거와 아쉬너(Gallagher & Aschner, 1963)의 분류, 카미와 디브리스(Kamii와 Devries, 1978)의 분류 등이 있다.

3) 발문기법

발문기술의 최적화 방안으로서, 첫째, 발문 시의 분위기, 둘째, 발문의 적시성과 사고의 여유, 셋째, 발문의 정확한 표현이 가장 중요한 과제이다. 이를 구체적으로 알아보면 다음과 같다.

(1) 발문 시의 분위기

발문 시의 교실 분위기는 허용적 분위기를 조성하여야 한다.

① 코간(Cogan, 1958)의 연구

교사의 행동을 용인적(inclusive), 배재적(preclusive), 연결적(conjunctive)의 세 가지 유형으로 분류하여 교사의 활동이 학생들에게 미치는 효과를 평가한 연구결과, 교사의 따뜻하고 친절한 태도가 학생들의 독창적인 시나 미술품을 많이 내어 놓게 하는 데 도움을 준다는 결과를 보고하였다.

② 플랜더스(Flanders, 1967)의 연구

교사가 학습자의 자유를 제한하는 지배적, 전제적, 교사 중심적, 폐쇄적, 제한적, 지시적인 분위기와 허용의 한도를 넓히는 통합적, 민주적, 학생중심적, 개방적, 권장적, 비지시적인 분위기로 나눌 수 있는데, 후자의 분위기가 학업성취에 효과적임을 입증하였다.

(2) 권위주의적 발문

교사가 권위주의적인 자세로 미리 준비한 답에 의해 일문일답식으로 전개시켜나가면서, 그 답을 유도해 내려고 한다. 만일 준비된 답이 나오지 않으면 그 학습자는 상대도 하지 않고, 합당한 대답에 대해서만 반가움을 표시한다. 이와 같은 수업은 퀴즈식 수업에 불과하며, 창조적인 수업이 될 수 없다. 교사의 발문이 학습자들의 위에 군림하며 그들의 활동을 억제하거나 해서는 안 된다.

(3) 허용적 발문 분위기와 언어의 지각성

일문다답형의 창조적 발문이 활발하게 전개되도록 하려면, 학급 분위기가 따뜻하고, 사랑이 넘치는 허용적 분위기를 조성해야 한다. 차갑고 사랑이 메마른 억압적인 분위기에서는 창조성은 억제되기 마련이다.

언어의 지각성은 생각은 있으나, 교사의 지명이 있자 마자 말이 나오지를 않아서 한참 망설임 끝에 겨우 말하게 되거나, 다른 사람이 발표하니까 비로소 생각이 나는 경우 등을 말한다. 창조적 발문에 의한 수업이 원활하게 이루어지려면, 억제되고 긴장된 분위기가 아닌 허용적이고 개방적인 분위기의 조성이 반드시 이루어져야 한다는 것이다.

(4) 발문의 적시성과 사고의 여유

① 발문의 적시성

교사는 영유아의 사고활동이 충분한 동기유발과 문제의식이 이루어진 가운데 타이밍을 맞추어 발문을 하여야 한다. 아무리 좋은 발문이라도 이를 맞추지 못하면 영유아들의 사고활동에 메아리를 일으키지 못한다. '왜 그럴까?' 등 영유아 스스로가 탐구하려는 자세가 되었을 때 타이밍을 맞추어 발문이 이루어지면 그들의 사고활동에 점화가 일어난다.

② 발문과 사고의 여유

발문에서 적절한 타이밍을 맞추는 일도 중요하나, 더 중요한 것은 그 발문에 대하여 학습자들이 사고할 수 있는 충분한 시간적(최소한 3~4초) 여유를 주어야 한다. 발문으로부터 호명에 이르기 까지는 '발문 → 사고의 여유 → 손들기(반응) → 호명'의 과정을 거친다. 따라서 대부분의 영유아가 스스로 사고하여 답변할 수 있도록 충분한 시간을 주어 여유 있는 문답활동이 이루어지도록 한다.

(5) 발문의 표현

발문은 발문의 취지나 내용이 학습자들에게 충분히 전달되고, 학습자들의 사고를 촉구할 수 있도록 적절한 표현기술을 사용하여 학습자들에게 주어져야 한다. 박병학(1986)은 교사가 갖추어야 할 발문의 표현기술을 다음과 같이 제시하였다.

① 간단명료하고 정확한 발문

발문은 우선 간단명료한 말이나 문장으로 해야 한다. 첫째, 설명 부분과 물음의 부분이 분명해야 하고, 둘째, 쉬운 언어를 사용하여 정확하게 표현되어야 하며, 셋째, 하나의 발문 속에 두 가지 이상의 물음이 끼어들지 않도록 해야 한다. 넷째, 발문은 학습자가 분명하게 파악할 수 있도록 물어야 할 내용을 분명하게 완전한 문장으로 표현되어야 한다.

② 영유아의 능력수준에 맞는 발문

발문은 학습자의 능력, 즉 그들의 경험이나 이해수준의 범위 내에서 이루어져야 한다. 즉, 발문의 내용수준은 물론 용어의 사용도 적절해야 한다.

③ 발문과 표현

ㄱ. 정확한 발음과 정확한 고저, 강약 및 장단 요소에 따라 언어가 통할 수 있게 발문해야 한다.

ㄴ. 학습자의 응답을 격려하는 음성으로 발문해야 한다.

ㄷ. 적절한 빠르기로 조절해야 한다.

ㄹ. 발문의 간격은 영유아의 사고활동을 환기하기 위하여 충분한 시간적 여유를 두고 발문의 속도를 늦추어 진행한다. 또한 낱말과 낱말 사이에 적절한 간격을 주면서 발문해야 한다.

④ 발문의 반복

발문의 취지와 내용을 철저히 이해시키기 위해서 같은 발문을 반복하는 경우가 있는데, 불가피한 경우를 제외하고는 삼가야 한다. 같은 발문을 되풀이하는 동안, 영유아들의 사고작용을 방해할 뿐만 아니라 듣는 태도가 나빠질 수도 있다.

⑤ 발문과 온정적 표현

교사가 발문과 동시에 영유아에게 보이는 미소, 웃음, 끄덕임, 쓰다듬기, 눈의 움직임, 얼굴 표정 등을 온정적으로 표현할 때에 교수·학습 효율성이 높아진다.

2. 발문기법을 통한 지도의 실제

발문을 통한 논리·논술교육에서는 다양한 발문방법 중에서 인지수준에 따른 발문기법, 비판적 사고력 개발을 위한 발문기법, 논리적 사고력과 창의력 개발을 위한 확산적 발문, 논리 · 논술력 개발을 위한 창의적 훈련 등 4가지 유형에 대하여 기술하기로 한다.

먼저 이들 4가지 발문유형에 따른 주요발문기법을 정리하면 다음 〈표 III-12〉와 같다.

〈표 Ⅲ-12〉 발문유형별 주요발문기법

발문유형	주요발문기법
1. 인지수준에 따른 발문	1) 지식기억수준의 발문
	2) 이해수준의 발문
	3) 적용수준의 발문
	4) 분석수준의 발문
	5) 종합수준의 발문
	6) 평가수준의 발문
2. 비판적 사고력 개발을 위한 발문	1) 생각을 명료화하는 발문
	2) 전제 혹 가정을 탐색하는 발문
	3) 이유, 증거, 원인을 탐색하는 발문
	4) 관점이나 시각의 다양성을 탐색하는 발문
	5) 함축된 의미와 결과를 탐색하는 발문
	6) 알게 된 방법이나 정보원을 탐색하는 발문
3. 논리적 사고력과 창의력 개발을 위한 확산적 발문	1) 예측하기 상황
	2) 비교하기 상황
	3) 문제해결하기
	4) 평가하기
	5) 상상하기
	6) 지식 적용하기
	7) 일반화하기
	8) 대안 제시하기
4. 논리 · 논술력 개발을 위한 창의적 훈련	1) 유창성
	2) 융통성
	3) 독창성
	4) 정교성

〈표 III-12〉에 제시한 기법에 대한 적용의 실제에 대하여 다음에서 기술한다.

1) 인지수준에 따른 발문기법

(1) 인지수준에 따른 발문기법의 개념

교사는 교수 · 학습활동 과정에서 수많은 발문을 통하여 본시 학습활동 목표를 구현시키고 있는데 이 과정에서 발문방법이 적절해야 한다. 또한 학습활동 중에서 훌륭한 발문유형은 정해 있는 것이 아니라, 학습의 흐름에 따라 유아들의 학습활동에 관련된 경험의 유무, 그리고 학습활동의 전개과정에 따른 유아의 이해수준 외에 유아의 학습준비도, 유아의 학습동기 등을 고려한 발문이어야 한다.

그중 본시 학습활동 내용에 대한 이해수준에 맞게 발문이 이루어져야 하는데, 이것이 인지수준에 따른 발문이다.

(2) 인지수준에 따른 발문기법과 논리적 사고력 배양

듀이(Dewey)는 발문을 사고와 동일한 것으로 보고 발문이 발견과 탐구를 자극한다고 보았다.

따라서 학습내용을 이해시키고 사고력을 배양하는 일에는 교사의 발문기법에 달려있다.

블룸(Bloom, 1956)은 지적영역을 인지수준에 따라 6가지로 분류하고 있다. 즉, 지식, 기억, 이해, 적용, 분석, 종합, 평가의 6가지 유형이다.

이들 6가지 유형은 위계적인 성격이 있어 하위단계로부터 발문이 시작되어야 한다. 즉 지식, 기억이 있어야 이해를 할 수 있고, 지식과 이해를 할 수 있어야 적용을 할 수 있고, 적용을 할 수 있어야 분석을 할 수 있고, 분석을 할 수 있어야 종합을 할 수 있고, 또한 종합을 할 수 있어야 평가가 이루어지는 등 발문이 순차적으로 이루어져야 한다. 여기에서 지식, 이해를 제외한 모든 인지영역이 고등정신기능에 해당되므로 고등정신기능에 따른 발문을 통하여 논리적 사고력과 창의적 사고력이 개발되는 것이다. 특히 지식, 기억 수준에서는 기억하기, 회상하기의 사고활동이, 또한 이해수준에서는 수렴적 사고 활동이 적용, 분석, 추리, 종합단계에서는 확산적 사고활동이, 평가수준에서는 평가적 · 판단적 사고활동이 이루어짐으로서 각 수준별로 이에 적절한 질문을 통하여 논리적 사고력과 창의적 사고력이 배양될 수 있다. 다음에서 인지수준에 따른 발문유형에 따른 발문방법을 기술하기로 한다.

(3) 인지수준에 따른 발문유형별 발문의 실제

① 지식이나 기억수준의 발문

ㄱ. 개요

가. 지식은 학습자가 정보를 생각해내거나 회상하는 것을 필요로 한다.

나. 정보를 조작하는 것이 아니라 배운 것을 단순히 기억해 내기만 하는 수준이다.

다. 학습자는 이전에 학습한 것, 관찰한 것, 정의내린 것을 단순하게 기억해 내기만 하면 된다.

라. 교수과정: 반복, 기억(한은숙, 2014)

ㄴ. 발문수준

과거에 학습한 사실, 개념, 일반화된 것 등을 회상하도록 하는 수준이다.

ㄷ. 발문동사의 예

정의하다, 기술하다, 찾아내다, 이름짓다, 열거하다, 짝짓다, 이름대다, 요약하다, 재생하다, 가려내다, 진술하다 등

ㄹ. 발문의 예

가. 봄에는 무슨 꽃이 피는가?

나. (책을 읽고 난 후) 두 어린이가 싸운 이유는 무엇일까?

다. 다음 물건 중에서 자석에 붙지 않는 물건을 찾아봐요

ㅁ. 기타

가. 유아들이 새로운 정보를 습득하거나 습득된 정보를 확실히 정착시키는데 활용한다.

나. 교사가 원하는 답을 얻어 유아의 인지수준을 확인하여 다음 활동계획을 세우기 위해 활용한다.

다. 단편적인 지식을 묻는 발문으로 깊이 있는 사고과정을 요구하는 발문이 아니다.

② 이해수준의 발문

ㄱ. 개요

가. 자료를 조직하고 배열하기 위해 학습자로 하여금 이해한 바를 설명하도록 요구한다.

나. 학습자는 이해한 바를 설명하고 자신의 말로 묘사한다.

다. 이해한 내용을 묻는 발문에 대답하기 위해 필수적인 정보들이 학습자들에게 제공되어져야 한다.

라. 교수과정: 설명, 예증

ㄴ. 발문수준

이미 알고 있는 어떤 정보나 개념을 설명하도록 하는 수준

ㄷ. 발문동사의 예

전환하다, 주장하다, 구별하다, 설명하다, 부인하다, 예를 들다, 추론하다, 예측하다 등

ㄹ. 발문의 예

가. '매미와 개미'의 동화는 우리에게 무엇을 말해주고 있는 것 같니?

나. 개와 고양이를 비교해서 말해주겠니?

다. 오늘 배운 내용을 말해주겠니?

ㅁ. 기타

가. 유아가 암기하거나 기억했던 내용을 활용하여 설명하거나 요약하도록 한다.

나. 어떤 발문은 유아들에게 예전에 접하지 않았던 새로운 정보사용을 요구하기도 한다.

③ 적용수준의 발문

ㄱ. 개요

가. 정보를 응용할 수 있어야 한다.

나. 유아들에게 문제와 관련된 법칙과 과정을 응용하게 하고 그것에 의해 유일한 정답을 결정할 것을 요구한다.

ㄴ. 발문수준

어떤 정보나 개념의 활용을 요구하며 유아들이 지닌 지식이나 이해를 새로운 상황에 적용하거나 문제해결을 하도록 하는 수준

ㄷ. 발문동사의 예

사용한다, 계산한다, 변화시킨다, 구분(분류)한다, 문제를 해결한다, 발견하다, 예측하다, 관계짓다, 나타내다, 풀어내다, 사용하다, 작성하다 등

ㄹ. 발문의 예

가. 환경을 파괴하지 않으려면 어떻게 하여야 할까?

나. 농촌에서 비가 오지 않는 경우를 위해 어떻게 해야 할까?

다. 우리가 배운 동물들을 다리 수에 따라 묶어본다면?

ㅁ. 기타

가. 유아가 학습한 사실과 정보를 다른 상황에 활용해보도록 한다.

나. 유아가 학습한 사실과 정보를 우리 생활에 적용해보도록 한다.

④ 분석수준의 발문

ㄱ. 개요

가. 유아들이 비판적이며 심도 있게 사고할 것을 요구한다. 유아는 이유나 드러난 증거를 증명하고 결론에 도달할 수 있다.

나. 유아는 분석을 통해 어떤 특별한 사건에 대한 동기, 이유, 원인을 밝혀야 한다.

다. 유아는 이용 가능한 정보를 고찰하고 분석하여 결론, 추론, 일반화에 도달할 수 있다.

라. 유아로 하여금 반박이나 지지를 하도록 한다.

마. 교수과정: 귀납법, 연역법

ㄴ. 발문수준

개념이나 자료 등을 부분으로 나누거나 서로의 관련성을 찾도록 하는 수준

ㄷ. 발문동사의 예

세분화하다, 변별하다, 구분하다, 식별하다, 찾아내다, 추론하다, 지적하다, 분리하다, 세별하다, 도식하다, 확인하다, 분류하다, 비교한다, 배열하다, 조사하다, 요약하다 등

ㄹ. 발문의 예

가. 경찰차, 소방차, 구급차들의 공통점은 무엇일까?

나. 왜 사자의 발톱은 사나울까?

다. 왜 비 오는 날에는 바람이 불까?

ㅁ. 기타

가. 분석수준의 발문에서는 '왜' 라는 말을 많이 쓴다.

나. 유아들이 학습한 정보 뒤에 숨어 있는 이유를 발견하는 데 활용한다.

다. 유아들이 답을 이야기할 때 증거를 가지고 이야기 하고 자기의견을 주장한다.

⑤ 종합수준의 발문

ㄱ. 개요

가. 유아들로 하여금 독창적이고 창의적으로 사고할 것을 요구한다.

나. 적용적 발문에서의 문제해결은 유일한 정답만을 요구하나, 종합적 발문은 다양하면서도 창의적인 답을 요구한다.

다. 종합적 발문은 자료의 완전한 이해를 요구하며, 유아들은 종합적 발문에 대한 답을 만들어내기 위하여 함부로 추측해서는 안 된다.

ㄴ. 발문수준

여러 개의 아이디어나 요소들을 결합하여 독특하고 새로운 것을 창조하도록 하는 수준

ㄷ. 발문동사의 예

분류하다, 구성하다, 고안하다, 설계하다, 지어내다, 재정리하다, 재구성하다, 요약하다, 예언하다, 가정하다, 상상하다, 만들다 등

ㄹ. 발문의 예

가. 만약, 낮이 없고 밤만 계속된다면 어떤 일이 일어날까?
나. 만약 우리 사람이 2개의 팔이 없다면 어떤 일이 일어날까?
다. 만약 유치원이 없다면 우리 유아들은 지금 무엇을 하고 있을까?

ㅁ. 기타

가. 유아들로 하여금 새롭게 독창적인 산출을 하도록 하는 질문이다.
나. 과거에 유아들이 전혀 생각해보지 않은 문제에 대한 창의적인 아이디어를 산출할 수 있도록 한다.
다. 지금까지 알고 있는 정보나 지식, 기술을 종합하여 새로운 아이디어나 정보를 산출해 나간다.

⑥ 평가수준의 발문

ㄱ. 개요

가. 평가적 발문은 종합이나 분석과 비슷해 보이지만 더 높은 수준의 정신적 과정을 포함한다.
나. 평가적 발문은 단, 하나의 옳은 답을 가질 필요가 없으며 유아들은 아이디어, 가치, 문제해결력, 심미적 측면에 대해 판단하면 된다. 또한 유아는 이슈에 대한 의견을 말할 수 있다.
다. 이슈에 관한 자기 의견을 표시할 때, 판단에 대해 비판적 기준들을 활용해야 한다.
라. 교수과정; 판별, 추정, 결론

ㄴ. 발문수준

어떤 기준을 이용하여 사물에 대해 판단을 내리도록 하는 수준

ㄷ. 발문동사의 예

평가하다, 판단하다, 비교하다, 선택하다, 서술하다, 결론짓다, 구분짓다, 주장하다, 입증하다, 논하다, 결정하다 등

ㄹ. 발문의 예

가. 고양이와 개의 같은점과 다른점은?

나. 이 작품을 보고 이 작품에 가장 잘 어울리는 제목을 골라 보아라.

다. 오늘 배운 내용을 우리의 일상생활에 활용하는 방안에 대하여 생각해 보자.

ㅁ. 기타

가. 오늘 학습하여 이해한 내용을 가지고 유아 나름의 판단과 의사결정을 하는데 활용한다.

나. 유아들에게 제시된 자료나 정보를 기초로 새로운 결론을 내릴 수 있다.

다. 논리적 사고력이 형성될 수 있도록 질문을 한다.

⑦ 적용상 고려할 점

질문이 바로 사고이다. 유아에게 학습활동 중에 정답을 알려줄 것인지 의미를 알게 할 것인지는 바로 교사의 발문에 달려있다. 유아들에게 의미를 알게 하는 일은 사고활동을 통해서만이 가능하다. 따라서 인지수준의 발문기법을 적용함에 있어서 교사가 고려할 점은 다음과 같다.

첫째, 교사는 인지수준 즉, 지식 · 기억 · 이해 · 적용 · 분석 · 종합 · 평가 등 6가지 유형에 따른 발문은 순차적으로 이루어져야 하고 또한 순차적인 발문을 하기 위해서는 유아들이 현재 어느 인지수준인가를 잘 확인해야 한다.

둘째, 각 인지수준별로 발문의 기법을 잘 탐색하여 인지수준에 적합한 발문을 해야 한다. 그러나 인지수준별 발문기법으로 발문을 하여도 반응이 적절하지 못한 경우에는 즉, 발문수준을 낮추는 등 융통성 있게 운영해야 한다.

셋째, 각 인지수준별로 발문동사를 제시하고 있으나 이들을 적용함에 있어서는 유아수준으로 재진술되어야 한다.

넷째, 높은 인지수준 즉, 분석 · 추리 · 종합에서는 확산적 사고활동을 유도해야함은 당연한 일이나 필요에 따라 수렴적 사고활동도 병행시키는 발문을 해야 한다.

2) 비판적 사고력 개발을 위한 발문기법

(1) 개념

유아들은 항상 어른들에게 '왜'라는 질문을 하면서 그들이 필요로 하는 지식과 정보를 얻어 그들이 당면하는 문제를 해결하면서 살아간다. 유아들은 지금은 성인들의 보호를 받고 살아가야 하는 미약하고 피동적인 존재이지만, 훗날 성인이 되어 위대한 과업을 수행할 수 있는 잠재성을 키워가고 있는데, 그중 하나가 '왜'라는 질문을 통하여 비판적 사고력을 키워간다는 사실로서 이에 대한 기법을 총칭하여 비판적 사고를 위한 발문기법이라고 한다.

(2) 비판적 사고 · 논리적 사고와 발문

비판이란 사물의 옳고 그름을 판단하거나 밝히는 것으로 비판적 사고에 대한 연구는 존듀이의 반성적 사고, 스턴버그의 비판적 사고, 에니스의 반성적 사고 등에서 출발하였으며 립맨(1988) 등의 의견을 종합하면 비판적 사고란 어떠한 상황에서 그것을 그대로 받아들이는 것이 아니라 그것이 정말 그러한가, 그 증거가 무엇인가를 찾으려는 노력의 과정(김혜린 외, 2013)으로 보았다. 위에 제시한 정의를 유아들의 특성과 관련지어 볼 때 유아들은 늘 '왜 그러한가'라는 의문에서 시작하여 이에 대한 해답을 찾아 삶의 방식을 체득하면서 살아간다. 이와 같이 교사에 의해 학습된 내용을 단순히 기억만 하는 것이 아니라 그 의미를 이해함으로써 주변의 현상에 대해 그대로 받아들이고 기억하기보다 그 근거와 증거를 찾는데 노력한다. 이와 같은 사고가 바로 비판적 사고로서 이러한 비판적 사고는 논리적 사고로 발전한다. 따라서 논리적 사고력을 배양하기 위해서는 그 기초가 되는 비판적 사고활동을 강화해야 하고 또한 비판적 사고활동은 유아들이 갖는 호기심이나 동기 즉 '왜'라고 하는 질문에서부터 시작된다.

(3) 비판적 사고력을 기르기 위한 발문기법

유아들에게 비판적 사고력을 기르기 위한 발문을 아래와 같이 6가지 유형으로 범주화하였다(조선희 외, 1998; 김혜린 외, 2014).

① 제1유형(생각을 명료화하는 발문)

ㄱ. 개념

유아가 자신의 추상적 개념들을 쉽게 명료하게 표현할 수 있도록 하기 위한 발문

ㄴ. 사고활동

자신이 한 말을 한 번 더 생각해보며 자신의 생각이 정확하게 무엇인지를 알게 한다.

ㄷ. 발문의 예

가. '쉽게 말해주겠니?'
나. '그 말이 무슨 뜻이니?'
다. '좀 더 자세히 말해줄래?'
라. '예를 들어 말해봐'
마. '누구, 철수처럼 생각하는 사람이 있니?'

② 제2유형(전제 혹은 가정을 탐색하는 발문)

ㄱ. 개념

유아 자신이 한 말이나 어떤 상황에 대한 전제를 생각해 보도록 하는 질문

ㄴ. 사고활동

유아는 자신의 말에 대한 전제를 더 확고히 할 수 있고, 그 전제가 달라졌을 때는 자신의 생각이 어떻게 달라질 것인지에 대한 고려를 할 수 있게 한다.

ㄷ. 발문의 예

가. '너는 ~를 ~라고 생각하고 그 말을 한 것이니?'
나. '만약 내 생각이 틀렸다고 생각하면 왜 그렇게 생각하는지 말해 볼래?

③ 제3유형(이유, 증거, 원인을 탐색하는 발문)

ㄱ. 개념

유아 자신의 행동이나 사고 또는 어떠한 상황에 대한 이유와 증거 및 원인을 생각해 보도록 하는 발문

ㄴ. 사고활동

유아는 자신의 말에 대한 근거를 정확하게 제시할 수 있게 된다.

ㄷ. 발문의 예

- '왜 그렇게 생각하니?'
- '그 이유가 무엇이니?'
- '무엇이 그렇게 되도록 했다고 생각하니?'

④ 제4유형(관점이나 시각의 다양성을 탐색하는 발문)

ㄱ. 개념

유아가 자신만의 관점이 아닌 타인의 입장에서 어떤 상황을 생각해 보도록 하는 발문

ㄴ. 사고활동

발문을 통해 유아는 모든 사람이 동일한 시각을 지니고 있는 것이 아니고, 다른 사람의 입장과 나의 입장이 다를 수 있다는 것을 알 수 있게 한다.

ㄷ. 발문의 예

가. '너와 다른 생각을 할 수도 있을까?'
나. '다른 사람은 어떻게 생각할까?'
다. '만약 이렇게 말하는 사람이 있다고 해 봐, 너는 뭐라고 말할래?'

⑤ 제5유형(함축된 의미와 결과를 탐색하는 발문)

ㄱ. 개념

유아가 직접 겪지 못한 상황의 결과를 예측해 보도록 하거나 어떤 상황의 함축된

의미를 생각해 보도록 하는 발문

ㄴ. 사고활동

발문을 통해 유아는 자신의 생각이나 표현을 보다 풍부하게 할 수 있고 창의적이고 상상적인 사고를 발달시킬 수 있다.

ㄷ. 발문의 예

가. '네 말대로 하면 어떻게 될까?'

나. '네 말대로 하면 ~될 텐데 그래도 괜찮을까?'

다. '나중에는 어떻게 될 것 같니?'

⑥ 제6유형(알게 된 방법이나 정보원을 탐색하는 발문)

ㄱ. 개념

유아가 알고 있는 사실이나 당연하게 여기고 있는 것을 알게 된 방법이나 경로를 생각해 보도록 하는 발문

ㄴ. 사고활동

발문을 통해 유아는 자신이 알고 있는 지식에 대한 신뢰성을 생각해 볼 수 있다.

ㄷ. 발문의 예

가. '어떻게 그걸 알았니?'

나. '그건 확실한 것이니?'

다. '다른 사람들은 그것을 어떻게 알게 되었을까?'

(4) 비판적 사고력을 기르기 위한 발문기법 적용 시 고려할 점

위에 제시한 6개 유형의 발문을 통해 유아가 비판적으로 사고하는 태도와 방법을 획득하게 되는데 전항에서 학습한 인지수준에 따른 발문은 순차적이며 위계적인 인지수준에 따라 발문이 이루어짐에 비하여 비판적 사고를 위한 발문기법은 교수·학습의 과정이나 흐름에 따라 교사의 핵심발문에 따른 과정처리 발문의 성격으로 이우어지도록 한다.

3) 논리적 사고력 개발을 위한 확산적 발문

(1) 발문유형

발문유형을 구분하는 기준 중에 세부적으로 다소 차이가 있겠지만 이들의 유형을 종합하면 학습자의 사고를 자극 유발하여 새로운 사실을 발견하거나 또는 사고를 확장시키기 위한 발문과 이미 학습자 내부에 구성되어 있는 지식을 상기, 요약, 추출하기 위한 발문의 두 가지 유형으로 대별된다.

전자의 발문이 개방형의 발문으로 확산적 발문이며 또한 후자의 발문이 폐쇄적 발문인데 그 대표적인 발문유형이 수렴적 발문이다.

블룸(Bloom)의 인지발달단계에 따른 사고형태 중 확산적 사고를 시키는 발문(적용, 분석, 추리, 종합)은 창의성을 자극하며 평가적 · 판단적 사고를 자극하는 발문은 논리적 사고력을 길러준다는 사실이 많은 연구에서 지지받고 있다. 따라서 논리적 사고력과 창의적 사고력 배양을 위한 확산적 발문에 대한 연구가 계속적으로 이루어져야 한다.

(2) 확산적 발문과 수렴적 발문의 가치

학습자의 사고를 자극 유발하여 새로운 사실을 발견하거나 또는 사고를 확대시키기 위한 확산적 발문은 학습자에게 다양한 서술형 답이 가능하도록 하는 질문 유형이다. 예를 들면, 해가 뜨지 않는다면 우리의 생활이 어떠했을까? 물이 없다면 우리 인간은 어떻게 살아갈까? 등의 질문을 하게 된다. 이런 질문을 통하여 다음 사항들을 알 수 있다.

첫째, 유아들의 다양한 사고, 탐구적이고 창의적인 사고를 격려할 수 있고,

둘째, 하나의 답이 아닌 여러 개의 답이 나올 수 있어 교사와 유아들 간의 상호작용이 활발해지고,

셋째, 교사와 유아들 간에 질문과 대답 과정에서 다양한 유형의 사고력이 증진될 수 있다.

한편 수렴적 사고는 하나 또는 적은 수의 응답으로 대답을 한정하는 질문이다.

이런 질문은 '예'나 '아니요'의 단답형이나 정해진 답을 요구하는 질문으로, 교사는

이런 유형의 발문을 통해 현재 유아들이 지니고 있는 개념이나 지식 그리고 이해수준을 쉽게 파악할 수 있다.

이런 수렴적 질문을 통하여 교사는 다음 사항들을 알 수 있다.

첫째, 유아들의 인지수준을 쉽게 파악할 수 있고,

둘째, 유아들 모두가 대답에 참여할 수 있어 교사와 어떤 유아 간에도 상호작용이 가능하고,

셋째, 현재 유아들이 알고 있는 지식이나 정보를 확실히 정착시킬 수 있다.

(3) 확산적 발문과 수렴적 발문의 상보성

학습활동 과정에서 확산적 발문과 수렴적 발문은 서로 배타적이지 않다.

확산적 발문과 수렴적 발문은 서로 상보적인 관계를 맺으면서 학습활동을 이끌어 간다.

또한 확산적 발문을 하기 위해서는 유아들이 현재 본시 학습활동내용에 대하여 어느 정도 이해하고 있는지 확인하여야 하며, 또한 확산적 발문을 한 후에도 유아들의 사고활동이 확산적 사고활동에 접근할 수 있도록 학습의 흐름에 따라 유아의 반응을 보완해 나갈 수 있다.

즉, 수렴적 발문은 확산적 발문 이전에 꼭 필요한 선행발문이 될 수 있다. 또한 확산적 발문 이후 수렴적 발문을 통해 학습내용에 대해 이해를 도울 수 있다. 그러므로 발문의 유형 그 자체보다도 현재의 학습상태가 어떠한가, 학습자에게 일어나기를 기대하는 변화는 무엇인가 등 학습자의 필요와 요구에 따라 발문이 적절하게 이루어지는 등 교수 · 학습과정에서 확산적 발문과 수렴적 발문은 서로 상보적이다.

(4) 논리적 사고력을 개발하는 확산적 발문

전 항에서 확산적 발문과 수렴적 발문의 상호적 관계에 대하여 기술한 바 있으나 유아들의 논리적 사고력을 개발하는 데는 수렴적 발문이 확산적 발문을 지원하므로서 확산적 발문이 유아들의 사고를 더욱 자극하게 된다.

인지적 단계에 따른 확산적 사고는 창의성을 자극하며 평가적 · 판단적 사고를 자극하는 확산적 사고는 유아의 논리적 사고력과 창의적 사고력을 증진시켜 준다.

(5) 확산적 발문의 실제

교사가 유아교육현장에서 논리적 사고력을 개발하기 위해서는 교수 · 학습상황에서 적절하게 확산적 발문을 해야 한다.

각 상황에 따른 확산적 발문의 예를 제시한다(박찬옥 외, 2013).

① 예측하기 상황

ㄱ. '네가 우주에 갔다면 그 곳에서 어떤 일이 벌어질까?'
ㄴ. '다음에는 어떤 일이 생길 것 같니?'

② 비교하기 상황

ㄱ. '철수의 신발은 영수의 신발과 어떻게 같니?'
ㄴ. '철수의 신발은 영수의 신발과 어떻게 다르니?'

③ 문제해결하기

ㄱ. '토라진 친구와 화해할 수 있는 방법에는 어떤 것들이 있을까?'
ㄴ. '시장에서 길을 잃었을 때 가족들을 찾을 수 있는 방법은 무엇이 있을까?'

④ 평가하기

ㄱ. '친구가 그린 그림의 어떤 점을 칭찬해주고 싶니?'
ㄴ. '동극에서 잘된 점은 무엇이니? 다음에 동극할 때 고쳐야 할 부분은 무엇이니?'

⑤ 상상하기

ㄱ. '만일 검정색이 모두 없어진다면 어떻게 될까?'
ㄴ. '만약 네가 솜사탕 위를 걷는다면 어떤 기분일까?'
ㄷ. '네 몸이 개미만큼 작아진다면 무엇을 하고 싶니?'

⑥ 지식 적용하기

ㄱ. '밤송이와 같은 느낌의 물건을 찾아볼까? 왜 밤송이와 느낌이 같다고 생각하니?'

ㄴ. '계란과 프라이팬, 기름을 사용해서 요리를 한다면, 어떤 요리들을 할 수 있을까?'

⑦ 일반화하기

ㄱ. '까마귀와 여우의 이야기를 알고 있니?' 까마귀가 부리가 있어서 좋은 점이 있을까?

ㄴ. '보호색이 무엇인지 알고 있니? 곤충들은 언제 보호색을 띨까? 보호색이 있어서 유리한 점은 무엇일까?

⑧ 대안 제시하기

ㄱ. '고래 뱃속에서 나올 수 있는 다른 방법은 무엇일까?'

ㄴ. '놀이시간에 네가 하고 싶었던 퍼즐 맞추기를 할 수 없게 된다면 너는 어떤 놀이를 할 거니?'

4) 논리 · 논술을 위한 창의적 사고력 훈련

(1) 개념

창의적 사고력을 길러주기 위해서는 소극적인 방법으로는 창의적 사고를 방해하는 장애요소를 차단하는 일이고, 또 하나의 방법은 창의성 교육을 적극적으로 개입하는 일이다. 다시 말하면, 창의적 사고력 개발교육을 통해 개발될 수 있는데 그 방법은 유아들에게 창의적 기술을 습득시켜 창의적 사고가 활발하게 일어나게 하는 일이다.

따라서 유아교육기관에서는 유아들에게 창의적 사고의 4개 요소인 유창성, 융통성, 독창성, 정교성 훈련을 통하여 창의적 사고력을 향상시키면 논리적 사고력이 개발되어 논리 · 논술 향상에 도움을 줄 것이다.

(2) 비판적 사고, 창의적 사고를 통한 논리적 사고력 배양

논리적 사고력이란 이유 또는 근거가 분명하고 비약이 없으며 사건들 간의 관계를 타당하게 준거를 두고 검토하는 것(소홍렬, 2002) 어떤 주장이나 신념, 정보 출처에 대한 정확성, 타당성, 가치를 판단하기 위해 객관적이고 지속적으로 분석하는 것(방명숙 외, 1995)으로 하나의 주장과 근거에 대한 합리적인 판단력으로 일반적으로 비판적 사고를 통하여 길러진다.

또한 창의적 사고력이란 '문제를 인식하고 이를 해결하기 위해 아이디어를 만들고 가설을 세우고 검증하며 그 결과를 전달하는 과정(토렌스, 1977)으로 정의하는 바 결국 창의적 사고란 참신하고 색다른 방법으로 사고하고 독특한 해결책을 낼 수 있는 능력이다. 특히, 문제에 관련된 의식적인 정신활동을 '사고(Thinking)'라고 규정하고 문제해결 능력을 포함한 고등사고능력을 길러줄 수 있는 교육적 방안이 탐색되었다. 생산적 사고, 논리적 사고, 과학적 사고, 문제해결능력, 비판적 사고, 창의적 사고, 의사결정능력, 메타인지(초인지) 등의 다양한 고등사고 능력들의 개념분석을 통해 비판적 사고와 창의적 사고의 두 영역이 궁극적으로 문제대응과정에 요청되는 가장 핵심적이며 중추적인 사고영역이라고 결론지었다(홍순정, 2010). 따라서 비판적 사고와 창의적 사고를 통해 논리적 사고력을 향상시킬 수 있다.

(3) 창의성의 하위요소별 특성 및 개발의 실제

창의성의 하위요소로서는 유창성, 융통성, 정교성, 독창성, 민감성, 상상력 등이 있는데 그중 유창성, 융통성, 정교성, 독창성의 특성과 개발의 실제에 대해 알아본다(홍순정, 2010; 전경원 외, 2013).

① 유창성

ㄱ. 개념

유창성 요인은 주어진 자극에 대하여 제한된 시간 내에 얼마나 많은 양의 반응을 보일 수 있는가 하는 정도로서 반응의 질이 문제가 아니라 반응량에 관한 요인이다.

ㄴ. 학습경험

가. 어떤 대상(언어, 도형)이나 현상들로부터 가능한 많은 것을 연상해보기

나. 특정 주제에 대한 일단 떠오르는 생각을 모두 표현해보기

다. 특정한 문제상황에서 가능한 해결방안을 될 수 있는 대로 많이 제시해보기

ㄷ. 활동방안의 예

가. 정답이 '흰색'이 될 수 있는 여러 가지 문제를 만들어 보세요.

나. 빨갛고 뜨거운 것에는 무엇이 있을까요?

다. '무겁다'라는 말을 듣고 떠오르는 것을 모두 이야기해 보세요.

라. '풍선'과 닮은 것들을 찾아보세요.

마. '수건'을 가지고 할 수 있는 여러 가지를 이야기해 보세요.

ㄹ. 적용상 고려사항

가. 반응의 질이 문제가 아니라 양이 중요하므로 자연스러운 분위기 속에서 많은 양의 아이디어를 낼 수 있도록 한다.

나. 초기의 아이디어가 최선의 아이디어인 경우는 드물며, 보다 많은 아이디어를 산출하고자 하는 과정에서 보다 질 좋은 아이디어를 얻게 될 가능성이 높기 때문에 많은 양의 아이디어를 내도록 한다.

다. 하나의 최선의 아이디어를 처음부터 내려고 고심하지 않는다.

라. 유창성은 창조적 사고 과정에서 비교적 초기단계에 요구되는 기능이다.

마. 유창성에는 언어 유창성, 신체표현 유창성, 도형 유창성, 연합 유창성, 개념화 유창성 등 다양하다. 각 유창성에 따른 개발계획을 세워 활동을 전개해야 한다.

② 융통성

ㄱ. 개념

융통성 요인은 한 가지 문제사태에 대하여 접근하는 방법의 다양함이 어느 정도인가를 말하는 요인으로 고정적인 관점, 시각, 사고방식의 틀을 깨고 광범위하게 아이디어나 해결책을 강구하는 능력이다.

ㄴ. 학습경험

가. 서로 관계가 없는 듯한 사물이나 현상들 간의 관련성 찾기

나. 문제와 관련된 속성들을 추출하고 속성별로 생각하기

다. 발상 자체를 전환시켜 다양한 관점을 적용시키기(발상의 전환)

ㄷ. 활동방안의 예

가. '칫솔'을 다르게 사용할 수 있는 여러 가지 방법을 이야기해 보세요.

나. '물'을 먹으려고 하는데 컵이 없어요, 무엇으로 대신할 수 있을까요?

다. '두루마기 화장지'가 물에 풍덩 빠졌어요, 물에 젖은 화장지를 사용할 수 있는 방법을 생각해 보세요.

라. '두발 자전거'를 어린 동생이 탈 수 있도록 하기 위해서는 어떻게 개선하면 좋을까요?

마. 주변에 있는 여러 가지 사물을 제시해주고, 어떤 기준에 따라 3가지로 분류하여 보세요.

ㄹ. 적용상 고려사항

가. 어떤 문제를 해결하거나 아이디어를 내는데 한 가지 방법에 집착하지 않고 여러 가지 방법으로 접근하여 반응하도록 노력한다.

나. 고정적인 사고방식이나 시각 자체를 변경시켜 다양한 해결책을 강구하도록 한다.

다. 사회 일반의 지배적인 사고방식이나 자신에게 익숙한 방법에서 탈피하려고 노력한다.

마. 문제에 대한 방안에는 최선의 방안이나 정답이 있다고 생각하지 않는다.

③ 독창성

ㄱ. 개념

독창성 요인은 사고의 결과로 나타난 독특성으로서 기존 지식의 통합이나 재구성이 아니라 새로운 반응의 도출을 말한다. 기존의 사고에서 탈피하여 희귀하고 참신하고 독특한 아이디어나 해결책을 산출해 내는 것이다.

ㄴ. 학습경험

가. 다른 사람과 같지 않은 점 생각하기

나. 기존의 생각이나 사물을 부정하기

다. 기존의 생각이나 사물을 새로운 상황에 적용하여 재조직하기

ㄷ. 활동방안의 예

가. 높낮이를 조절할 수 있는 세면대가 발명되었습니다. 멋진 이름을 붙여주세요

나. 붕어모양, 거북모양, 토끼모양 등 여러 모양의 아이스크림이 있어요. 독특한 모양의 아이스크림을 생각해 보세요.

다. 우산과 시계를 결합하여 새로운 발명품을 만들어 보세요. 어떤 발명품이 나올 수 있을까요?

라. 제기를 발로 차는 방법에 외에 독특한 방법으로 하고 싶어요, 어떻게 할 수 있을까요?

마. 하늘과 바다에서 함께 타고 다닐 수 있는 탈것을 발명해보세요.

ㄹ. 적용상 고려할 점

가. 유연한 사고에서 진전하여 의식적으로 노력하도록 한다.

나. 다른 사람이 생각한 아이디어나 문제해결 방법을 무시하도록 한다.

다. 기존의 사고방식이나 다른 사람들의 문제해결방식에서 탈피하도록 노력하며 자신만의 독특한 아이디어나 문제해결방안을 찾도록 노력한다.

④ 정교성

ㄱ. 개념

정교성 요인은 주어진 문제를 세분화하여 전개시키거나 문제에 포함된 의미를 명확히 파악하고 결함을 보충할 수 있는 능력을 의미한다.

ㄴ. 학습경험

가. 일단 산출된 아이디어 수용하기(자신/타인)

나. 은연중에 떠오르는 거친 수준의 생각을 구체화하기

다. 잘 다듬어지지 않는 아이디어를 그것의 실제적 가치를 고려하여 발전시키기

ㄷ. 활동방안의 예

가. 슈퍼에 가는 중에 어떤 생각이 떠올랐나요? 떠오른 생각을 정리하여 자세하게 발전시켜 보세요.

나. 자전거를 그려보세요. 그런 후 실제적으로 자전거를 관찰해 보는 기회를 가진 후 자전거를 보다 자세히 나타내 보세요.

다. 보다 더 편리한 신발을 구상한 후, 실제 제작 가능성 또는 활용 가능성을 고려하여 아이디어를 다듬어 보세요.

라. 이야기책의 부분에서 생략된 부분을 좀 더 구체적으로 표현해보세요.

마. 거북이가 여러 상황에서 어떻게 움직이는지 관찰하고, 자세하게 표현해보세요.

ㄹ. 적용상 고려할 점

가. 처음부터 완벽한 아이디어를 내놓을 수 없다. 은연중에 떠오른 아이디어를 소중히 여기고 다듬는 훈련을 시키어야 한다.

나. 창의적인 사고과정에서 '좋은'이나 '실현 가능한' 등의 평가적인 준거를 처음부터 적용해서는 안 된다.

제IV부
논리 · 논술교육의 실제(3)

누리과정 내 예술경험영역은 유아가 친근한 주위 환경에서 발생한 소리, 음악, 움직임과 춤, 모양과 색 등의 음악과 미술적 요소에 아름다움을 느끼고 또래와 교사, 부모, 지역사회의 주민이나 작가가 표현한 예술작품을 가까이 접하면서 이를 탐색하고 창의적으로 표현하는 것을 즐기며 감상하기 위한 영역이다. 특히, 예술경험영역은 자기의 생각과 느낌을 음악, 미술, 움직임과 춤, 극놀이 등 여러 가지 활동으로 표현하는 과정에서 창의적 사고력을 비롯하여 심미감, 지각능력, 상상력, 표현력, 감성, 정서적 조정능력을 배양한다. 예술경험영역 활동이 논리적 사고력 형성에 직접적인 영향을 준다는 연구보고를 많이 발견하지 못했지만 논리적 사고력과 창의적 사고력은 쌍방향적 영향을 줌으로써 논리적 사고력 배양에 도움을 줄 것으로 확신한다. 또한 그림책 읽기활동은 읽기 전, 읽기 중, 읽기 후의 다양한 문학활동을 통해 논리적 사고력을 길러준다.

제10장

예술경험(음악, 미술)활동을 통한 논리 · 논술교육

누리과정의 '예술경험영역'은 음악, 미술을 중심으로 하여 움직임과 춤, 극놀이 등이 통합된 심미감을 배양하기 위한 내용으로 편성되어 있다. 또한 예술경험영역은 다른 4개 영역에 비해 개인의 자유로운 감성과 표현이 강조되는 등 유아 개개인의 자유분방한 사고를 강조하고 있어 자연과 주변 환경 속에서 아름다움을 발견하기 위해 5관을 통하여 탐색, 탐구하고 또한 음악, 미술, 움직임과 춤, 극놀이 등을 통합하는 과정에서 논리적 사고력과 창의적 사고력을 배양해 줄 수 있도록 내용이 편성되어 있다. 따라서 예술경험영역 지도를 통하여 더욱더 논리적 사고력과 창의적 사고력을 배양하기 위해서는 예술경험영역의 특수성과 논리적 사고력과 창의적 사고력을 기르기 위한 활동내용을 더욱 강화하여 지도하면, 논리적 사고력과 창의적 사고력 배양에 더욱 실효를 거둘 수 있다. 따라서 본 장에서는 누리과정 해설서와 누리과정 교사용 지도서를 중심으로 예술경험(음악, 미술)에 대한 관련 이론을 탐색해 보고, 활동내용에 대한 지도방안에 대하여 기술하기로 한다.

1. 예술경험(음악, 미술)활동의 이해

1) 예술경험영역과 논리 · 논술교육

누리과정 내 예술경험(음악, 미술)영역의 특성을 알아보고 예술경험인 음악, 미술과 논리 · 논술교육과의 관계에 대하여 알아보기로 한다.

(1) 예술경험영역활동의 특성

예술경험영역활동의 성격, 목표, 내용 범주에 대하여 알아보자.

① 누리과정 목표 4항(예술경험영역)

유아주변의 아름다움에 대해 관심을 갖고 자신의 생각과 느낌을 다양한 예술적 방법으로 즐기는 태도를 형성하며, 창의적으로 표현하는 능력을 기르는 것을 목표로 한다.

② 예술경험영역의 성격

예술경험영역은 유아가 친근한 주변환경에서 발생하는 소리, 음악, 움직임과 춤, 모양과 색등의 미술요소에서 아름다움을 느끼고, 또래와 교사, 부모, 지역사회의 주민이나 작가가 표현한 예술작품을 가까이 접하면서, 이를 탐색하고 창의적으로 표현하는 것을 즐기며 감상하기 위한 영역이다.

③ 예술경험영역의 목표

ㄱ. 만 3, 4, 5세 유아들은 자연을 비롯한 주변사물이 지닌 다양한 예술적 요소를 인식하고 친숙한 대상에 대한 느낌과 생각을 표현할 수 있다. 나아가 이 시기의 유아는 느낌, 생각, 상상한 것을 자기만의 창의적인 방법으로 상징적 표현을 한다.

ㄴ. 유아가 자신의 느낌이나 생각을 음악, 움직임과 춤, 미술, 극놀이 등의 활동을 통해 자유롭게 표현하고 자기 나름의 의미와 즐거움을 찾도록 하는 것은 유아의 창의적 표현력과 심미감을 증진시킨다.

ㄷ. 특히 음악, 움직임과 춤, 미술, 극놀이 등 다양한 예술표현은 서로 연계하여 이를 통합할 경우, 창의적인 표현이 보다 더 증진될 수 있다.

ㄹ. 아름다움과 예술적 요소에 관심을 갖고 적극적으로 탐색하는 경험을 유아의 미적감각과 심미감을 높여주고 창의적인 표현과 감상능력을 길러준다.

ㅁ. 예술적 표현하기는 유아가 자신의 생각과 느낌을 자발적이고 창의적으로 다

양하게 표현하는 과정과 즐기는 것에 목표를 둔다.

④ 내용범주

자신이 나타내고자 하는 바를 펼칠 수 있을 때 잠재된 창의성과 표현력이 발휘되므로 풍부한 재료 및 도구와 함께 편안하고 허용적인 환경을 제공하는 것이 무엇보다 중요하다. 내용범주에는 아름다움 찾아보기, 예술적 표현하기, 예술감상하기 등 3개 범주이다.

이상의 내용에서 보는 바와 같이 예술경험영역에서는 누리과정의 성격, 예술경험영역의 성격 및 목표에서 일관되게 창의성 개발에 목적을 두고 이를 구현하기 위한 내용으로 편성되어 있다. 그러나 논리와 논술에 대한 직접적인 언급은 없으나 예술경험영역은 유아 개개인의 자유분방한 사고를 자극하고 5관을 통하여 탐색, 탐구하며 음악, 미술, 움직임과 춤, 극놀이를 통합하는 과정에서 논리적 사고력을 배양할 수 있는 내용으로 편성되어 있으나, 예술경험영역의 지도과정에서 논리 · 논술력을 배양하기 위한 내용을 더욱 보완하여 지도하도록 운영하고 있다.

(2) 예술경험영역과 논리 · 논술교육

① 미술활동과 논리 · 논술교육

미술활동은 영유아들에게 미술활동에 필요한 각종재료와 도구를 제공해주면 유아들이 5관을 통하여 직접적으로 체험한 경험을 자유스럽게 표현할 뿐만 아니라, 또한 그들의 경험을 제작하려는 작품에 자연스럽게 표현하는 과정에서 즐거움과 만족감을 가지고 창의적 사고력을 직접적으로 발달시킬 수 있다.

특히 미술활동은 다른 영역과 달리 기초적인 기능이나 훈련과정이 없이 재료와 도구만 제공하면 언제, 어디서나 유아들이 보고, 듣고, 느끼는 것을 자연스럽게 표현할 수 있어 유아들의 창의성을 계발해주는 데 아주 최적한 활동이다. 이에 관련하여 여러 학자들의 견해를 종합하면, 황수무(2003)는 교사가 자발적 참여를 유도하는 분위기 속에서 다양한 지식과 기술을 알려주면 자신만의 참여를 유도하는 분위기 속에서 자신만의 미술활동을 수행하면서 창의적인 사고와 표현을 할 수 있게 된다. 또한 김

윤정(2004)은 미술은 개인의 내면이나 경험을 미적요소로 반영된 형태로 전환시키는 작업으로써 개성 있고 독창적인 표현이 중시된다는 점에서 다른 어떤 교과보다도 창의적 사고의 발달과 밀접하게 관련된다. 이정옥 등(2010)은 자연이나 훌륭한 미술품 등을 감상하며 재료를 탐색하고 관찰하는 시 · 지각능력이 발달하고 탐구력과 표현적 조작을 통해 지적 향상이 이루어진다. 그리고 김영숙 등(2008)은 미술은 시각적 경험이자 정신활동의 일부로서 자연과학에서의 실험계획과 동일한 탐구과정을 통해 지각하고 생각하는 과정이므로, 유아가 추리하고 논리적으로 사고하며 문제해결력을 기르는데 효과적이다.

뎀프시(Dempsey, 1998)는 미술교육의 궁극적인 목표는 생활 속에서의 다양한 체험을 통해 유아가 즐거움을 느끼고 창의적 표현력과 논리적 사고력 및 지각력, 미적 감수성을 지닌 조화로운 인간으로 자라도록 하는 데 있다. 이상의 여러 학자들이 주장하는 바를 종합해보면 미술활동이 자기 자신만의 개성 있고 독창적인 표현으로 미술활동을 수행하고 자연이나 미술품의 감상, 작품제작에 따른 재료탐색 및 관찰, 시 · 지각능력의 발달, 탐구력과 표현적 조작을 통해 논리적 사고력과 창의적 사고력 증진에 효과적임을 일관되게 주장하고 있다.

② 음악활동과 논리 · 논술교육

유아는 생후 1년 후부터 소리에 반응하고 선율에 윤곽소리의 음역, 소리의 강약, 선율의 패턴, 리듬의 패턴을 구별하고 음정에 맞춰 노래를 부를 수 있다. 유아는 미술활동과 같이 글자를 모르고 수세기 등의 인지적 발달이 이루어지지 않아도 주위에서 경험하는 음악적 요소에 따라 유아 스스로 음악적 표현을 즐기면서 음악에서 안정과 기쁨을 찾으며 음악을 원하고 즐기면서 자연스럽게 창의력이 개발된다. 음악활동은 미술활동과 더불어 교사나 부모의 적극적인 개입이 없이 유아 스스로 생각하고 느낀 것을 예술적으로 표현하고 감상하는 예술적 활동이 가능하고, 이를 통하여 자연스럽게 심미적 태도와 창의적 표현력이 길러진다. 여러 학자들이 주장하는 음악활동이 논리적 사고력과 창의적 사고력에 미치는 영향을 알아보면 다음과 같다.

이기숙(2004)은 유아기에 있어 가장 가치있는 교육으로 음악을 꼽는다. 그 이유는 음악경험은 유아의 사고력, 문제해결력, 소리에 대한 이해력을 개발하고 관계, 비교,

개념을 통합 할 수 있도록 자극하여 지적 성장이 이루어지고 탐색, 실험, 아이디어의 표현을 통해 창의성이 개발되고 정서발달을 돕기 때문이라고 하였다.

또한 김혜경(2001)은 음악은 유아의 발달영역 전반의 진보를 돕는다. 창의성, 정서적 반응, 지적 성장, 언어 발달, 신체발달, 사회성 발달, 자아개념 등에 큰 영향을 미친다. 그리고 방은영(2009)은 음악은 노래만들기, 음악만들기, 마음대로 노래하기, 소리 탐색하고 느낌 말하기 등을 통하여 창의성 발달에 중요한 영향을 미치며 음악활동에서 자신의 아이디어를 수시로 말하고, 자기주도적으로 음악표현방법을 선정하고 음악활동에 필요한 자료(악기 및 소품)을 선택하고 자신의 음악활동을 스스로 계획하고 계획한 대로 수행할 때 창의성 발달을 더욱 이끌 수 있다. 이상 여러 학자들의 견해를 종합해보면 다음과 같다.

첫째, 음악활동자체가 탐색, 실험, 음악적 유창함과 상상력, 독창성, 새로운 아이디어의 표현과정으로 창의력이 배양되고,

둘째, 음악활동 즉, 듣고 감지하기, 즉흥연주하기, 음색 비교하기, 대조적 음고 이해하기, 리듬/가락 패턴변별하기, 음악독보하기, 창작하기 활동 등은 창의성은 물론 논리적 사고력 향성에 도움을 준다.

이상에서 밝힌 바와 같이 미술활동과 음악활동을 통해 논리적 사고력과 창의적 사고력이 길러지고 이렇게 형성된 논리적 사고력과 창의적 사고력은 자연스럽게 논술력 배양에 도움이 된다.

2. 예술경험(음악, 미술)활동 지도의 실제

'예술경험영역'은 아름다움에 관심을 가지고 예술경험을 즐기며, 창의적으로 표현하는 능력을 기르는 것을 목표로 한다. 또한 '예술경험영역'은 '아름다움 찾아보기', '예술적 표현하기', '예술감상하기'의 3가지 범주로 이루어져 있으며 '아름다움 찾아보기'는 자연 및 예술의 모든 영역을 아우르며, 음악, 움직임 및 춤, 미술의 요소를 자

유롭게 탐색하도록 하는 내용을 다룬다. 이를 통해 유아가 주변환경속에 잠재된 아름다움을 발견하고, 적극적으로 찾아보려는 태도를 형성하는 데 중점을 둔다. '예술적 표현하기'는 다양한 예술표현방법을 통해 자신의 느낌과 생각을 표현하도록 하는 내용을 다룬다. 자신이 나타내고자 하는 바를 마음껏 펼칠 수 있을 때 잠재된 창의성과 표현이 발휘되므로, 풍부한 재료 및 도구와 함께 편안하고 허용적인 환경을 제공하는 것이 무엇보다 중요하다. '예술감상하기'는 자신과 다른 사람의 작품 그리고 우리나라 전통예술을 포함하여 다양한 종류의 예술을 감상하는 경험들로 구성되어 있다. 주변에서 친근하게 접할 수 있는 자연이나 사물, 예술 작품을 비롯하여 인류 보편의 감성을 담고 있는 다양한 문화의 작품들에도 관심을 가져보는 기회를 제공한다.

'예술경험영역'의 내용범주별 내용은 다음과 같다.

〈표 Ⅳ-1〉 예술경험영역의 내용범주별 내용

내용범주	내용
아름다움 찾아보기	• 음악적 요소 탐색하기 • 움직임과 춤 요소 탐색하기 • 미술적 요소 탐색하기
예술적 표현하기	• 음악으로 표현하기 • 움직임과 춤으로 표현하기 • 미술활동으로 표현하기 • 극놀이로 표현하기 • 통합적으로 표현하기
예술 감상하기	• 다양한 예술 감상하기 • 전통예술 감상하기

예술경험영역에서는 위에 제시한 예술경험영역의 내용범주별 내용을 충실히 지도해야 하며 창의적 사고력과 논리적 사고력 배양을 위한 내용범주별 내용에 따른 활동내용을 〈표 IV-2〉와 같이 재구성하여 지도하도록 하였다. 맨 오른쪽의 재구성보완내용은 논리적 사고력과 창의적 사고력 배양을 위해 특설된 활동내용이다.

〈표 Ⅳ-2〉 예술경험영역 내용범주별 활동내용 재구성안

내용범주	내용	활동내용	
		누리과정내용	재구성 활동내용
1. 아름다움 찾아보기	1) 음악적 요소 탐색하기	① 음악적 요소를 탐색하는 활동	① 소리경험의 식별 및 탐색하기
	2) 움직임과 춤 요소 탐색하기	① 움직임과 춤의 요소를 탐색하는 활동	① 다양한 움직임과 춤 감상하기
	3) 미술적 요소 탐색하기	① 미술적 요소를 탐색하는 활동	① 자연과 사물의 미술적 요소 탐구하기
2. 예술적 표현하기	1) 음악으로 표현하기	① 노래 부르기 활동 ② 전래동요 부르기 ③ 리듬악기를 이용한 활동 ④ 리듬과 노래 부르기 활동	① 노랫말 만들어 부르기
	2) 움직임과 춤으로 표현하기	① 움직임 표현활동 ② 움직임과 춤 표현활동 ③ 도구를 활용한 움직임활동	① 자연물의 움직임을 몸으로 표현하기
	3) 미술활동으로 표현하기	① 미술활동 ② 협동적인 미술활동 ③ 다양한 재료와 도구를 활용한 미술활동	① 폐품을 활용한 미술활동
	4) 극 놀이로 표현하기	① 극놀이 활동 ② 협동적인 극놀이활동	① 동화를 극놀이로 표현하기
	5) 통합적으로 표현하기	① 음악, 움직임과 춤, 미술의 통합적 표현활동 ② 창의적 표현과정을 즐기는 활동	① 부분, 통합의 역동적인 표현하기의 다양화
3. 예술 감상하기	1) 다양한 예술 감상하기	① 다양한 예술감상활동 ② 나와 다른 사람의 예술표현활동 감상	① 다양한 작품감상활동
	2) 전통예술 감상하기	① 전통예술 감상활동	① 전통예술에 대한 다양한 관심 갖기

위 활동내용 중 누리과정내용은 누리과정해설서와 지도서를 참고하기 바라며 재구성된 활동내용에 국한하여 논리적 사고력과 창의적 사고력을 배양할 수 있는 방향으로 지도방안을 제시하기로 한다.

1) 아름다움 찾아보기

아름다움 찾아보기 범주 내에는 음악적 요소 탐색하기, 움직임과 춤 요소 탐색하기, 미술적 요소 탐색하기 등 3개의 내용으로 구성되어 있다.

(1) 음악적 요소 탐색하기

음악적 요소 탐색하기는 유아가 자연과 주변 환경에서 들리는 다양한 소리와 음악에 귀를 기울이고 반응하면서 소리와 음악의 아름다움을 구성하고 있는 음악적 요소를 느끼고, 요소의 특징을 자연스럽게 발견하며 다양한 소리와 악기 등으로 이를 탐색하는 능력을 기르기 위한 내용으로 소리경험의 식별 및 탐색하기와 음악적 요소를 탐색하는 활동으로 지도 한다. 다음에서 재구성 활동내용인 소리경험의 식별 및 탐색하기 활동에 국한하여 지도방법에 대하여 기술한다.

ㄱ. 소리경험의 식별 및 탐색하기

가. 주안점

유아 주변의 모든 소리에 대하여 다양한 방법으로 식별해보고 악기로 탐색활동을 해보도록 한다.

나. 소리식별하기

㉠ 식별소리내용

㉮ 자연의 소리: 비 소리(가랑비 소리, 소나기 비 소리), 바람 부는 소리, 천둥치는 소리, 새 지저귀는 소리, 나무 흔들리는 소리, 물 흐르는 소리 등

㉯ 친숙한 자연환경에서 들리는 소리: 문 여닫는 소리, 물 끓이는 소리, 컴퓨터 자판기 두드리는 소리, 발자국 소리, 그릇 부딪치는 소리, 오토바이 소리, 걷거나 뛸 때의 소리, 손뼉 치기, 자동차 소음소리, 기차 기적소리 등

㉰ 목소리: 유아소리, 소년소리, 소녀소리, 청년소리, 어른소리, 노인소리(큰소리, 작은 소리)

㉱ 주변의 악기소리(음악적 요소)

- 셈여림: 강함과 약함

- 빠르기: 빠름과 느림
- 규칙적인 패턴: 리듬의 반복
- 음색

㈎ 다양한 장르의 노래: 쇼팽의 빗방울 전주곡, '토끼와 거북이' 가야금 독주곡, 생상의 '동물의 사육제' 중 '거북이'와 오펜바흐의 곡 중 '칸칸' 등

㉡ 소리식별하기

㈎ 녹음해 놓은 소리자료를 듣고 식별해내기

㈏ 소리를 듣고 음성으로 표현하기

㈐ 소리를 듣고 글자로 써 보기

다. 악기로 소리 탐색해보기

㉠ 악기의 종류

- 리듬악기, 타악기, 유아가 직접 만든 악기, 소리가 나는 물건, 자기 신체기구 등

㉡ 탐색내용

- 셈여림: 강함과 약함
- 빠르기: 빠름과 느림
- 규칙적인 패턴: 리듬의 반복
- 음색

라. 지도상의 유의점

㉠ 교사는 유아가 스스로 음악적 요소를 탐색할 수 있는 충분한 시간과 기회를 준다.

㉡ 교사는 다양한 장르의 음악을 제공함으로써 유아들이 쉽게 음악적 요소를 탐색할 수 있는 기회를 준다.

㉢ 유아와 상호작용을 할 때 다양한 느낌과 반응을 인정하고 존중하도록 한다.

(2) 움직임과 춤 요소 탐색하기

'움직임과 춤 요소 탐색하기'는 유아가 자신이나 다른 사람의 몸의 움직임 혹은 자연과 주변사물의 여러 움직임에 주의를 기울이고 반응하면서 움직임과 춤의 아름다

움을 느끼고 움직임과 춤 요소들의 특징을 자연스럽게 발견하며 탐색하는 능력을 기르기 위한 영역이다.

'움직임과 춤 요소 탐색하기'를 창의적 사고력과 논리적 사고력을 길러주기 위해 지도하기 위해서는 움직임과 춤의 요소 탐색하는 활동과 다양한 움직임과 춤 감상하기 활동이 있는데, 재구성 활동내용인 다양한 움직임과 춤 감상하기 활동에 국한하여 지도방법을 기술한다.

ㄱ. 다양한 움직임과 춤 감상하기

가, 주안점

- 움직임과 춤의 특징을 탐색해보고 다양한 장르의 춤을 감상해 본다.

나. 움직임과 춤의 아름다움을 느끼고 특징을 탐색하기

다음과 같은 움직임과 춤의 모양을 영상으로 제작하여 보여준다.

㉠ 움직임

㉮ 자신이나 다른 사람의 움직임: 달리기, 걷기, 군인들의 행진 등

㉯ 자연과 주변사물의 여러 가지 움직임: 네발동물들이 걷는 모습, 두발 동물들이 걷는 모습, 날개로 나는 새, 나비의 날개짓 등

㉡ 춤 : 여러 가지 탭댄스, 여러 가지 살풀이 등

다. 춤의 요소 탐색하기

위의 영상자료를 보면서 춤 요소를 탐색하도록 한다. 춤 요소 탐색하기 내용은 다음과 같다.

㉠ 힘: 강함, 약함

㉡ 흐름: 연속적, 비연속적

㉢ 빠르기: 빠름, 느림

㉣ 모양: 직선, 곡선, 꼬임, 대칭, 비대칭, 균형 등

라. 다양한 장르의 춤 강상하기

아래와 같이 다양한 장르의 춤을 영상으로 보여주고 감상한 후 그 느낌을 이야기 나누거나 글로 써 발표시킨다.

㉠ 발레

㉡ 한국무용

㉢ 다른 나라 민속 춤

㉣ 왈츠

㉤ 벨리댄스

마. 지도상의 유의점

㉠ 다양한 움직임의 모양 차이를 느끼고 탐색하게 한다.

㉡ 라데츠키 행진곡 등에 맞추어서 유아들이 스스로 자유롭게 몸을 움직이며 다양한 움직임과 춤 색을 탐색해 본다.

(3) 미술적 요소 탐색하기

'미술적 요소 탐색하기'는 유아가 자연과 사물에서 접하게 되는 다양한 미술적 요소에 대해 주의를 기울이고 반응하면서 아름다움을 느끼고 미술적 요소들이 있는 특징들을 발견하고 그 차이 등을 탐색하는 능력을 기르기 위한 내용이다.

미술적 요소 탐색하기를 창의적 사고력과 논리적 사고력을 길러주기 위해 지도하기 위해서는 자연과 사물의 미술적 요소 탐구하기, 미술적 요소를 탐색하는 활동을 운영해야 하는데 다음에서 재구성 활동내용인 자연과 사물의 미술요소 탐구하기 활동에 국한하여 지도방안을 기술한다.

ㄱ. 자연과 사물의 미술적 요소 탐구하기

가. 주안점

여러 가지 물체들의 특성과 아름다움을 탐색하고 왜 아름다운지 미적 요소를 개념적으로 발견해 보도록 한다.

나. 대상 물체

㉠ 나무류: 소나무, 단풍나무, 향나무 등

㉡ 돌류: 바위, 바닷가의 돌, 냇가의 돌 등

㉢ 옷감류: 실크스카프, 비단류, 가죽류, 면직류 등

다. 방법

㉠ 시각: 눈으로 봄

㉡ 촉각: 만져봄

㉢ 미각: 맛으로 봄

㉣ 후각: 냄새를 맡아봄

라. 미술적 요소 탐구하기

우리 주변의 자연과 사물에 대하여 아름다움을 느끼고 미술적 요소를 탐구해보도록 한다. 우리 주변의 다양한 자연과 사물, 사진을 활동실에 전시해 둔다.

㉠ 색: 자연물들의 고유한 색, 색의 다양함, 차이점

㉡ 재질: 부드러움, 까끌까끌함, 울퉁불퉁함, 뾰족뾰족함, 미끌미끌함

㉢ 모양: 자연과 사물의 다양한 윤곽

㉣ 공간: 상하, 좌우, 앞뒤, 여백

마. 미술적 요소 찾아내기 활동

다양한 미술품을 전시하여 미술적 요소를 찾아내게 한다.

바. 지도상의 유의점

㉠ 유아와 함께 자연과 사물에 깃들어 있는 미술적 아름다움을 발견하기 위해서는 교사가 먼저 미술적 요소에 대해 이해해야 한다.

㉡ 모든 자연과 사물의 미적요소를 탐색하기 위해서는 오관을 동원해야 한다.

2) 예술적 표현하기

예술적 표현하기 범주 내에는 음악으로 표현하기, 움직임과 춤으로 표현하기, 미술활동으로 표현하기, 극놀이로 표현하기, 통합적으로 표현하기 등 5개의 내용으로 구성되어 있다.

(1) 음악으로 표현하기

'음악으로 표현하기'는 유아가 노래와 전래동요로 부르고, 리듬악기를 연주하며,

리듬과 노래를 즉흥적으로 만들어 보는 등의 다양한 음악활동을 통해서 자신의 생각과 느낌을 표현하도록 하는 내용이다. 유아는 일상생활에서 흥얼거리고 노래하며 소리를 내는 것을 즐긴다. 다양한 음악활동은 유아로 하여금 표현하는 즐거움을 촉진하여 자발적이고 창의적으로 표현해보는 경험을 갖게 하며 유아의 음악성 발달의 기초가 된다는 점에서 중요한 의미를 가진다. 음악으로 표현하기에서는 노래 부르기 활동, 전래동요 부르기 활동, 리듬악기를 이용한 활동, 리듬과 노래 만들기 활동, 노랫말 만들어 부르기 등이 있는데 재구성 활동내용인 노랫말 만들어 부르기에 국한하여 지도방법에 대해서 기술한다.

ㄱ. 노랫말 만들어 부르기

가. 주안점

유아가 자기표현의 방법으로 간단한 리듬과 노래를 만들어 본다.

나. 노랫말 만들어 부르기

〈표 Ⅳ-3〉 노랫말 만들어 부르기의 예

단계	활동내용
취향에 맞는 주제로 만들어 부르기	• 유아 각자가 자기 취향에 맞는 주제로 노랫말을 만들어 부르도록 하여 노랫말을 만들어 부르기에 흥미를 갖고 방법을 이해하도록 한다.
지정된 주제로 만들어 부르기	• 유아들이 공동으로 선정한 주제로 노랫말을 만들어 부르도록 한다. • 친구들이 만든 노랫말과 비교해보기를 한다. – 표현방식의 차이 – 재미있는 내용 • 친구들이 만든 노랫말로 함께 부르기를 한다.

다. 지도상의 유의점

만 3세 유아는 놀이 중에 자연스럽게 말놀이를 하거나 즉흥적으로 흥얼거리므로 이를 충분히 즐길 수 있도록 한다. 만 4세 유아는 이미 잘 알려진 친숙한 곡에 간단한 멜로디와 노랫말을 만들어 보는 경험을 제공한다. 만 5세 유아는 음악활동뿐만 아니라 동화, 동시, 극 놀이, 움직임 활동 등의 다양한 활동에서 느낌에 따라 즉흥적으로 배경음악을 만들어 보는 경험을 제공한다.

(2) 움직임과 춤으로 표현하기

'움직임과 춤으로 표현하기'는 유아가 움직임에 영향을 주는 모양, 획, 빠르기, 흐름 등과 같은 요소에 대해 인식하고 이를 적절히 조합, 응용함으로써 자신의 생각과 느낌을 보다 아름답고 창의적인 움직임이나 춤으로 표현해보는 내용이다. 움직임이나 춤 활동은 유아에게 풍부한 상상과 기회를 제공하여 새로운 동작의 가능성을 발견하도록 하며 자유로운 표현을 통해 자기표현욕구를 충족시킬 수 있도록 하는 점에서 가치가 있다. 움직임과 춤으로 표현하기에서는 자연물의 움직임을 몸으로 표현하기, 움직임 표현활동, 움직임과 춤 표현활동, 도구를 활용한 움직임 활동 등이 있는데 재구성 활동내용인 자연물의 움직임을 몸으로 표현하기에 국한하여 지도방법에 대하여 기술한다.

ㄱ. 자연물의 움직임을 몸으로 표현하기

가. 주안점

움직임과 춤으로 표현하기 능력을 기르기 위해서는 우선적으로 유아들이 그들의 생활 주변에서 흔히 볼 수 있는 친숙한 생물, 사물, 상황의 움직임을 예민하게 관찰하고 관찰한 결과대로 그들의 움직임을 유아 자신이 자유롭게 표현해보는 활동부터 시작해야 한다.

나. 자연물의 움직임을 몸으로 표현하기 지도과정

자연물의 움직임을 몸으로 표현하기는 다음과 같은 과정을 밟아 체험시킨다.

㉠ 자연물의 움직임에 대해 알아보기

유아들이 자연물의 움직임에 대하여 그들의 과거 경험을 중심으로 발표시킨다. 그 예를 들면 다음과 같다.

- 바람에 흔들리는 나뭇가지
- 폭풍우에 흔들리는 나뭇가지
- 조용히 흐르는 시냇물
- 폭풍우에 출렁이는 파도
- 출렁이는 파도에 흔들거리는 배

- 하늘을 나는 새
- 사뿐히 나는 나비
- 하늘을 떠다니는 구름

㉡ 자연물의 움직임에 대하여 말해보기

자연물의 움직임에 대하여 모양, 힘, 빠르기, 흐름 등의 관점으로 어떻게 움직이는지 이야기 나눈다.

㉢ 자연물의 움직임에 대한 느낌을 말해보도록 한다.

경쾌한 느낌, 바람에 흔들리는 나무, 흐르는 시냇물, 하늘을 떠다니는 구름, 하늘을 나는 제비, 사뿐히 나는 나비, 무거운 느낌, 폭풍우에 흔들거리는 나무, 출렁이는 파도에 흔들거리는 파도 등

㉣ 자연물의 움직임중 하나의 주제에 대하여 유아 각자가 표현해보도록 하고 서로 이야기 나누기를 한다.

- 자기 표현에 대한 생각
- 동료 유아의 표현에 대한 느낀 점

㉤ 유아들이 각기 자연물의 움직임 중 한 주제를 선택하여 표현을 한 후 동료 유아들의 의견을 청취 한다.

- 표현한 주제
- 표현이 잘된 점 그리고 느낀 점

㉥ 자연물의 움직임을 2~3종 선정하여 연속적으로 표현해 보도록 한다.

(3) 미술활동으로 표현하기

'미술활동으로 표현하기'는 다양한 미술활동을 통해 유아가 자신의 생각과 느낌을 자발적이고 창의적으로 표현하도록 하는 내용이다. 미술활동은 재료와 도구를 가지고 유아가 알고 있는 것, 느낀 것을 자유롭게 표현할 수 있는 기회를 제공할 뿐만 아니라, 표현과정에서 즐거움을 느끼며 만족감과 자신감을 경험하게 하고 미적 감각 및 창의성을 발달시킨다. 미술활동으로 표현하기에서는 미술활동, 협동적인 미술활

동, 다양한 재료와 도구를 활용한 미술활동, 폐품을 활용한 미술활동 등이 있는데 재구성 활동내용인 폐품을 활용한 미술활동에 국한하여 지도방법을 기술한다.

ㄱ. 폐품을 활용한 미술활동

가. 폐품을 활용한 미술활동 주안점

- 폐품을 활용할 수 있는 다양한 방안을 강구하여 폐품의 양을 줄일 수 있도록 한다.
- 폐품을 활용한 미술활동을 통해 미적 가치를 발견토록 해줌으로써 우리 생활 주변의 모든 물건이나 물체에 대한 미적가치를 발견하도록 한다.
- 폐품을 활용한 미술활동을 통해 창의적 표현력, 논리적 사고력을 배양시킨다. 지도요령은 다음과 같다.

나. 폐품을 이용한 미술활동

㉠ 우리주변의 폐품의 종류와 우리생활에 미치는 영향을 알아본다.

㉮ 폐품의 종류

- 공산품류: 철사, 상자, 나무젓가락 등
- 음식료류: 우유팩, 요구르트병, 병뚜껑 등

㉯ 미치는 영향

- 환경훼손
- 물자낭비

㉡ 폐품을 줄이는 방법을 생각해 본다.

- 재활용: 가정에서 재활용, 작품제작 자료로 활용 등
- 가정에서 폐품 줄이기

㉢ 폐품을 활용한 작품제작 방법협의

- 우유팩-김 모양 만들기
- 병뚜껑-목걸이 만들기
- 철사-동물 모양 만들기
- 상자-탑 쌓기, 집 모양 만들기 등

㉣ 폐품을 활용한 작품제작

- 구상
- 제작
- 평가
- 전시

다. 지도상의 유의점

㉠ 각종 폐품을 모아 자료 상자에 보관해 둔다.

㉡ 제작하려는 작품에 필요한 다양한 재료를 학부모님들에게 수집협조를 얻는다.

(4) 극놀이로 표현하기

'극놀이로 표현하기'는 유아가 언어, 신체 움직임, 다양한 매체를 이용하여 역할극, 인형극, 동극, 노래극 등을 통해 총체적으로 자신을 표현하도록 하는 내용이다. 유아는 자신의 경험이나 생각, 느낌, 이야기를 극화로 상징화하고자 하는 욕구가 강하다. 이러한 극놀이는 유아로 하여금 자연스럽게 감정을 발산하도록 하여 자아와 자신감, 그리고 다른 사람을 조망하는 능력과 창의적 표현력을 발달시킨다. 극놀이로 표현하기에서는 극놀이 활동, 협동적인 극놀이 활동, 동화를 극놀이로 표현하기 등이 있는데 재구성 활동내용인 동화를 극놀이로 표현하기에 국한하여 지도방법에 대하여 기술한다.

ㄱ. 동화를 극놀이로 표현하기

가. 주안점

㉠ 유아들에게 이야기나 동화를 들려주어 유아들로 하여금 극놀이를 꾸미어 재연함으로써 이야기나 동화의 내용을 확실히 이해시킨다.

㉡ 주인공의 입장을 이해하여 공감시킴으로서 자신의 문제를 합리적으로 해결하도록 돕고 인지발달과 언어발달을 돕는다.

㉢ 이야기나 동화의 내용을 극으로 형상화시키는 과정을 통하여 창의적이며 논리적 사고력을 배양시킨다.

나. 표현지도과정

동화를 극놀이로 표현하는 데는 다음과 같은 과정을 밟아 지도한다.

㉠ 동화선정하기

극놀이하는 데 적절한 동화를 선정한다. 동화선정요령은 다음과 같다.

㉮ 짧은 동화이어야 한다.

㉯ 반복되는 대화체로 쓰인 동화가 좋다.

㉰ 역할을 신체로 표현하기가 쉬운 동화가 좋다.

㉱ 등장인물이 많아야 다수의 유아가 참여할 수 있다.

㉡ 동화들려주기

동화를 들려주어 유아들이 동화의 내용을 완전히 소화할 수 있도록 한다.

㉢ 동화내용분석

극으로 형상화 할 수 있도록 교사가 들려준 동화를 듣고 동화내용을 다음과 같은 과정으로 분석한다.

㉮ 무슨 내용이며 몇 개의 장으로 구성되어 있나?

㉯ 주인공과 주인공들의 성격은 어떠한가?

㉰ 의상과 소품은 무엇인가?

㉱ 극놀이 공연을 위한 무대는 어떠한가?

㉲ 배경음악은 어떻게 할까?

㉳ 교훈성과 가치성은 무엇인가?

㉣ 극놀이 준비

아래와 같은 요령으로 극놀이를 준비한다.

㉮ 배역 짜기

㉯ 의상, 소품준비

㉰ 공연무대 만들기

㉱ 극놀이 표현의 활성화를 위한 다양한 경험제공하기

㉲ 주인공들의 성격, 생각 파악하기

㉳ 배경이 되는 장면과 음향 만들기

ⓜ 극놀이 실시

극놀이 시 고려할 사항은 다음과 같다.

㉮ 창의적인 표현에 대해 표정, 몸짓, 언어 등을 사용하여 긍정적으로 격려하고 지지한다.

㉯ 유아들이 여유 있게 극놀이를 즐길 수 있도록 일과 중에 수시로 시간을 부여한다.

㉰ 역할이나 관객의 입장을 모두 경험하도록 한다.

ⓑ 극놀이 평가 및 차후계획

㉮ 평가

㉯ 차후계획수립

(5) 통합적으로 표현하기

'통합적으로 표현하기'는 유아가 참여하는 다양한 표현활동들이 서로 통합적으로 이루어지도록 하기 위한 내용이다. 유아는 음악, 움직임과 춤, 미술, 극놀이를 통합적으로 경험하게 될 때 자신의 경험을 조직적이고 종합적으로 표현 할 수 있게 되며 더욱 풍부한 표현력을 가질 수 있게 된다. 또한 이러한 경험이 일상적으로 반복되면서 유아는 예술활동 전반에 대해 지속적으로 흥미를 가지고 창의적 표현과정을 즐기게 된다. 통합적으로 표현하기에서는 음악, 움직임과 춤, 미술의 통합적 표현활동, 창의적 표현과정을 즐기는 활동 부분과 통합의 역동적인 표현하기의 다양화 등이 있는데 여기서는 재구성 활동내용인 부분, 통합의 역동적인 표현하기 다양화에 국한하여 지도방안에 대하여 기술하기로 한다.

ㄱ. 부분, 통합의 역동적인 표현하기의 생활화

가. 주안점

유아들은 흥미와 취향이 달라서 특정 영역의 예술활동에만 관심을 갖는다. 따라서 다양한 예능활동에 흥미와 관심을 가져 통합적인 예술감각을 키워주어야 한다. 음악에는 관심을 보이지만 미술에는 관심을 보이지 않는 유아의 흥미를 확장시킬 수 있고, 움직임과 춤을 즐기지 않는 유아가 미술작품을 감상한 후 자신의 생각이나 느낌을 자연스럽게 신체로 표현하게 할 수 있도록 한다.

나. 지도관점

음악, 움직임과 춤, 미술, 극놀이 등의 각 표현활동을 한 가지 예술영역 내에서의 통합, 두 가지 이상의 예술영역 간의 통합, 감상과 표현활동의 통합으로 경험하도록 한다. 초기에는 한 가지 영역 내에서의 통합으로 시작하여 점차 두 가지 이상의 예술영역이 통합된 활동을 제공한다.

㉠ 감상과 표현을 통합한 경험을 제공하여 표현력과 감상력을 배양한다.

㉩ 감상과 표현활동의 통합

- '그림에서 움직임이 나타나는 부분을 찾아보자'
- '사람들이 어떻게 움직이는 것 같니?'
- '음악에 맞춰 광대처럼 춤을 춰 보자'

㉡ 음악, 움직임과 춤, 미술, 극놀이 등의 통합활동은 한 개념이나 생활주제 안에서 이루어지도록 한다.

㉩ 미술영역과 움직임과 춤 영역의 통합활동

- '이것은 무슨 색이니?'
- '녹색을 보면 무엇이 생각나니?'
- '녹색을 보고 생각난 것을 그려보거나 몸으로 표현해보자'

㉢ 다양한 예술활동에 참여하며 표현과정을 즐기고, 통합적 경험을 통해 자신의 생각과 느낌 등을 창의적으로 표현하도록 한다.

㉩

- '음악을 들으니 어떤 장면이 생각나니?'
- '만약 이야기를 만든다면 어떤 이야기를 만들 수 있을까?'
- '음악을 듣고 생각나는 것을 그려 보자'

다. 지도상의 유의점

㉠ 처음에는 한 가지 예술영역 내에서의 통합으로 시작하여 점차 두 가지 이상

의 예술영역이 통합되게 하다가 새로운 내용을 접할 때는 다시 한 가지 통합으로 되돌아가며 점차적으로 두 가지 그리고 두 가지 이상이 통합되도록 한다.

㉡ 주제 전개 시 다양한 예술활동들이 음률영역, 미술영역, 역할놀이영역, 쌓기놀이영역 등의 여러 흥미영역과 다양한 형태의 대 · 소집단활동, 개별 활동으로 통합되어 전개될 수 있도록 한다.

㉢ 음악, 움직임과 춤, 미술, 극놀이 등의 예술영역을 골고루 균형 있게 전개한다. 교사의 선호도에 따라 특정영역에 편중된 예술경험이 되지 않도록 유의한다.

(6) 예술 감상하기

① 다양한 예술 감상하기

'다양한 예술 감상하기'는 유아가 음악, 춤, 미술작품, 극놀이 등을 듣거나 보고 즐기는 활동을 통하여 아름다움을 느끼고 각자의 표현을 존중하며 예술 감상에 지속적인 관심과 흥미를 갖도록 하기 위한 내용이다. 아름다움에 대한 기준과 취향이 사람마다 다른 것처럼 개인이 일생을 통해 경험하고 즐길 수 있는 예술의 영역과 깊이는 사람들의 성장과정에서 접하는 경험에 따라 달라진다. 따라서 유아 개인의 예술경험은 향후 개인의 인생전반에 걸쳐 예술적 취향에 영향을 준다는 의미에서 중요한 의미를 가진다. 다양한 예술 감상하기에서 논리 · 논술 중심으로 지도하기 위해서는 다양한 작품 예술활동, 나와 다른 사람의 예술표현감상활동, 명화 재구성하기 활동을 운영할 수 있는데 여기서는 재구성 활동내용인 다양한 작품 감상활동에 국한하여 지도방안에 대하여 기술하기로 한다.

ㄱ. 다양한 작품 감상활동

가. 주안점

유아는 아직 예술적 취향이 명확하게 정해지지 않은 상태이므로 다양한 종류의 음악이나 춤, 미술작품, 극놀이 등을 감상하며 듣거나 본 것에 대하여 어떻게 생각하고 어떠한 감정을 느끼는지 자연스럽게 의견을 나누도록 하여 아름다움에 대한 풍부한 감성을 기르도록 격려해주어야 한다.

나. 다양한 작품 감상활동

유아들에게 다양한 작품 감상활동을 시키어 예술적 감상능력을 길러주어야 한다. 유아들에게 경험시킬 수 있는 다양한 작품 감상활동은 아래와 같다.

㉠ 다양한 예술작품을 보고 느낀 점에 대해 토의하기
㉡ 미술관이나 전시회를 관람하기
㉢ 지역사회 내 예술가 초대하기
㉣ 명화퍼즐을 통해 전체와 부분 등의 관계알기
㉤ 예술적 요소에 따라 작품의 특징을 찾아보고 반응하기
㉥ 실제 작품관람과 전시를 통해 작품에 대한 소중함 느끼기
㉦ 자신과 또래의 예술작품 발표회와 전시회 갖기
㉧ 예술작품을 재구성하고 변형시켜보기
㉨ 그림동화책에서 미술적 특성을 찾아보기
㉩ 명화 재구성하기
㉪ 세계 7대 불가사의 감상하기

등 다양한 감상활동을 전개할 수 있다. 그중 예술작품을 재구성하고 변형시키기 위한 전개요령의 예를 들면 다음과 같다.

㉠ 예술작품사진 보여주기
㉡ 예술작품내용 발표하기
㉢ 예술작품에서 느낀 점 발표하기
㉣ 예술작품의 표현기법 알아보기
㉤ 예술작품의 가치를 인정하고 존경하기
㉥ 자기 작품으로 표현하는 방법 생각하기
㉦ 작품제작 및 전시
㉧ 작품제작 동기 및 표현기법 설명하기

등의 순서를 밟아 지도할 수 있다.

다. 지도상의 유의점

특설된 작품 감상활동으로 유아들에게 논리적 사고력 증진과 창의적 표현에 관심

을 두고 지도한다.

② 전통예술 감상하기

'전통예술 감상하기'는 과거로부터 현재까지 전해져 내려오는 우리나라 고유의 전통예술에 관심을 갖고, 이에 친숙해질 수 있도록 하는 내용이다. 유아기는 우리 전통예술에 관심을 갖고 받아들이며 익숙해지는데 중요한 시기이므로 유아가 전통음악이나 춤, 미술작품 등 우리 고유의 전통문화를 자연스럽게 경험할 수 있도록 기회를 제공해야 한다. 전통 예술 감상하기에서는 논리적 사고력과 창의적 사고력을 배양하기 위한 전통 예술 감상활동과 다양한 전통예술에 대한 다양한 관심 갖기의 두 가지 활동이 있는데 재구성 보완내용인 전통예술에 대한 다양한 관심 갖기에 국한하여 지도방법을 기술한다.

ㄱ. 전통예술에 대한 다양한 관심 갖기

가. 주안점

유아가 우리고유의 문화에 친근감을 느끼고 전통예술의 아름다움을 느껴보도록 한다.

나. 전통예술에 대한 다양한 관심 갖기 지도내용

유아들에게 지도해야 할 전통예술영역별 내용은 다음과 같다.

㉠ 전통미술작품 ㊐ 김홍도의 '씨름', 춤추는 아이

㉡ 전통악기 ㊐ 아쟁, 해금, 피리, 북, 꽹과리

㉢ 전통무용사진 ㊐ 강강수월래, 학춤

㉣ 전통문화관련시설 ㊐ 민속박물관, 고궁, 공연장

㉤ 전통물건: 한복, 죽부인, 고무신, 댕기, 요강, 화선지, 붓, 벼루, 밥상, 숟가락, 젓가락, 유기그릇

㉥ 전통놀이: 제기, 투호, 윷놀이, 장기, 팽이, 칠교놀이, 고수

㉦ 전통의상: 바지치마, 저고리, 버선, 조끼, 속바지, 대님

㉧ 전통생활용품: 도자기, 조각보

㉨ 전통한옥: 기와집, 초가집, 토담집

다. 활동방법

㉠ 위에 제시된 각 전통예술영역별로 감상관점에 따라 감상결과를 중심으로 토의한다.

㉡ 과거의 전통예술과 오늘날의 예술을 비교하여 그 특징과 성격을 이해시킨다.

라. 한옥가옥의 감상지도의 예

㉠ 전통가옥의 용어이해: 주춧돌, 서까래, 처마

㉡ 전통가옥의 특수성: 지붕의 선, 문살의 문양, 단청의 문양, 색깔의 아름다움

㉢ 전통가옥과 현대가옥의 공통점, 차이점 비교분석

㉣ 전통가옥의 우수성, 미적가치

㉤ 전통가옥의 보존 방안

제11장

그림책 활용을 통한 논리 · 논술교육

유아언어교육방법 중에 문학에 기초한 언어교육방법이 유아교육현장에서 대세를 이룬다. 문학에 기초한 언어교육방법이란 다양한 문학작품에 나오는 이야기나 그림을 활용한 다양한 학습활동을 전개함으로써 자연스럽게 유아의 언어능력과 논리적 사고력과 창의적 사고력이 길러지는 교수 · 학습방법을 말한다. 이 방법은 교사나 유아가 함께 좋은 책이나 글을 읽은 후에 유아들이 읽은 내용에 대해 자연스럽게 반응하고, 이 반응에 따라 다른 유아들과 이야기를 나누거나 책에 관련된 다양한 활동을 전개함으로써 유아에게는 진정한 학습이 이루어지고 학습에 적극적으로 참여할 수 있게 되어 유아의 언어교육이 활발히 이루어지면서 아울러 자연적으로 논리적 사고력과 창의적 사고력이 배양되는 것이다. 또한 유아교육기관에서의 문학적 접근을 통한 논리 · 창의교육에서는 대부분 동화나 동시 등의 문학작품들이 주로 활용되게 된다. 다음에서 그림책에 대한 이해와 그림책을 통한 지도방법에 대하여 기술한다.

1. 그림책에 대한 이해

1) 개념

문학은 인간의 삶을 총체적으로 표현하는 언어예술로서 예술성, 문학성, 교육성을 내포하고 있다. 그중 그림책은 '글과 그림이 동등하게 또는 그림이 우위의 관계를 유지하는 가운데 처음부터 끝까지 통합되어 표현 된 예술형태'이다(서정숙 외, 2010). 또한 주영희(2001)는 '어린이를 대상으로 창작되거나 전개되어 온 흥미 있는 이야기'로 정의하고 있다. 따라서 그림책이란 '유아들에게 들려주거나 읽히기 좋게 창작되거나 전해 내려온 설화를 모아 동심을 바탕으로 그림이나 문장으로 엮은 책으로 산문문학의 한 갈래'라고 정의할 수 있다.

2) 그림책의 교육적 가치

유아들은 재미있고 신나는 이야기를 좋아한다. 구수한 옛날 이야기나 꿈과 희망을 주는 그림책(동화)등 모든 이야기 듣기를 좋아한다. 그림책은 비교적 일반도서에 비하여 가격이 저렴하고, 언제 어디서나 유아들이 쉽게 접할 수 있으며 활용성이 높기 때문에 그림책은 모든 유아교육기관에서 많이 활용되고 흥미영역 중 도서영역(독서영역)은 유아들이 많이 찾는 영역으로 그림책의 교육적 가치를 정리하면 다음과 같다.

(1) 예술적 심미감을 준다.
(2) 모국어의 아름다움을 느낄 수 있다.
(3) 상상력과 다양한 사고력을 길러 준다.
(4) 언어발달을 촉진시켜 준다.
(5) 선악에 대한 올바른 판단의식을 길러 준다.
(6) 나누기와 친사회적 행동의 동기와 방법을 구체적으로 안내해 준다.
(7) 강압적이지 않은 방법으로 유아에게 내면화시킬 수 있다.
(8) 자기중심적인 사고에서 벗어나 추상적 사고를 할 수 있다.

3) 그림책의 선정

이제 막 읽기와 쓰기를 배워 나가기 시작하는 발생적 단계의 문식자(emergent reader)들에게는 그림책 선정에서 신중을 기해야 한다. 교사는 항상 유아들의 발달적 특성은 물론, 주제와 직결되는 좋은 작품들을 선정하여 유아들에게 지도하고 소개하고 전시해야 한다. 이때 특히 고려해야 할 선정기준은 다음과 같다.

첫째, 유아들의 흥미를 끌 수 있는 작품이여야 한다. 아무리 좋은 그림책이라 할지라도 유아들의 흥미를 끌지 못하면 작품으로서의 기능을 상실한다.

둘째, 발달적으로 적합한 작품이어야 한다.

발달적으로 적합한 작품이란 내용이 유아들에게 친숙하고 내용이 좀 어렵더라도 교사의 도움만 있다면 쉽게 이해할 수 있는 작품이어야 한다.

셋째, 가능하다면 유아 수준에서 예측이 가능한 작품이 좋다.

그림책은 글과 그림으로 구성되어 유아들이 그림책의 내용이나 이야기의 흐름을 쉽게 예측할 수 있어야 한다. 제시되는 글을 예측할 수 있다면 단어의 재인이 쉽게 이루어지고 또한 유아가 읽기에 자신을 갖게 된다(이차숙, 2005).

넷째, 문학적 장점이 있는 책이어야 한다.

문학적으로 장점이 있는 책은 선명한 주제와 인물구성, 재미있는 이야기내용, 예술적 그림 등이 있어야 한다. 고전이나 전래동화는 좋은 문학적 특징을 가지고 있다.

다섯째, 감정이입이 잘 되는 책이어야 한다.

동화를 통한 언어교육은 책속에 담겨진 도덕적 가치나 정보지식이 책을 읽는 독자에게 그대로 전달되어 도덕적 가치나 정보, 지식을 공유화하는 것이다. 그러기 위해서는 책속의 주인공의 감정이나 갈등이 명확히 드러나 있어야 감정이입이 잘 된다.

여섯째, 상위수준의 추론이 가능한 책이어야 한다.

그림책의 내용이 이기적이며 쾌락적인 수준이 아니라, 타인 중심적이며 상위수준에서 성공적으로 갈등해결이 잘 된 책이어야 한다.

일곱째, 창의적인 후속활동이 가능한 책이여야 한다.

그림책을 활용한 언어학습 후에는 다양한 창의적 표현활동으로 유아들의 논리적 · 창의적 사고활동을 자극할 수 있는 다양한 후속활동과 쉽게 연계될 수 있어야 한다.

여덟째, 가능하다면 교사들에게도 재미있는 책이어야 한다.

유아들이 충분히 흥미로워하고 발달적으로 적합하며, 예측이 쉽고 교사들에게도 재미있는 작품을 선정하되 유아의 학습활동이 효과적이 되려면 다양한 작품들을 선정해야 한다(이차숙, 2005).

4) 그림책과 논리적 사고력과의 관계

그림책 자체가 논리적 사고력과 창의적 사고력을 배양하기 알맞게 구성되었다기보다 그림책을 이러한 능력을 계발하기 위해서 어떻게 교수 · 학습지도에서 활용해야 하느냐에 관심을 가져야 한다. 유아교육기관에서 이루어지는 모든 유아교육활동 또한 논리 · 창의력을 계발하기 위한 방향으로 교수 · 학습지도방법을 적용해야 함은 재론의 여지가 없다. 특히 그림책은 원래가 유아들의 동심을 바탕으로 지은 산문으로서 유아들에게 신선하고 아름다운 자극을 주어 다양한 상상력과 사고력, 창의력, 심미적 감상력을 길러줄 수 있어 유아교육기관에서는 대 · 소집단활동이나 다양한 흥미영역과 활동실 공간에서 활용되고 있다. 그림책이 유아들의 논리 · 창의력 배양에 공헌한다는 여러 학자들의 견해를 보면 아주 다양하게 제시되고 있다. 문학작품을 읽고 난 후 배경지식을 활용하여 문제를 발견인식하고 해결하는 방법이 있으며, 그림책을 읽고 이야기 나누기를 하면서 더욱 높은 표현기능을 기대할 수 있다(유영희, 2007).

그림책을 읽는 다는 것은 영유아가 언어매체로부터 정보를 획득하는 방법 중의 하나이며, 언어로 표현된 다양한 수준의 지적 처리과정이다(강찬경, 2003). 유아는 동화내용이나 순서, 인과관계 등을 이해하고 내용을 기억하여 표현하는 과정에서 지식과 개념을 재구성하는 경험을 한다. 뿐만 아니라, 유아는 동화 속 주인공과의 자연스런 동일시를 통해 간접적으로 주인공의 문제해결과정을 경험하며 주인공이 당면한 또는 가상의 문제상황에 대한 나름의 해결방법을 자유롭게 상상해 볼 수도 있다(권복란, 2007). 상황(장면)에 어울리는 또 다른 낱말을 찾아보거나 동화 속에 제시된 문제를 창의적으로 해결하는 과정에서 단순히 해결책을 제시하기보다는 적절한 단계를 밝히고 이러한 해결책의 실행가능성과 관련한 적절한 이유 등을 논리적으로 설명하는 과정을 경험해 볼 수 있다는 점에서 유아의 논리, 창의교육을 위한 효과적인 활동이 될 수 있다(박찬옥 외, 2013).

이상 여러 학자들이 제시한 내용을 종합해보면 그림책을 활용하는 언어교육에서 문제를 발견, 인식하고 해결하는 방법, 읽고 이야기 나누기를 통한 높은 수준의 표현활동, 다양한 수준의 지적 처리과정, 지식과 경험의 재구성과정, 동화 속 주인공과의 동일시 과정, 주인공의 문제해결과정의 경험 그리고 또 다른 해결방법의 탐색과정, 동화 속에 제시된 문제의 창의적인 해결과정, 해결책에 대한 실행가능성 및 이유의 논리적 설명과정 등의 다양한 탐구 또는 지적활동 등이 유아의 논리적 사고력 계발에 효과적임을 지지해주고 있다.

2. 그림책 활용 지도의 실제

논리적 사고력을 배양하기 위한 그림책 지도는 앞절 그림책의 이해에서 밝힌 이론을 근거로 하여 유아교육의 전 교육활동에서 지도할 수 있다. 특히 논리적 사고력과 창의적 사고력을 배양하기 위한 그림책 지도는 지도하는 방법에 따라 배양의 성과가 달라지므로, 다양하게 탐구적이고 지적인 활동을 강조해야 함은 당연한 일이다. 일반적으로 유아교육기관에서 주제활동을 전개함에 있어 도입, 전개, 종결의 과정을 밟는 것과 같이 그림책 지도에서도 읽기 전(도입), 읽기(전개), 읽은 후(종결)의 단계를 밟아 지도하는데, 다음에서 3단계로 구분하여 각 단계별로 지도관점을 표화하면 〈표 Ⅳ-4〉와 같다.

〈표 Ⅳ-4〉 그림책 읽기 단계별 지도관점

단계	활동내용	지도관점
읽기 전(도입)	읽기준비활동 –동기유발활동–	1. 책에 대한 관심과 흥미 갖기 2. 읽기목표, 방법의 안내 3. 논리 · 창의적 활동
읽기 중(전개)	읽기목표구현활동 –내용이해활동–	1. 그림책 본문내용에 몰입하기 2. 그림책 내용을 정확하게 이해하기 3. 읽기활동 중 유아 반응에 적절히 대처하기 4. 감동 · 감화활동 5. 가치판단활동
읽기 후(종결)	읽은 내용 적용활동 –창의적 표현활동–	1. 그림책내용의 심화확충 2. 흥미, 관심 이어가는 추후 활동전개 3. 논리적, 창의적 활동으로 정리하기 4. 이야기내용의 내면화

〈표 IV-4〉에서 보는 바와 같이 읽기 전(도입), 읽기 중(전개), 읽기 후(종결)의 3단계를 거친다.

첫째, 읽기 전(도입) 단계에서는 읽기준비활동으로 그림책 읽기에 대한 동기유발을 시키고,

둘째, 읽기 중(전개) 단계에서는 읽기목표구현활동으로 그림책내용의 이해활동에 주력하고,

셋째, 읽기 후(종결) 단계에서는 그림책의 읽은 내용의 적용활동으로 창의적 표현활동으로 이끌어 간다.

넷째, 읽기 전(도입), 읽기 중(전개), 읽기 후(종결)단계에 맞는 논리, 창의적인 문학활동을 진행시키어 논리 · 창의력이 배양될 수 있도록 그림책 읽기단계별 지도모형이 구안되었다.

다음에서 단계별로 자세히 기술하기로 한다.

1) 읽기 전(도입) 읽기준비활동의 지도

(1) 지도관점 및 주요 문학활동

읽기 전 활동에서 중요한 것은 그림책 읽기에 대한 준비활동으로, 그림책 읽기에 대한 동기를 유발하는 활동으로 특히 다음과 같은 문학활동을 진행시킨다.

첫째, 읽을 그림책에 대한 동기유발활동으로 관심과 흥미를 갖도록 한다.

둘째, 읽을 그림책에 대한 읽기 목표와 읽기방법을 안내한다.

셋째, 도입단계에 적절한 논리 · 창의적 문학활동을 진행시킨다.

위 3가지 지도관점에 따른 그림책 읽기에 있어서 읽기 전(도입) 단계 주요 문학활동을 표화하면 〈표 IV-5〉와 같다.

〈표 IV-5〉 그림책 읽기 전(도입) 단계 주요 문학활동

단계	관점	주요 문학활동
읽기 전(도입) 읽기준비활동	–동기유발활동– 1. 책에 대한 관심 및 흥미 갖기	1) 책에 대한 관심과 흥미 갖기 (1) 관련 경험이야기 나누기 (2) 호기심, 관심 자극하기

단계	관점	주요 문학활동
		(3) 적절한 동기유발하기 (4) 주인공, 배경지식 이야기 나누기 (5) 관련음악 들려주고 율동하기 (6) 수수께끼
	2. 읽기목표, 방법의 안내	2) 읽기목표, 방법의 이해 (1) 읽기목표 이해시키기 (2) 읽기방법 이해시키기 (3) 유아 반응에 적절한 조치하기
	3. 논리 · 창의적 활동	3) 논리 · 창의적 활동 (1) 동화제목이나 표지그림보고 상상하기(표지탐색활동) (2) 브레인스토밍 (3) 내용예측하기

(2) 관점별 문학활동의 실제

읽기 전(도입) 읽기준비활동에서 동기유발의 방법으로 3가지 관점을 제시하였는바 각 관점별 주요 문학활동 진행요령에 대하여 기술하기로 한다.

① 책에 대한 관심과 흥미 갖기

책에 대한 관심과 흥미 갖기에서는 관련 경험이야기 나누기, 주인공 배경 지식이야기 나누기, 관련 음악 들려주고 율동하기에 국한하여 설명하기로 한다.

ㄱ. 관련 경험 이야기 나누기

유아그림책 속의 이야기내용은 전해 내려오는 설화내용을 제외하고는 유아들의 생활 속에서 묻어나오는 소재를 중심으로 구성된다. 따라서 대부분의 유아들은 유아그림책 속의 이야기내용과 비슷하거나 같은 경험을 소유하고 있어, 그림책 속의 이야기에 관련된 유아들의 경험을 상기시켜 이야기를 이끌어 가야 그림책 속의 이야기를 쉽게 이해하게 된다. 그림책 속의 이야기내용과 유아들의 관련 경험이 같을 때 예를 들면, 그림책 '크리스마스 선물'을 읽을 때 '루돌프 사슴 코', '울면 안 돼', '창밖을 보라' 노래를 부르며 노래 곡에 맞추어 율동을 할 수도 있다.

한데 어우러질 때 상상활동과 판단활동이 보다 활발하게 이루어진다. 예를 들면, 그림책 '금도끼 은도끼'를 읽을 때 교사의 대표적인 발문유형은 다음과 같다.

- 그때의 기분은 어떠했니?
- 자기가 손해를 보거나 불편해도 이것을 참고 끝까지 바르게 이야기해 본 적 있니?
- 그때의 기분이 어떠했니? 등의 발문을 통하여 '정직'에 대한 과거 관련 경험을 상기시키면서 읽게 한다.

ㄴ. 주인공, 배경지식 이야기 나누기

대부분의 그림책 읽기지도과정에서 그림책 이야기를 지도하기 전에 배경지식을 이야기해 주고 있다. 유아의 배경지식을 기록하기 위한 방법으로 K-W-L 차트를 활용할 수 있다. K는 what we know(알고 있는 것), W는 what we to know(알고 싶은 것), L은 what we learned(알게 된 것)를 의미한다.

이에 대하여 예를 들면 다음과 같다.

<표 Ⅳ-6> 그림책 읽기 전(도입) 단계 주요 문학활동

알고 있는 것(k)	알고 싶은 것(w)	알게 된 것(L)
• 정원에는 꽃이 있다. • 정원에는 나무가 있다. • 정원에는 흙이 있다.	• 정원은 어떻게 생겼을까? • 어떤 꽃과 나무들이 있을까? • 어떤 곤충과 동물들이 살고 있니? • 정원은 누가 돌봐주나?	• 들장미, 초롱이 꽃, 데이지 꽃 등이 있다. • 벚나무, 딱총나무도 있다. • 꽃들도 사랑받고 싶어 한다. • 정원은 정성껏 돌봐야 한다.

ㄷ. 관련 음악 들려주고 율동하기

그림책내용에 관련된 노래나 율동을 함으로서 그림책 읽기에 대한 동기유발을 할 수 있다. 예를 들면, '토끼와 거북이' 그림책을 읽을 때 '산토끼' 노래를 부르고 산토끼 노래에 맞추어 율동을 할 수 있다. 또한 '느림보 거북이' 노래를 부르고 '거북이' 노래에 맞추어 율동을 함으로써 '토끼와 거북이'그림책 이야기내용 이해에 도움을 줄 수 있다.

② 읽기목표, 방법의 안내

모든 유아 학습활동에서 유아들에게 학습활동의 목표와 학습활동의 방안을 이해시키어 학습활동의 방향을 초점화시키고 명료화시켜야 한다. 지금, 유아들이 하고 있는 활동이 무엇 때문에 하는지, 유아들이 알고 활동을 할 때 학습의 효율성을 제고시킬 수 있다. 또한 그림책 읽기를 위한 읽기학습방법도 유아들에게 읽기준비과정에서 유아들에게 철저히 이해되었을 때 학습활동이 활발해지고 목표지향적으로 이루어질 것이다. '금도끼와 은도끼' 그림책을 읽을 때의 읽기목표와 방법안내에 대한 교사발문의 예를 들어보자.

ㄱ. 읽기목표안내에 대한 교사발문의 예

- 정직해야 되는 이유를 알아보자.
- 정직한 생활을 하면 어떤 좋은 점이 있을까?
- 정직하지 못한 생활을 하면 어떤 불이익이 돌아올까?
- 정직하게 생활하려면 여러 가지 어려움이 뒤따르는데 이때에는 어떻게 극복할까?

ㄴ. 읽기지도방법에 대한 교사발문의 예

- 자기생활과 비교해 가면서 읽으세요.
- 그림책의 이야기를 읽을 때는 재미있는 말, 새로 나온 낱말, 비슷한 낱말을 표시하면서 읽으세요.
- 다음에 어떤 일이 벌어질지 상상해보면서 읽어 보세요.
- 마지막에 어떤 결론이 나올까 생각해보고 읽어 보세요.
- 문장의 구조가 어떻게 짜여져 있는지 생각하면서 읽어 보세요 등 다양하다.

ㄷ. 유아 반응에 대한 적절한 조치

유아들이 그림책을 읽으면서 많은 호기심과 질문을 하기 마련이다. 그 질문이 호기심으로 또는 모르는 상황으로 남아 있으면 더 이상 읽기가 진행될 수 없고, 진행된다 하더라도 의미 있는 읽기가 될 수 없다. 읽기에 앞서 유아들의 질문에 대해 이해시켜줘야 하고 읽기에 집중할 수 있도록 간단하게 핵심만 잡아 대답해 준다.

③ 논리 · 창의적 활동

논리 · 창의적 활동에는 동화제목이나 표지 그림보고 상상하기(표지탐색활동), 브레인스토밍, 내용 예측하기 등이 있는데 동화제목이나 표지 그림보고 상상하기(표지탐색활동)와 브레인스토밍에 대하여 자세히 설명하기로 한다.

ㄱ. 동화제목이나 표지 그림보고 상상하기(표지탐색활동)

그림책의 제목이나 표지를 보고 책의 내용을 상상해보는 일은 유아들이 자기 과거 경험이나 이제까지 읽은 다양한 그림책을 통해 얻은 정보를 종합하여 많은 것을 상상하고 연상함으로써 유아의 창의적 사고와 논리적 사고활동을 촉진하게 된다. 표지 그림과 제목의 일부를 보여주고 가려진 부분에 어떤 글자가 숨어 있는지 생각해 보는 활동도 현재 나타난 그림이나 글자를 근거로 전체를 생각해 내는 탐색활동도 창의적 사고와 논리적 사고활동을 자극한다. 다만, 이러한 활동들이 실제로 해보면 자신이 예측해 본 것과 실제의 글의 내용이 맞는지, 틀리는지에 관심이 많아서 예측대로 되지 않은 경우에 좌절할 수도 있어 이에 대한 지도도 있어야 한다. 동화제목이나 표지그림을 보고 상상하기(표지탐색활동)는 교사의 발문을 통해 이야기 나누기 방법으로 이루어진다. 이 과정에서 교사의 발문의 예를 제시한다(노명환 외, 1998).

가. 그림이나 삽화에 대하여

- 이 그림을 보니 앞으로 어떤 일이 일어날 것 같니?(해석)
- 이 그림은 무엇을 말해주고 있을까?(해석)
- 그림만 보고 주인공에게 어떤 일이 일어날지 이야기해 보자.(해석)
- 그림만 보고 이야기해 보자.(해석)

나. 제목에 대하여

- 제목만 보고 이 책의 내용을 말해보자.(해석)
- 제목을 바꾸어보자.(해석)
- 제목을 보고 이야기의 내용이나 결말을 예측해보자.(해석)
- 제목을 보고 생각나는 것이 있는가? 관련된 경험이 있는가?(적용)
- 이 제목의 뜻은 무엇인가?(해석)

다. 지은이에 대하여

- 이야기의 지은이 이름을 알아보자. 지은이가 지은 다른 책을 본 적이 있는

가?(사실)

- 이 이야기의 지은이에 대해서 받은 느낌이 있는가?(해석)

ㄴ. 브레인스토밍(brain storming)

책의 제목이나 그림을 보고 연상되는 과거에 읽은 이야기책이나 줄거리, 생각, 느낌, 단어 등을 생각나는 대로 상상해보도록 한다. 이에 따른 교사 발문의 예를 제시하면 다음과 같다.

가. 제목과 그림을 보면 과거에 읽은 책 중에 비슷한 그림책이 생각나나요? 그 그림책 이야기의 줄거리를 말해볼 수 있어요.(과거에 읽은 책)

나. 이 그림책 표지의 그림은 무슨 그림인가요? 그림과 제목만 보면 어떤 이야기가 쓰여 있을 것 같아요.(줄거리, 생각)

다. 이 그림책의 그림과 제목을 보면 이야기가 어떤 느낌이 들 것 같아요. 예를 들면, 즐거운 이야기일까? 슬픈 이야기일까? 그리고 그림이나 제목의 어떤 부분이 그런 생각이 들게 하나요?(느낌)

라. 이 그림책의 그림이나 제목을 보고 생각나는 단어를 말해보세요, 그림만을 보고 만들 수도 있고, 제목만 보고 만들 수도 있고, 그림과 제목을 함께 연관지어서도 생각할 수 있어요.(단어)

2) 읽기 중(전개) 읽기목표구현활동지도

(1) 지도관점 및 주요 문학활동

읽기 중(전개) 활동은 그림책 이야기 읽기에 몰입하여 읽기목표구현에 초점을 맞추어 그림책내용의 이해에 치중하는데, 읽기활동의 전 과정을 통하여 본문읽기에 방해 활동을 제거해주고 유아들이 독서내용에 반응을 보일 때 짧게 반응해주고 그림책 읽기에 몰입하도록 한다. 특히, 다음과 같은 문학활동을 진행시킨다.

첫째, 그림책 본문 읽기활동에 몰입하도록 지도한다.

둘째, 그림책 이야기내용을 정확하게 이해하도록 지도한다.

셋째, 읽기활동 중 유아들의 반응에 적절하게 대처해 준다.

넷째, 감동 · 감화활동으로 그림책내용의 가치를 내면화시킨다.

다섯째, 그림책내용의 가치에 대한 판단활동으로 올바른 가치를 선택하여 실제 생활에서 행동으로 이어지게 한다.

여섯째, 특히 읽기 중(전개) 단계에서는 논리 · 창의 중심의 읽기활동으로 전개한다. 위의 여섯 가지 지도관점에 따른 그림책 읽기(전개) 단계의 주요 문학활동을 표화하면 〈표 IV-7〉과 같다.

〈표 IV-7〉 그림책 읽기 중(전개)단계 주요 문학활동

단계	관점	주요 문학활동
읽기 중(전개) 읽기목표구현활동	–내용이해활동– 1. 그림책 본문내용에 몰입하기	1) 그림책 본문내용 몰입하기(탐색) (1) 반복적으로 이야기 듣고 말하기 • 이야기 듣기 • 이야기 말하기 • 이야기 듣고 말하기 (2) 새로 나온(모르는) 낱말 찾아보기 (3) 재미있는 낱말 찾아보기 (4) 새롭고 재미있는 문장 찾아보기 (5) 그림책 속 재미있는 단서 찾기 (6) 흉내 내는 말과 비유적인 표현 찾아보고 활용하는 장면 찾아보기 (7) 구조를 생각하며 읽기 (8) 그림과 문장 관련짓기 (9) 관련 그림책내용과 비교해 보기 (10) 궁금한 것 질문하고 탐구하기 (11) 그림책 읽기의 단계화(이야기, 그림의 순) (12) 심미적 읽기와 분석적 읽기
	2. 그림책내용을 정확하게 이해하기	2) 그림책내용을 정확하게 이해하기 (1) 관련 경험 연관지우기 (2) 삼행시 짓기 (3) 짧은 글짓기 (4) 점검하기 (5) 협의하기 (6) 토론하기 (7) 메모하기 (8) 질문 만들어 활용하기 (9) 시간순서 점검하기 (10) 개인적인 반응하기 (11) 순서대로 카드 배열하기 (12) 빈칸 채우기

단계	관점	주요 문학활동
		(13) 스피드 퀴즈하기 (14) 예측하기 (15) 궁금한 점 질문하기 (16) 이야기 줄거리 요약해보기
	3. 읽기활동 중 유아 반응에 적절히 대처하기	1) 유아반응하기에 격려하기 2) 이야기내용에 대한 유아의 질문에 답하기 3) 궁금한 것을 질문 탐구하도록 하기
	4. 감동 · 감화활동	1) 이야기내용과 관련된 경험 이야기 나누기 • 자기경험 • 이웃 사람들의 이야기 • TV, 신문에 나온 감동적인 이야기 2) 감동받은 문장, 그림 찾아보기 3) 나의 느낌 정리하기
	5. 가치판단활동	1) 독서토론하기 2) 등장인물의 성격, 행동 비판하기 3) 근거와 해결방법의 적절성 따져보기
	6. 논리적 · 창의적 읽기 활동	1) 논리적 · 창의적 읽기활동 (1) 상상 이야기 꾸미기 (2) 질문하기 (3) 추론하기 (4) 연상하기 (5) 예측하기, 해석하기 (6) 뒷이야기 상상하기 (7) 어절 바꾸기 (8) 몸짓과 표정으로 말하기

(2) 관점별 문학활동의 실제

읽기 중(전개) 내용이해활동으로 6가지 관점을 제시하였는 바, 각 관점별 주요 문학활동 진행요령에 대하여 기술하기로 한다.

① 그림책 본문내용에 몰입하기

그림책 본문 이야기 몰입하기에서는 반복적으로 이야기 듣고 말하기에 국한하여 기술하기로 한다.

ㄱ. 반복적으로 이야기 듣고 말하기

듣기란 다른 사람이 전해주는 말소리를 마음속에 의미로 전환시키는 것으로 단순히 말소리를 듣는 것이 아니라, 들려 오는 말소리를 받아들이고 그것들에 주의를 기울여 의미를 구성하고 메시지를 이해하고 반응하는 과정적 활동이다. 크래피와 바델(Crafi & Bardell, 1984)은 이야기를 듣고 다시 이야기해 보고, 그 이야기에 대해 자신의 생각을 말해 보는 경험을 계속하면 그 내용에 대한 앎이 무의식적으로 이루어진다고 하였다. 반복적으로 이야기 듣기와 말하기 활동의 절차는 다음과 같다.

가. 이야기 듣기 활동

교사는 유아들이 듣기활동을 통하여 그림책의 내용에 대하여 이해할 수 있도록 다음과 같은 관점으로 이야기 나누기를 한다.

㉠ 이야기 나누기 관점

- 그림책 제목 소개하기
- 그림책 내용 추측해서 이야기 나누기
- 그림책의 첫 페이지부터 마지막 페이지까지 들려주기
- 그림책내용 관련하여 궁금한 것이 있으면 질문하고 대답하기
- 그림책을 끝까지 읽어준 뒤, 유아들의 언어적 반응이 있으면 추측하고 반응이 없으면 듣기활동 끝내기

또한 이때 유아들이 듣기활동을 잘하도록 교사가 다음과 같은 기술을 지도해야 한다. 이때 교사가 고려할 점은 기술지도를 위하여 반복 연습시키는 것이 아니라 듣기 상황 속에서 지도해야 한다.

㉡ 경청기법

- 교사 말의 속도를 적절히 따라갈 수 있도록 교사의 입을 수시로 주시한다.
- 교사의 말 중에서 중요하고 핵심적인 내용을 변별할 수 있어야 한다.
- 단어의 경계, 핵심단어, 단어배열의 유형과 그 의미를 알 수 있어야 한다.
- 문법적 형태에 따라 의미에 차이가 있음을 알아야 한다.
- 교사의 얼굴표정, 몸짓, 그 밖의 언어적 단서를 이용하여 메시지를 파악하는

기술이 있어야 한다.

- 교사의 말에 귀를 기울여 주의깊게 들으면서 그 말의 의미까지 파악해야 한다.
- 상황에 맞는 얼굴표정을 지으면서 듣는다. 예를 들면, 재미있으면 미소 짓기, 의견이 다르면 고개를 약간 갸우뚱하기 등이다.
- 이해가 안 되는 부분은 질문할 준비를 하면서 듣는다.

나. 이야기 말하기 활동

유아들이 그림책을 활용한 다양한 문학활동을 통하여 이해한 그림책의 내용을 동료 유아들에게 자연스럽게 말해 보도록 한다. 유아들은 재미있는 이야기는 다른 동료 유아들에게 이야기하기를 좋아한다. 그림책 이야기 말하는 활동은 다음과 같은 두 과정을 밟아 말하기를 하도록 지도한다.

첫째, 1차 말하기 활동에서는 그림책 이야기의 내용을 중심으로 말하도록 한다. 말하기가 원활하지 못하면 이야기의 배경이나 줄거리에 대한 정보를 약간 제공한다.

둘째, 1차 말하기 활동이 능숙하게 이루어지면 그 다음에는 그림책 이야기내용에 자기의 경험이나 생각을 곁들여 말하도록 발전적으로 지도한다.

그리고 이야기 듣기활동과 이야기 말하기 활동은 여러 번 반복지도한다.

② 그림책내용을 정확하게 이해하기

그림책내용을 정확하게 이해하기에서는 관련 경험 연관 짓기에 국한하여 기술하기로 한다.

ㄱ. 관련 경험 연관짓기

유아들은 새로운 그림책을 접하게 될 때, 그림책의 이야기내용이 유아들의 과거 생활경험과 연결되지 않으면 그림책의 이야기를 읽을 수는 있으나 해독에까지 이끌지 못하여 읽기의 의미를 이해할 수 없다. 아무리 재미있게 꾸며진 그림책 이야기내용이라 할지라도 바르게 이해시키기 위해서는 그림책 이야기내용과 유아의 개인적 경험을 연결시킬 수 있도록 도와주어야 한다. 다시 말하면 머릿속에 있는 시키마(schema)와 연결되지 못하면 그림책 이야기내용을 이해할 수 없다. 따라서 유아의 경험을 그림책 이야기 속의 내용과 연결시켜 주기 위한 방법으로는 다음과 같다.

첫째, 유아 개인이 가지고 있는 스키마(schema)를 활성화시켜 주는 일이다. 즉, 유아 개인이 가지고 있는 과거의 경험이나 지식을 상기시키거나 과거에 읽은 그림책의 내용을 회상하거나 유아들의 일상생활에서 겪은 사회생활경험을 정리하여 그림책 이야기와 관련시키는 일이다. 이때 교사의 질문형식의 예를 들면 다음과 같다.

- '토끼와 거북이'의 이야기와 비슷한 그림책을 읽은 적이 있나요?
- 자기의 머리가 좋다고 게으름을 핀 적이 있나요?
- 자기 재주가 좋다고 게으름 피우는 사람과 자기 재주가 낮아도 부지런히 노력하는 사람 간에는 결국 누가 이길까요?
- 우리 생활주변에 '토끼와 거북이'의 이야기와 같은 사례를 생각해보세요.

둘째, 그림책내용과 관련된 현장을 직접 견학시키는 일이다. 예를 들어, '소방차'에 관한 책내용이라면 소방서를 찾아가서 직접 소방차를 구경하고 소방차 아저씨와 대화하거나 소방차 아저씨들이 불을 끄는 상황을 찍은 각종 사진을 찾아 읽어보는 것이다.

③ 읽기활동 중 유아 반응에 적절히 대처하기

읽기활동 중 유아 반응에 적절히 대처하기에서는 유아 반응하기에 격려하기에 국한하여 기술하기로 한다.

ㄱ. 유아 반응하기에 격려하기

유아들은 그림책을 읽고 나면 다양한 방법으로 반응하기를 즐긴다. 또한 교사는 다양한 방법으로 반응하도록 유도해야 한다. 대체적으로 유아들은 처음에는 간단한 방법으로 반응하지만 독자로서 또는 필자로서의 경험을 쌓을수록 좀 더 정교한 수준으로 반응하게 된다. 유아들이 그림책을 읽고 난 후 반응할 수 있는 방법의 예를 들면

가. 이야기 다시 해보기

읽은 그림책의 이야기내용을 다시 생각하여 장면별로 이야기해 보도록 한다.

나. 이야기 요약하기

읽은 그림책의 내용을 요약하여 이야기해 본다.

다. 분석하기

읽은 그림책내용 중에 재미있었던 문장, 새로운 가치가 내포되어 있는 내용, 유아들의 행동에 변화를 기대하는 내용, 유아들에게 감명을 준 내용을 분석하여 이야기해 본다.

라. 일반화하기

읽은 그림책내용 중에서 발견된 가치에 의해 각자의 행동의 방향을 결정해 본다.

마. 쓰기를 통한 반응하기

읽은 그림책내용을 중심으로

- 그림으로 표현하기
- 비슷한 그림 오려붙이기
- 설명하고 묘사하기
- 자기경험과 관련짓고 느낌 표현하기
- 다른 작품과 비교하기
- 주인공의 성격에 대해 추리하기

등 쓰기를 통한 반응하기 활동은 의미구성이나 비판적 사고력을 배양할 수 있다. 그러나 유아들이 그림책을 읽고 나서 위와 같은 반응이 자연스럽게 이루어지게 하기 위해서 교사가 실제 문학활동 장면이나 상황 속에서 위에 제시한 반응내용들을 시범적으로 여러 번 보여준 후, 그 뒤로는 교사가 위와 같은 반응들이 나오도록 유도하고 격려해야 한다.

④ 감동 · 감화활동

감동 · 감화활동에서는 이야기내용과 관련된 경험 이야기하기에 국한하여 기술하기로 한다.

ㄱ. 이야기내용과 관련된 경험 이야기 나누기

그림책 이야기내용을 확실하게 이해시키기 위해서는 일차적으로 그림책의 내용을 전체적으로 이해하고 난 후 그림책 이야기내용과 관련된 유아들의 과거 생활경험이나 유아 주변 사람들의 관련 경험, 전에 읽었던 관련 그림책의 내용, 텔레비전이나 신문에 나온 관련 사실들과 연계시켜서 읽도록 해야 한다. 그렇게 관련지어 사고하고 탐구함으로써 그림책 이야기 속의 가치들이 유아들의 삶의 방식이나 삶의 행동으로 발전시킬 수 있다. 또한 이러한 과정을 밟아 이야기내용을 이해시킴으로써 그림책 이야기를 유아들에게 깊은 감동과 감명을 줄 수 있다. 그림책 이야기내용과 유아들의 과거 경험을 관련시키기 위한 교사발문내용의 예를 들면 다음과 같다(고정리, 2012).

- (제목을 보고 이야기를 예측하며) 이야기의 인물이나 사건에 대하여 말해볼까요?(해석)
- 이야기의 내용과 비슷한 경험을 한 적이 있나요.(적용)
- 이 책의 내용과 비슷한 이야기를 들어 본 적이 있나요?(사실/적용)
- 이 이야기에서 사람들은 왜 그렇게 행동을 했나요?(해석)
- 만일 네가 이야기의 ~라면 너에게 어떤 일이 일어나겠는가?(해석)
- 만일 네가 이야기의 ~라면 너는 어떻게 하겠는가?(적용)
- 이 이야기의 인물을 통해서 특별히 생각나는 사람이 있는가?(적용)
- 내가 만약 주인공이라면 어떻게 하였을까?(적용)

⑤ 가치판단활동

가치판단활동에서는 독서토론하기에 국한하여 기술하기로 한다.

ㄱ. 독서토론하기

그림책 읽기는 바로 독서 활동이다. 따라서 독서토론이란 그림책을 읽고 그림책의 이야기 속에 내재되어 있는 도덕적 갈등상황에 대한 토론을 통하여 올바른 가치를 선택하고 자신의 행동방향 결정에 활용하기 위해 독서토론이 이루어진다. 독서토론의 가장 큰 목적은 읽은 그림책의 내용에 대한 심화와 동시에 유아들의 언어사고기능을 향상시키는 데 있다. 토론을 통하여 유아들의 각종 안건에 대한 올바른 결론을 선택할 수 있게 되는 동시에, 그 과정에서 유아들의 생각하는 사고기능에 발전적인 변화가 일어나기를 기대하며 이를 통하여 비판적 사고력을 배양할 수 있다.

독서토론 교수 · 학습과정의 예를 제시한다.

〈표 IV-8〉 독서토론 교수·학습활동

토론도서: 세상에서 제일 힘 센 수탉
토론주제: 만약에 수탉처럼 우리 엄마나 아빠가 힘들어 하시는 모습을 보면 여러분은 어떤 말과 행동으로 엄마, 아빠께 힘을 드리고 싶나요?

과정	교수·학습활동
동기유발	• 병아리를 키워 본 경험 이야기
학습문제 확인	• 학습문제 알아보기
	토론진행방법에 따라 독서토론을 해봅시다.
학습활동 안내	• 학습안내 – 활동 1: 토론준비하기 – 활동 2: 토론하기 – 활동 3: 토론결과 정리하기
활동 1	• 활동 1: 토론준비하기 – 토론도서 – 토론주제 정하기 – 토론규칙 알아보기
활동 2	• 활동 2: 토론하기
활동 3	• 활동 3: 토론결과 정리하기
정리	• 활동결과 정리
과제제시	• 다음 토론도서 소개하기

⑥ 논리적·창의적 읽기활동

논리적, 창의적 읽기활동에서는 상상이나 이야기 꾸미기에 한정하여 기술하기로 한다.

ㄱ. 상상 이야기 꾸미기

그림 이야기는 현실과 환상의 세계를 넘나들면서 자연스럽게 그린 문학작품으로 유아들은 자유롭게 환상의 세계를 그리고 갖가지 예측과 상상을 하면서 논리적이며 창의적인 사고력을 발달시키는 것이다. 따라서 교사는 처음부터 유아들이 충분히 흥미로워하고 발달적으로 적합하며 예측이 쉽고 상상의 여유가 많으며, 교사들에게도 재미있는 작품을 선정해야 한다. 이렇게 선정된 그림책은 교사가 그림책 이야기를 들려주면서 중간 중간에서 다음 장에서 이루어 질 상황을 상상해보거나 마지막 장면에서 나타날 결말을 미리 상상하고 예측해보도록 한다. 옳은 상상이나 결말이 없는 것으로 유아들은 그들의 상황에서 아주 다양한 상상을 할 수 있도록 유도한다.

가. 상상(예측)의 준거

유아들이 상상하거나 예측하도록 할 때에는 유아 수준에서 상당한 근거를 가지고 세우도록 한다. 근거나 이유가 있는 상상이나 예측만이 유아들의 창의적이며 논리적인 사고력을 길러줄 수 있다. 상상(예측)의 준거로서는 다음과 같다.

첫째, 과거에 읽은 그림책내용

둘째, 표지 그림이나 책 제목

셋째, 유아들의 생활경험을 들 수 있다.

나. 상상이어 이야기 꾸미기 지도 시 고려할 점

교사가 상상이어 이야기 꾸미기 지도 시 고려할 점은 다음과 같다.

첫째, 장면별로 실시한다.

그림책 이야기는 반드시 여러 개의 장면으로 구성된다. 따라서 상상하여 이야기 꾸미기는 새로운 장면에 도입할 때마다 실시하는 것이 좋다.

둘째, 브레인스토밍(brainstorming) 기법을 적용한다.

유아들이 발표한 내용에 대하여 비판하지 않고 가급적 많은 유아들이, 많은 내용을 발표하도록 한다. 또한 나중에 발표하는 유아는 앞에서 동료 유아가 발표한 내용을 자기 것으로 소화하고 합치어 발전적으로 구성하여 발표하도록 권장한다.

> 예 교사: 거북이를 뒤로 하고 빨리 달려간 토끼는 지금 무엇을 하고 있을까요?
> 유아 1: 지금도 열심히 뛰어가고 있어요.
> 유아 2: 땀이 나서 얼굴을 닦으면서 천천히 뛰어가요.
> 유아 3: 거북이가 안 보이니까 앉아서 보일 때까지 쉬기로 했어요.
> 유아 4: 심심하니까 낮잠을 자요.
> 유아 5: 심심하고 거북이가 안 보이니까 거북이가 가까이 올 때까지 낮잠을 자요.

3) 읽은 후(종결) 주요 문학활동

(1) 지도관점 및 주요 문학활동

읽은 후(종결) 단계에서는 읽은 내용의 적용활동으로 창의적이며 논리적인 표현활동을 하는 단계로서, 읽은 내용의 적용활동으로는 읽은 내용을 심화시키고 추후 활

동하기, 실생활에의 적응활동, 논리적, 창의적 활동으로 발전시킬 수 있다. 이를 구체화하면,

첫째, 사전에 학습한 그림책을 다시 읽어 그림책내용을 심화 확충시킨다.

둘째, 유아들의 흥미와 관심에 따라 다양한 추후 활동을 전개한다.

셋째, 논리적 · 창의적 활동으로 전개하여 논리적 · 창의적 사고력 배양에 주력한다.

넷째, 그림책내용의 가치를 공유화하고 자기 행동의 방향을 모색한다.

위 4가지 관점을 준거로 하여 전개할 수 있는 읽기 후(종결) 단계의 주요 문학활동을 표로 나타내면 〈표 IV-9〉와 같다.

〈표 IV-9〉 읽기 후(종결) 단계 주요 문학활동

단계	관점	주요 문학활동
읽은 후(종결) 읽은 내용 적용활동	–창의적 표현활동– 1. 그림책내용의 심화 · 확충	1) 그림책내용의 심화 · 확충 (1) 낱말놀이 (2) 독서기록표 만들기 (3) 장르 바꾸어 보기 (4) 이야기 순서대로 요약해보기 (5) SWBS 도표 만들기 (6) 극놀이 해보기 (7) 재차 읽어보고 질문하기
	2. 흥미, 관심에 이어가는 추후 활동 전개	2) 흥미, 관심 이어가는 추후 활동전개 (1) 글 없는 그림책을 활용한 이야기 꾸미기 (2) 그림 그리기와 만들기 (3) 작은 책 만들어 전시회 갖기 (4) 동화책 목록 보고 관련 그림책 찾기
	3. 논리적, 창의적 활동으로 정리하기	3) 논리적, 창의적 활동으로 정리하기 (1) 그림책내용 개작하기 (2) 이야기 합치기 (3) 논리적 모순을 바로 잡기 (4) 등장인물에게 편지쓰기, 생각 모으기 (5) 그림책내용과 다른 결말내기 (6) 뒷이야기 생각해 보기 (7) 작은 책 만들기(북아트) (8) 벤다이어그램 만들기 (9) 읽고 난 후 느낌 써 발표해 보기 (10) 논리중심 이야기 해석하기 (11) 그림 자료보고 이야기 꾸미기

단계	관점	주요 문학활동
	4. 가치판단활동	4) 이야기내용의 내면화(가치판단활동) (1) 근거와 해결방안에 대한 적절성 따져 보기 (2) 주인공의 입장 되어 보기 (3) 등장인물의 행동 비판하기 (4) 나의 행동 결정하고 근거, 이유 제시하기
	5. 논리적, 창의적 읽기활동	1) 논리적, 창의적 읽기활동 (1) 그림책 본문의 낱말, 어절 바꾸기 (2) 질문하기 (3) 추론하기 (4) 연상하기 (5) 예측하기 (6) 해석하기 (7) 뒷이야기 상상하기 (8) 상상 이야기 꾸미기 (9) 몸짓과 표정으로 표현하기 (10) 그림책 원그림을 다른 그림으로 고쳐 그려보기

(2) 관점별 문학활동의 실제

읽기 후(종결) 읽기 내용 적용활동으로 5개의 관점을 제시하였는 바, 그 관점별로 주요 문학활동의 전개 요령의 대하여 기술하기로 한다.

① 그림책내용의 심화 확충

그림책내용의 심화 확충에서는 낱말놀이에 국한하여 지도방법에 대하여 기술한다.

ㄱ. 낱말놀이

그림책 읽기학습을 마치고 나서 그림책 속에 나오는 다양한 낱말을 가지고 다양한 낱말놀이활동을 통하여 다음 사항들을 이해할 수 있다.

첫째, 그림책내용에 대한 심오한 이해를 돕고 그림책에 대한 흥미를 갖게 하여 다른 그림책 학습에의 전이력을 높이고,

둘째, 낱말에 대한 다양한 놀이를 통하여 낱말의 의미와 맥락 속에서 낱말활동의 다양성을 경험하여 낱말 사용의 규칙성을 이해하며,

셋째, 낱말에 대한 정확한 묘사, 발음연습과 어휘력 확장을 통하여 대화기술과 창의적 사고력과 논리적 사고력을 기르며,

넷째, 모든 그림책 읽기학습 후에 낱말놀이를 통한 그림책 읽기학습을 통하여 학습력을 길러준다. 낱말놀이 중에는 스무고개 넘기, 낱말이 쓰이는 곳 찾기, 반대말 찾기, 어울리는 낱말 찾기, 수수께끼 등이 있다.

가. 스무고개 넘기

스무고개 넘기활동은 놀이 안내자가 놀이자에게 놀이안내자가 지목한 물건이나 물체를 알아내기 위해 놀이자가 제시해 준 단서에 따라 해당 물건이나 물체를 찾아가는 놀이이다. 놀이자는 물건이나 물체에 대한 단서를 질문으로 스무 번까지 제시해 줄 수 있으며, 이때 놀이 안내자는 놀이자가 제시한 단서에 맞으면 '예', '아니요'로만 대답하면서 놀이안내자가 지목한 물건이나 물체를 찾아가는 언어놀이이다. 그 예를 들면 다음과 같다.

> 놀이안내자: 집에서 쓰는 물건입니다.
> 놀이자: 살아 있나요?
> 놀이안내자: 아니요.(집에 있는 물건 중에서 무생물로 한정한다.)
> 놀이자: 작은 물건인가요?
> 놀이안내자: 예.(무생물이면서 규모가 작은 물건으로 한정된다.)
> ⋮

나. 끝말잇기

끝말잇기는 다양한 낱말을 상기시키어 어휘력을 확장하고 하나의 글자를 단서로 새로운 낱말을 찾아내는 활동으로 논리적 사고력을 계발시킬 수 있다. 끝말잇기는 첫 번째 유아가 낱말을 제시하면 다음 유아가 제시된 낱말 중 끝 자로 시작되는 낱말 찾기를 반복적으로 하여 관련 낱말을 찾아내는 낱말 놀이이다. 참가 인원은 적어도 2명 이상의 유아가 참여해야 한다. 그 예를 들면 다음과 같다.

> 유아 1: 학교
> 유아 2: 교무실(학교 끝자 '교'로 시작되는 낱말)
> 유아 3: 실내 (교무실 끝자 '실'로 시작되는 낱말)
> 유아 4: 내일 (실내 끝자 '내'로 시작되는 낱말)
> ⋮

② 흥미, 관심 이어 가는 추후 활동

흥미, 관심 이어 가는 추후 활동에서는 글 없는 그림책을 활용한 이야기 꾸미기에 국한하여 설명하기로 한다.

ㄱ. 글 없는 그림책을 활용한 이야기 꾸미기

동화책에는 일반적으로 글로만 구성된 동화, 글과 그림으로 구성된 동화, 글 없는 그림으로만 구성되어 있는 동화 등 3종류가 있는데, 그중 유아들에게 동화의 이야기를 쉽게 이해할 수 있는 동화책이 그림과 글로 구성된 그림책이며 가장 고도의 문장 이해력을 필요로 하는 동화책이 글로만 구성된 동화책이고 그 중간에 속하는 동화책이 글 없는 그림책이다.

위에서 밝힌 3가지 유형의 동화책 중에 글 없는 그림책을 활용하여 지도하는 경우가 유아들에게 논리적 사고력은 배양시켜주는데 가장 효과가 크다. 이는 그림책의 내용을 이해하기 위하여 무한하게 상상하고 예측하고 예상하여 아주 다양한 이야기를 구성할 수 있기 때문이다. 또한 글 없는 그림책을 활용한 이야기 꾸미기는 지금까지 어떠한 동화책에서도 읽어본 적이 없는 유아 자신의 생활 경험이나 기존 동화책의 내용이 상호적으로 교류된 종합적인 표현으로 유아들에게 확산적 사고를 통한 논리적 사고력과 창의적 사고력이 배양된다. 그리고 글 없는 그림책은 유아생활경험 중심의 이야기를 구성하는 과정을 통하여 생활 중심의 논술력을 기를 수 있다. 글 없는 그림책을 활용한 이야기 꾸미기 지도는 다음과 같다.

- 글 없는 그림책을 활용한 이야기 꾸미기 지도는 전 절에서 밝힌 상상이나 이야기 꾸미기와 크게 다르지 않다.
- 상상이나 이야기 꾸미기는 그림책을 활용하기 때문에 글 없는 그림책을 활용한 이야기 꾸미기보다 문장이 곁들여져 상상의 단서가 더 있을 뿐이다. 따라서 전 절 ⑥ 논리적 · 창의적 읽기활동에서 다룬 상상(예측)의 준거, 상상이어 이야기 꾸미기 지도요령을 참고하기 바란다. 글 없는 그림책의 목록을 제시한다(김영실 외, 2015).

〈표 Ⅳ-10〉 글 없는 그림책 목록

제목	주제	쪽수	출판사
서커스	상상, 유머, 놀이	32	시공사
천사와 꼬마병정의 대모험	상상	30	한림
구름공항	상상	62	중앙
빨간 풍선의 모험	상상 모양, 유머	44	시공사
빨간 끈	상상	36	케이유니버스
숲 이야기	상상	30	한림
높이 더 높이	상상	31	시공주니어
이상한 화요일	상상	32	비룡소
수염할아버지	상상	30	보림
제이크, 하늘을 날다!	상상	32	보림
만약	상상	30	아가월드
이상한 자연사 박물관	상상, 현실	32	미래m&13
클레멘티나의 선인장	현실	27	미래m&13
나무	사계절의 변화	36	시공사
사과와 나비	자연, 상상	38	보림
트럭	교통, 여행	32	시공사
이건 막대가 아니야	상상	40	베틀북
시간상자	상상	40	베틀북

③ 논리적, 창의적 활동으로 정리하기

그림책이나 글로 된 동화, 다양한 장르의 문학작품, 교사 · 유아가 쓴 문학작품을 고쳐 쓰거나 이야기를 합치는 과정을 통하여 창의적 사고력과 논리적 사고력을 기를 수 있다. 논리적, 창의적 활동으로 정리하기에서는 그림책내용 개작하기, 이야기 합치기, 논리적 모순을 바로 잡기에 국한하여 지도방법을 기술하기로 한다.

ㄱ. 그림책내용 개작하기

원작의 내용에 기초하여 새로운 이야기의 동화로 개작하는 활동이다. 개작할 때에는 이야기에 변화를 주어 구성해야 하며 상황에 따라 과장법, 반복법, 점층법 등을 사용하여 흥미 있게 개작할 수 있다. '토끼와 거북이'의 그림책을 가지고 개작한 내용을 소개한다.

> 토끼는 낮잠이나 자고 가겠다며 쿨쿨 코를 골며 잠을 잤어요. 쉬지 않고 엉금엉금 기어 오던 거북이는 토끼를 보면서 생각했지요, '어쩌나, 깨울까?, 그냥 지나갈까?.
> 거북이는 토끼를 깨우기로 했어요. 잠에서 깨어난 토끼는 거북이가 아주 고마웠어요. 토끼는 거북이와 하나, 둘, 발을 맞추어서 결승점으로 들어갔어요. 거북이는 우승보다 우정을 선택한 자신이 너무 자랑스러웠어요.

ㄴ. 이야기 합치기

결말을 알고 있는 이야기, 재미없다고 생각하는 이야기, 별로 좋아하지 않던 이야기들을 결합하는 활동이다. 흥부와 놀부 이야기에 백설공주 이야기를 결합하는 식이다. 여러 작품의 내용을 계열성 있게 합하다 보면 자기만의 새로운 이야기가 만들어진다. 그 예를 들면 다음과 같다.

> '흥부는 나무를 팔기로 했어요, 숲으로 간 흥부는 일곱 난쟁이를 만났어요...'

ㄷ. 논리적 모순을 바로잡기

원작의 내용이나 교사가 만든 글을 보고 그 글 속에 들어 있는 논리적 모순을 바로 잡아 보게 한다. 그 예를 들면 다음과 같다.

> • 영수는 오늘 유치원 가서 공부를 하고 나서 집에서 아침을 먹고 가방을 싸가지고 돌아왔어요.
> ⇒ 영수는 오늘 아침밥을 먹고 유치원에 가서 공부를 하고나서 가방을 싸가지고 집에 돌아왔어요.

④ 가치판단활동

가치판단활동에서는 근거와 해결방안에 대한 적절성 따져보기에 국한하여 지도방법을 기술하기로 한다.

ㄱ. 근거와 해결방안에 대한 적절성 따져보기

창의적 사고력과 논리적 사고력을 계발하기 위해서는 읽기 중은 물론, 읽기 후에도 가치판단활동을 많이 전개해야 한다. 읽기 후에 이루어지는 가치토론활동에는 그림책 내에 제시된 주인공의 의견에 대한 가치토론과 그림책내의 갈등이나 문제와 비슷한 토론주제를 설정하여 토론을 하는 경우 등 두 가지 유형이 있는데, 어떤 유형을 택하든 간에 가치토론과정은 전절에서 밝힌 읽기중의 독서토론과정을 밟아 지도한다. 그리고 토론 시에는 다음과 같은 관점에서 진행시키어야 한다.

가. 그림책에 나오는 주인공들의 해결책에 대한 비판하기

- 갈등이나 문제점이 무엇인가?
- 주인공들의 해결책은 무엇인가?
- 주인공들의 해결책은 적절한가?
- 주인공들의 해결책은 내 의견과 같은 점과 다른 점은 무엇인가?

나. 동료 유아의 해결책에 대한 의견청취하기

- 방안에 대한 이유가 타당한가? 사실과 의견을 구분하여 듣는다.
- 방안과 이유를 동시에 말하는가?
- 방안과 이유가 일치되는가?

다. 유아 자신의 해결책에 따른 의견내기

- 자기 의견을 주장하는 능력 기르기
- 진실과 경험을 근거로 방안내기
- 사례, 신문, TV에 근거하여 방안내기

라. 동료 유아의 해결책에 대한 비판하기

- 해결방안이 갈등이나 문제해결에 직결되는가?
- 해결방안은 실현 가능하고 적절한가?
- 해결방안은 다른 사람의 도움을 얻어낼 수 있는가?
- 해결방안은 시간적, 금전적 제약을 받지 않는가?
- 해결방안은 우리의 힘으로 해결이 가능한가? 하는 관점에서 검토해야 한다.

⑤ 논리적 · 창의적 읽기활동

논리적 · 창의적 읽기활동에서는 그림책 본문의 낱말, 어절 바꾸어 보기에 국한하

여 지도방법을 기술하기로 한다.

ㄱ. 그림책 본문의 낱말, 어절 바꾸어 보기

그림책이나 글로 된 동화, 유아 주변의 다양한 장르의 문학작품, 교사 유아가 창작한 문장속의 낱말이나 어절을 바꾸어 새로운 문장을 만들어 보는 활동을 통하여

첫째, 같은 의미를 가진 낱말을 이해하고,

둘째, 문장을 이루는 문장구성의 법칙을 알아내며,

셋째, 적절한 낱말이나 어절 사용으로 문장구성능력, 논리적 사고력을 배양시킬 수 있다.

낱말, 어절을 바꾸어 보기 지도의 예를 들면 다음과 같다.

가. 같은 의미의 문장으로 만들기

- 우리는 거짓말을 하지 않고 정직하게 살아야 한다.
- 우리는 거짓말하지(말고) (바르게) 살아야 한다.

나. 반대되는 낱말로 채우기

- 우리들이 성공하기 위해서는 부지런해야 한다.
- 우리들이 (실패)하려면 (게을러도) 된다.

다. 문장구성 규칙을 알아보기

- 철수는 (학교)에 가서 (공부)를 하고 (책가방)을 싸가지고 집에 돌아왔습니다.
- 철수는 수영장에 가서 수영을 하고 수영복을 싸가지고 집에 돌아왔습니다.

라. 비슷한 문장으로 꾸미기

- 나팔꽃잎이 아침 (비를 맞더니) 더 파래졌어요.
- 나팔꽃잎은 아침 비를 맞으면 더 파래져요.

제V부

논리 · 논술교육의 실제(4)

유아교육은 놀이를 통하여 이루어진다. 유아교육기관에서 놀이중심교육은 과거의 암기식, 설명식 위주의 전통적인 교육방법을 탈피하여 유아들에게 탐색하고 상상하며 새로운 것을 찾아내기 위한 논리적이며 비판적인 사고활동을 강조하는 유아중심교육방법이다. 또한 유아들이 매일 접하는 다양한 신문은 '살아있는 논술교과서'로서 신문에는 기사, 사설, 칼럼, 사진, 만화, 광고 등 신문에 게재된 다양한 정보와 사건들은 유아들이 날카로운 시각으로 분석, 해석, 판단, 결정, 주장하는 활동을 통하여 비판적이며 논리적인 사고력과 논술력을 배양해 줄 수 있다.

제12장

놀이를 통한 논리 · 논술교육

유아교육에서 놀이는 학습의 방법으로 오래전부터 인식되어 왔으며, 이로 인하여 놀이를 통하지 않는 유아교육은 결국은 유아들에게는 암기식, 설명식으로 개념만을 주입하는 교육으로 지탄을 받아왔다. 놀이는 유아들에게는 흥미롭고 심리적 부담이 없는 가운데 유아 나름대로 탐색하고 상상하며 새로운 것을 창조할 수 있는 기회를 제공함으로써 창의적 사고력 발달에 효과적임을 많은 연구들에서 지지해 주었다. 뿐만 아니라, 놀이는 놀이 자체가 단순해 보여도 거기에는 상징적인 의미가 있어서 앞으로 일어날 상황에 대해 미리 연습하여 실제로 그런 문제에 부딪쳤을 때 이를 합리적으로 해결하여 자연스럽게 논리적 사고력을 키워주는 등 그 가치는 아주 크며, 놀이의 결핍은 성격의 결함이 되기도 한다. 본 장에서는 놀이에 관한 일반적인 이론과 놀이를 통한 논리 · 논술력을 기르기 위한 지도방안에 대하여 기술한다.

1. 놀이에 대한 이해

1) 놀이의 의의

오늘날 유아 놀이에 대한 편견 중 '놀지만 말고 공부 좀 해라.'라는 말이 있다. 긴 장마가 그치고 햇볕이 쨍쨍 내려 쬐는 마당가에서 아침에 깨끗하게 갈아입힌 옷을 개의치 않고 개미들이 한 줄로 열을 지어 이동하는 모습을 보고, 신기해서 어디까지 가나 알아보기 위하여 땅바닥에 바짝 엎드려 두 무릎으로 기어가는 유아를 보고 옷을 버리면서 장난을 한다고 부모는 꾸짖는다. 이러한 상황을 간단하게 생각할 문제가 아니다. 이러한 상황을 본 부모는 유아를 어김없이 심히 꾸짖는다. 이 장면은 어머니는 유아에게 엄청난 잘못을 저지르는 결과를 가져온다. 이는 유아가 호기심과 신비감을 가지고서 탐색, 탐구하는 과정을 통하여 창의적이며 논리적인 사고를 하려는 과학자적인 어린 싹을 단숨에 잘라버렸기 때문이다. 이러한 예는 오늘날 유아들의 생활 주변에 얼마든지 있다. 이와 같이 놀이는 유아의 생활이요, 발달의 지름길이요, 배움의 수단이다. 놀면서 배우고 탐색하며, 놀면서 사귀고, 놀면서 신체가 발달하고 심지어는 놀면서 밥을 먹는 등 유아가 잠자는 시간을 제외하면 모두 노는 시간이다. 유아들이 유아교육기관에 오는 것도 놀기 위해서 온다. 귀가한 유아에게 오늘 '유치원에서 무엇을 배웠느냐'고 어머니는 묻는다. 이런 질문은 대단히 잘못된 질문이다. '오늘 유치원에서 무엇을 해서 재미있게 놀았느냐?'라고 물어야 한다. 이런 놀이에 대한 바른 생각을 가지고 놀이의 의의를 알아보기로 한다(문교부, 1983).

(1) 놀며 배운다

흙, 모래, 물, 나무토막, 조약돌, 나뭇잎 등을 가지고 놀면서 물체의 각각 다른 특성을 알게 된다. 비눗물로 비눗방울을 만들면서 비누의 성질을 이해하게 되며, 거기서 비치는 무지개를 감상할 수 있고, 이것을 후일 프리즘에 관한 학습의 기초가 되는 것이다. 연탄재를 깨트려서 물에 개어 가지고 노는 유아가 있다면 그것도 말릴 일이 아니다. 만약 말린다면 그것이 굳어서 다음날 어떤 모습으로 변할지 관찰할 기회를 잃는 것이다. 놀이의 소재와 방법을 어른들의 한정된 사고의 테두리로 제한하지 말아야 한다. 어른들은 너무도 자기중심적인 사고방식으로 머리가 굳어져서 유아의 놀이가 갖는 창조적 가치를 이해하지 못한다.

(2) 놀며 탐색한다

유아는 자기 주변의 모든 물건에 대하여 호기심을 갖고 탐색하며 놀이를 즐긴다. 2~3세 유아라 할지라도 무심코 아무 때나, 아무 것에나 손을 댄다. 아빠의 자동차 열쇠, 성냥, 약장 속, 책장, 부엌의 그릇, 냄비, 싱크대의 컵, 어느 것 하나 궁금하지 않은 것이 없어 모조리 탐색해 보아야 속이 시원하다. 만 4~5세가 되면 동네 안이 다 궁금해서 골목마다 가보고 돌아다녀 보고 싶은 것이 정상적이다. 유아는 호기심과 탐색정신이 큰 데 반하여, 자기 행위의 결과가 어떻게 되리라는 것을 예측하지 못한다. 그래서 엉뚱한 사고가 일어날 수도 있으니 이점을 미리 짐작해서 경계하고 예방해야 한다.

예를 들면, '여기 귀중품이 들어있으니 이 서랍을 열지 말아라.'라고 하면 오히려 더욱 궁금하여 결국 서랍을 열어보는 것이 유아들의 탐구심이다. 오히려 귀중품이나 위험한 물건은 유아의 손에 닿지 않는 곳에 보관해야 한다.

(3) 놀면서 사귄다

성인들은 서로 상면하여 대화를 나누어도 사귈 수 있지만, 유아들은 대화의 능력이 부족하여 그렇게 할 수 없다. 친구가 많이 모여 있어도 놀지 않으면 심심하고 친밀한 교우관계가 형성되지 않는다.

유아는 잠시라도 틈만 있으면 놀려고 하고, 그러는 사이에 친구가 되고, 친구 사귀는 기술을 체득하게 된다. 즉, 상대방을 받아주고, 양보하며, 차례 지키고, 상대방 입장에서 생각해주고, 물건을 빌려주며, 빌리기도 하고, 서로 약속을 지키고 하는 등의 사회생활이 시작된다. 만일 친구와 벗하여 놀 기회가 적절히 주어지지 않는 유아가 있다면, 그는 사람 사귀기를 두려워하는 사람이 되기 쉽고 외톨박이로서 고독한 생활을 하게 되며, 소외감 때문에 남에게 접근하기를 꺼리게 된다. 이러한 품성이 굳어지면 노이로제나 정신병에 걸릴 우려가 크다.

(4) 놀며 신체가 발달한다

두 달쯤 되면 고개를 가누고 넉 달이면 엎치며, 5~6개월에 배밀이를 하고, 7~8개월이면 일어나 앉으며, 9~10개월에 기어 다니다가 1년이면 일어나 걷는 일련의 운동기능의 발달은 어떤 면으로 보면 진지한 학습의 과정이지만, 또 다른 면으로 보면 놀이 삼아 하는 일일 수도 있다. 그 후 뛰고, 차고, 던지고, 타는 일들도 마찬가지 이다. 모두 심각한 어려운 과업이지만 유아들은 놀이 삼아 한다. 이렇게 노는 사이에 유아는 신체가 발달하고 체력이 강화되며, 인내력이 양성되고 쓸모 있는 사람으로 성장해 나간다. 물론 시설이 있는 곳은 말할 것도 없고, 시설이 없는 곳에서도 유아들은 술래잡기, 자치기, 제기차기, 고무줄 뛰기, 땅따먹기, 딱지치기, 구슬치기 등의 놀이를 하면서 유아의 신체는 발달한다.

2) 놀이와 논리적 사고력 및 창의적 사고력과의 관계

놀이는 무력하게 태어난 유아를 자연스럽게 주변을 탐색하고 이해하며, 지식과 다양한 기능과 태도를 길러 전인적이고 통합적인 인간으로 변모시킴으로써 놀이 자체가 유아의 생활이고 학습방법이다. 놀이는 인지발달을 비롯하여 정서발달, 사회성발달, 언어발달, 신체발달에 직접적으로 영향을 줌을 전항에서 밝힌 바 있다. 따라서 본 항에서는 그중 놀이가 논리적 사고력과 창의적 사고력 발달에 영향을 준다는 관련 학자들의 견해를 살피고자 한다.

〈표 V-1〉 놀이가 논리적 사고력, 창의적 사고력에 미치는 영향

학자명	견해
1. 김미애 등(1997)	• 놀이는 학습의 원천이 되고 창의력을 촉진시키며, 이를 통하여 자기 통찰력, 사회적 능력과 도덕적 기준을 배워 조화로운 인간으로 성장시키는 통로가 된다.
2. 이숙재(2007)	• 놀이는 유사한 상황에서 나타나는 행동의 차이를 가져오는 확산적 사고와 융통적인 사고를 할 수 있게 한다.
3. 유효순 등(2011)	• 놀이를 통해 새로운 문제나 질문을 찾아내고 자신의 경험에 대해 더욱 깊이 생각할 수 있게 된다.
4. 지성애(2000)	• 놀이를 통해 창의력, 문제해결력을 도모하고 역할놀이에서 가상-전환의 기회가 창의성을 신장시키는 주된 요인이며, 또한 놀이를 좋아하는 특성을 가진 유아들이 창의성이 높다.
5. 박은정(1997)	• 놀이는 여러 개념과 기술을 재미있게 활용하여 창의력을 촉진시킨다.
6. Dansky(1980)	• 놀이활동 중의 사고활동과 상상의 표현경험이 창의력과 문제해결력을 도모하고, 특히 높은 상상력은 인지적 융통성과 창조성을 갖는다.
7. Johnson & Christie(1999)	• 놀이는 새로 습득한 개념을 견고히 해주고 지능과 보존능력, 문제해결능력이나 창의성을 습득해 준다.

앞에서 제시한 학자들 외에 여러 학자들의 견해를 종합하면, 놀이지도가 인지적 발달면에서는 확산적 사고, 창조적 통찰, 융통적 사고, 구체적 사고력, 추상적 사고

력, 문제해결력, 상상력, 인지적 융통성, 과학적 추리력, 창조력, 논리력, 탐구력, 언어이해력 신장에 직접적으로 영향을 주는 것으로 주장하고 있다. 대부분이 창의성과 관련된 요인들로서 논리력 향상을 직접적으로 언급하지 않고 있으나, 창의성의 인지적 요소가 논리 · 분석적 사고와 비판적 사고활동을 포함함을 볼 때, 논리력 발달에도 공헌한다.

특히, 놀이는 유아들에게는 쉽게 접근시킬 수 있는 교육활동으로 유아들에게 놀이를 완전히 일임하기보다 논리적 사고력과 창의적 사고력을 배양시킬 수 있는 방향으로 유아놀이를 유도해야 한다.

2. 놀이를 통한 지도의 실제

놀이는 관점에 따라 분류방법이 다양하나, 본서에서는 자유롭고 자발적인 종합놀이, 창작놀이, 상상놀이, 감각놀이, 탐구놀이, 학습놀이, 대근육 놀이로 구분하여 그 중에서도 창의성과 논리력발달에 많은 영향을 주는 창작놀이, 상상놀이, 탐구놀이에 국한하여 지도의 실제를 다루기로 한다(문교부, 1993).

1) 창작놀이

(1) 개념

창작놀이란 '다양한 자료를 활용하여 그리고, 꾸미고, 만들어 보는 과정을 통해 유아들이 무엇인가를 표현해 보는 기회를 갖는 동시에 스스로 만든 것을 가지고 놀아보는 놀이'이다.

(2) 가치

창작활동을 통해서 유아들은 형태에 대한 지각, 공간개념, 다양한 신체감각, 다양한 질감, 도구의 사용 방법 등을 배우며 또한 상상력을 키워주고, 자신의 감정을 자유롭게 표현해 보는 경험을 통해 그들의 미적 감각을 높이며, 성취감을 느끼게 함으로써 논리적 사고력과 창의적 사고력을 개발시켜 준다.

(3) 창작놀이 영역별 놀이

창작놀이에는 그리기, 꾸미기, 만들기 등의 3개 영역활동이 있는데, 각 영역별로 유아들이 논리적 사고력과 창의적 사고력을 신장시켜줄 수 있는 놀이를 제시하면 다음과 같다.

<표 V-2> 창작놀이 영역별 놀이의 예

영역별	놀이명
1. 그리기 활동	1) 재미있는 물들이기 2) 검은 나라 이야기 3) 빗 그림(풀 그림) 그리기 4) 젖은 분필로 그림 그리기 5) 문질러 본뜨기 6) 요술쟁이 돌멩이 7) 옆모습 그리기
2. 꾸미기 활동	1) 단추를 이용한 재미있는 그림 2) 우리 동네 만들기 3) 벽 꾸미기
3. 만들기 활동	1) 그림 퍼즐 만들기 2) 물 그림통 만들기 3) 환상의 원판 4) 고리 끼우기 5) 우유갑배 6) 빨대로 만들 연

(4) 창작놀이 영역별 놀이지도활동내용의 예

유아교육기관에서는 다양한 그리기, 꾸미기, 만들기 등의 창작활동이 부단히 이루어지고 있다. 따라서 교사는 이러한 창작활동이 작품을 구성하는 것 자체에 목적을 두기보다 유아들의 창의적 사고력과 논리적 사고력을 계발할 수 있도록 창작놀이활동을 유도해야 한다. 따라서 다음에 그리기, 꾸미기, 만들기별로 2개씩 제시된 놀이지도활동 내용의 예에서는 논리적 사고력과 창의적 사고력 계발을 위해 놀이를 어떻게 전개하는가에 관심을 두고 읽어 보아야 한다.

〈표 Ⅴ-3〉 창작놀이 영역별 놀이지도활동 내용의 예

영역별	놀이명	놀이목표	활동내용	준비물
1. 그리기	1) 재미있는 물들이기	• 창의성 계발 • 성취감 • 소근육 발달	1. 물감으로 종이나 베에 물들이기를 한 작품을 본 느낌을 이야기 나누기를 한다. 2. 물감으로 물들이기를 할 수 있는 재료에는 무엇이 있을까? 생각해 봐요. 3. 물감으로 물들이기를 하는 방법을 순서대로 이야기 나누기를 한다. • 속이 깊고 넓은 접시에 여러 가지 물감을 풀어 작업책상 군데군데에 놓는다. • 시험지를 여러 겹 접는다. • 접힌 시험지의 각 모서리마다 다른 색깔의 물감을 묻힌다. • 신문 사이에 물감 묻힌 시험지를 재빨리 넣는다. • 신문지를 골고루 밟아 준다. • 접힌 시험지를 그늘에서 말린다. 4. 물감들이기 작업을 할 때 주의해야 할 점은 무엇일까? 이야기 나누기를 통하여 정리한다. • 모서리에 물감을 묻힐 때 적당히 묻히기 • 시험지는 유아가 요구하는 대로 주기 • 옷이 더렵혀 지지 않게 가운이나 앞치마 입히기 • 물감끼리 섞어지지 않게 하기 5. 각자 물감들이기 놀이를 한다. 6. 유아들이 각자 완성한 작품을 보면서 색의 변화를 관찰하고 새로 이야기한다. 7. 완성된 작품 전시계획을 세운다. 8. 또 다른 방법으로 물감들이기 놀이를 할 수 없을까? 서로 이야기를 나눈다. • 입으로 불어서 그림 그리기 • 실 그림 그리기 9. 다음 주에 입으로 불어서 그림 그리기와 실 그림 그리기를 차례대로 해보기로 해요.	• 넓은 접시 • 8절 시험지 • 신문지 • 여러 가지 물감
	2) 빗 그림(풀 그림) 그리기	• 창의력, 상상력 배양 • 자기감정 표현기법의 이해	1. 물감을 사용하여 아름다운 그림을 그리는 방법을 생각해 봐요. 2. 물감을 사용하여 그린 그림을 본적이 있는가? 그리고 그 느낌에 대하여 이야기 나누기를 한다. 3. 물감을 사용하여 그림을 그리는 방법에 대하여 이야기해 봐요. • 풀을 되게 쑤어 식용색소를 잘 섞어놓는다. • 유아 각자에게 마분지와 빗을 하나씩 준다. • 색풀을 종이 가운데 약간만 떨어뜨린다.	• 넓은 접시 • 8절 시험지 • 신문지 • 여러 가지 물감

영역별	놀이명	놀이목표	활동내용	준비물
		• 도구를 사용한 그림 그리기 기법 이해	• 붓으로 종이 전체가 덮이도록 펴 바른다. • 붙과 빗을 사용하여 마음대로 여러 모양의 풀 그림을 그려보게 한다. • 풀 그림을 그늘에 말리게 한다. 4. 물감들이기 놀이할 때 주의할 점에 대하여 이야기 나누기를 한다. • 옷에 물감이 묻지 않도록 가운이나 앞치마를 입힌다. • 책상에는 두꺼운 비닐이나 신문지를 깔아 둔다. • 유아들 간에 서로 닿지 않도록 일정한 공간을 유지시킨다. • 풀을 묻히기 전에 스펀지나 물걸레로 종이를 한 번 닦아 둔다. • 놀이기간 중에 조용한 음악을 들려준다. 5. 조용한 음악을 들으면서 놀이를 시작한다. • 자기의 느낌을 자유스럽게 표현하도록 격려한다. • 놀이시간을 충분히 제공하고 서로 방해가 되는 행동을 하지 않게 한다. 6. 제작된 작품을 보고 서로 이야기 나누기를 한다. • 작품을 제작할 때 표현하려고 한 점은? • 잘된 점과 시정할 점은? 7. 작품 전시 계획을 세운다. 8. 또 다른 물감을 사용한 그림 그리기를 계획한다.	
2. 꾸미기	1) 단추를 이용한 재미있는 그림	• 창의력, 표현력 배양 • 눈과 손의 협응력 배양 • 표현의 기본개념 이해 • 여러 가지 사물로 여러 가지 모양 꾸미기	1. 단추와 크레용을 사용하여 아름다운 그림을 그릴 수 있을까? 이야기 나누기를 한다. 2. 단추와 크레용을 사용하여 아름다운 그림을 그린 그림을 본 적이 있는가? 그리고 그 느낌을 말해보자. 3. 단추와 크레용을 사용하여 아름다운 그림을 그릴 수 있는 방법에 대하여 이야기 나누기를 한다. • 도화지 위에 단추를 놓고 연필이나 사인펜으로 본뜨도록 한다. • 이때 단추 구멍도 표시한다. • 여러 개의 단추를 이어서 그릴수도 있고, 부분을 혼합해서 그릴수도 있다. • 본뜬 그림은 크레용으로 칠하게 한다. 4. 단추와 크레용을 사용한 그림을 그리기 위하여 또 준비할 것은 무엇인가? 이야기 나누기를 한다. 5. 단추와 크레용을 사용한 그리기 놀이를 시작한다. • 분단별로 여러 가지 단추가 담긴 그릇과 도화지를 나누어 준다.	• 여러 모양의 단추 • 크레용 • 8절 도화지 • 연필 또는 도화지 • 단추그릇

영역별	놀이명	놀이목표	활동내용	준비물
			• 그리기 놀이를 시작한다. 6. 만든 작품에 대하여 서로 이야기 나누기를 한다. • 잘된 점, 고쳤으면 하는 점 7. 작품전시계획을 세운다. 8. 단추를 이용하여 할 수 있는 놀이에는 또 무엇이 있을까요? • 목걸이 만들기 단추 구멍을 서로 실로 이어서 목걸이를 만든다. • 통 속에 던져 넣기 놀이 일정한 거리에 상자를 준비해 두고 단추를 던져서 집어넣는 놀이를 한다. • 분류놀이 같은 모양이나 색깔별로 분류해 본다. 9. 다음 주에 순서대로 해봐요.	
3. 만들기	1) 그림 퍼즐 만들기	• 창의력, 상상력 배양 • 성취감 배양 • 눈과 손의 협응력 배양	1. 퍼즐 맞추기 놀이 경험에 대하여 이야기 나눈다. • 언제, 어디서, 어떤 퍼즐 놀이를 했으며, 기분이 어떠했는가? • 퍼즐놀이를 잘 하려면 어떻게 해야 하나? • 상품화된 퍼즐에는 어떤 종류가 있는가? 2. 우리들이 퍼즐을 만들어서 가지고 놀면 어떨까? 3. 상품화된 퍼즐이 어떻게 만들어졌는지 이야기를 나눈다. • 퍼즐을 만드는 방법을 이야기 나누기를 통하여 정리해 나간다. • 그림을 10~15개 조각 정도로 오리도록 한다. • 자른 조각들을 하나씩 풀 그릇 속에 넣었다가 꺼내어 기름종이 위에 늘어놓는다. • 1시간 정도 말린다. 퍼즐이 평평해 지도록 책으로 눌러준다. • 1일 정도 지난 후에 조각들을 가위로 오린다. 5. 퍼즐을 만들 때 주의 할 점을 이야기 나누기를 통하여 정리한다. • 작업책상 위에 신문지를 미리 깔아둔다. • 풀 속에서 오린 그림조각을 꺼낼 때 찢어지지 않게 주의한다. 6. 퍼즐만들기를 시작한다. • 분단별로 기름종이, 그림종이, 풀 그릇을 배부한다. • 위에서 정리한 작업과정에 따라 만들도록 한다. • 그림조각을 한 번에 한 조각씩 담는다. 7. 제작된 퍼즐에 대한 평가회를 갖는다.	• 잡지, 그림엽서, 포스터 등 • 풀 • 기름종이 • 풀 담을 그릇 • 수저 • 가위

영역별	놀이명	놀이목표	활동내용	준비물
			• 잘된 점, 잘못된 점 8. 제작된 퍼즐을 이용하여 퍼즐놀이를 해 본다. • 유아들이 정확하게 그림을 오리지 않아서 퍼즐놀이하기가 좀 안 좋지만 퍼즐 만드는 과정에 중점을 둔다. 9. 퍼즐을 발전적으로 만들어 보도록 계획한다. • 우리나라 지도 퍼즐 만들기 • 잡지 퍼즐 만들기	

(5) 지도상의 유의점

창작놀이 지도 시 교사가 유의할 점은 다음과 같다.

① 유아들이 자유분방하게 자신의 생각이나 아이디어를 충분히 표현할 수 있도록 작품 제작과정에서 교사의 개입을 최소화한다.

② 모든 창작놀이는 주제선정에서부터 유아의 흥미와 요구나 기대가 충분히 반영될 수 있도록 유아들이 주도권을 가지고 선정하도록 격려해야 한다.

③ 유아들이 창작놀이 주제선정에서 애로를 느끼면 교사가 다양한 창작놀이 주제를 제시하고 유아들로 하여금 선정하도록 한다.

④ 창작놀이 제작과정에서 유아들이 제작방법을 구안하도록 교사는 격려하여야 하며, 적절한 방법이 나오지 않을 경우에 한해 교사가 소극적으로 개입하여 제작방향의 안내에 국한하여 제시하도록 한다.

⑤ 창작놀이에 필요한 각종도구나 용품의 사용방법은 철저히 이해시켜 주어야 하며, 또한 소요도구나 용품은 충분히 공급해주어야 한다.

⑥ 새롭고 창의적인 표현을 적극 격려하여 모든 유아가 창의적인 놀이에 적극 참여하도록 한다.

⑦ 효과적으로 전시계획을 세워 추진한다.

ㄱ. 한 번에 많은 작품을 전시하지 않는다.

ㄴ. 유아들의 눈높이에 맞게 전시한다.

ㄷ. 3일 정도 전시한 후 다른 유아의 작품으로 교체한다.

ㄹ. 유아들 상호 간의 작품을 소중히 여기는 습관을 갖게 한다.

⑧ 작품 평가의 개별화가 되어야 한다.

2) 상상놀이

(1) 개념

유아들이 그들의 주변에서 일어나는 여러 현상들(예: 주변 사람들, 동식물 및 기타 여러 사물의 역할, 움직이는 모습, 특징 등)을 보고 모방, 발전, 확대시켜보는 놀이이다.

(2) 가치

유아들의 상상력을 발달시켜 창작적 활동의 기회를 맛보게 하여 유아들의 무한한 상상력과 창의성, 그리고 논리성을 키워주고, 다른 사람이나 사물의 역할을 놀이를 통해 알고 실제로 해보는 과정을 통해 사회, 정서적인 발달 및 언어발달을 돕는다. 동시에 억제된 감정을 이완시키고 일상생활에 필요한 개인 및 가정의 예절과 규범을 알고 실천할 수 있는 태도와 습관을 길러준다.

(3) 상상놀이 영역별 놀이

상상놀이에는 모방놀이, 역할놀이, 극놀이 등의 3개 영역활동이 있는데, 각 영역별로 유아의 창의적 사고력과 논리적 사고력 배양에 직결되는 놀이를 제시하면 다음과 같다.

<표 Ⅴ-4> 상상놀이의 영역별 놀이의 예

영역	놀이명
1. 모방놀이	1. 흉내내기 놀이 2. 동물이름 알아맞히기 3. 가상의 물건 전하기 4. 동물의 왕국 5. 무언극
2. 역할놀이	1. 그림편지 보내기 2. 도둑잡기 3. 선생님 되어 보기
3. 극놀이	1. 기차여행놀이 2. 야채가게놀이

(4) 상상놀이 영역별 놀이지도활동의 예

위에 제시된 모방놀이, 역할놀이, 극놀이 중 2개씩 선정하여 놀이지도활동 내용의 예를 제시한다. 특히 유아의 논리적 사고력과 창의적 사고력 배양을 위해 활동의 방향에 대해 관심을 가지고 읽어야 한다.

〈표 Ⅴ-5〉 상상놀이 영역별 놀이지도활동내용의 예

영역별	놀이명	놀이목표	활동내용	준비물
1. 모방 놀이	1. 흉내내기 놀이	• 상상력, 창의력 배양 • 소근육 발달 • 자기 결정력 배양	1. 흉내내기가 무엇인가? 지금까지 흉내내기를 해본 경험을 이야기해 본다. 2. 흉내내기를 해보았을 때의 느낌을 말해보도록 한다. 3. 자기가 흉내내기를 해보고 싶은 대상을 말해 보도록 한다. 4. 자기가 흉내내기를 하고 싶은 대상의 그림을 각종 잡지에서 찾아보도록 한다. 5. 흉내내기 놀이 자료를 만든다. • 흉내내기 대상의 사진이나 그림을 가위로 오린다. • 오린 사진이나 그림을 얇은 마분지에 풀로 붙인다. • 마른 후 가위로 사진이나 그림 부분만 오린다. • 밑 부분은 모두 직선이 되도록 한다. 6. 오린 사진이나 그림을 곧게 세울 수 있는 방법을 협의한다. • 삼각형 모양의 밑받침을 세워 사진이나 그림을 곧바로 세운다. 7. 완성된 흉내내기 놀이자료를 모두 세워놓고 흉내내기 놀이를 해본다. • 유아 한 명씩 나와서 흉내내기 놀이자료를 동료 유아들에게 설명한 후 흉내내기 놀이를 한다. 그 예를 들면 다음과 같다. • 사람: 그 사람의 연령, 직업, 역할 등 • 동물: 울음소리, 움직이는 모양 • 악기: 악기의 소리내기 • 화장품: 화장하는 모습 • 샴푸: 머리감는 모습 8. 유아가 각자 보인 흉내내기가 적절했는지 유아들의 의견을 듣고 평가한다. 9. 유아가 각자가 흉내내기를 보인 후 자기의 느	• 헌 잡지 • 마분지 • 풀 • 가위

영역별	놀이명	놀이목표	활동내용	준비물
			낌을 말해 본다. 10. 다음에 흉내내기 하고 싶은 대상을 선정한다.	
	2. 동물 이름 알아맞히기	• 상상력, 창의력 배양 • 소근육 발달 • 동물의 특징 이해	1. 동물의 이름과 특징을 생각해보는 과정을 통하여 상상력과 창의력을 배양할 수 있음을 알게 한다. 2. 동물이름 알아맞히기 놀이의 방법을 협의한다. • 동물의 그림이나 동물의 이름이 쓰인 낱말카드를 유아들에게 개별적으로 준다. • 제시받은 동물의 특징을 머릿속으로 생각해 보도록 한다. • 교사로부터 제시받은 동물의 그림이나 낱말 카드를 다른 동료들에게 보여주지 않는다. 3. 동물이름 알아맞히기 놀이를 한다. • 유아개인별로 자기가 제시받은 동물의 특징을 몸짓, 손발짓, 소리로 나타낸다. 그러나 말을 하지 않는다. • 유아가 표현한 동물의 특징을 보고 무슨 동물인지 동료 유아들이 말한다. • 유아는 맞으면 고개를 끄덕이고, 틀리면 고개를 내저으면서 '예', '아니요'만을 표시한다. 일체 말은 하지 않는다. 4. 이런 방식으로 전 유아들이 발표한다. 5. 누가 가장 적절하게 동물의 특성을 잘 표현했는지, 그리고 어떻게 표현하는 것이 좋았는지 서로 평가해 본다. 6. 또 다른 동물의 이름 맞추기를 다음 기회에 해 보도록 한다.	• 동물사진이나 카드
2. 역할 놀이	1. 그림편지 보내기	• 상상력, 창의력 배양 • 자기감정의 표현력 배양 • 집배원의 역할과 고마움 이해	1. 유아 자신이 편지를 받았거나 보냈든 경험들을 서로 이야기하도록 한다. • 누구에게, 어떤 내용을 2. 유아들이 편지가 어떻게 전달되는지에 대하여 이야기 나눈 후 이에 대한 놀이를 유아들이 직접해보도록 한다. 3. 유아가 편지 보낼 대상 유아를 먼저 생각해 놓고 편지내용을 그림으로 그린다. 4. 교사는 유아들에게 봉투 쓰는 법과 편지 붙이는 방법을 알려주고 봉투와 우표를 나누어 준다. 5. 큰 상자에 우체통이라고 크게 써놓고 일정한 장소에 설치한다. 6. 유아들 중에 선정된 집배원이 모두 꺼내어 발	• 편지봉투 • 큰 상자 • 어깨에 매는 가방 • 우표(모형) • 스탬프도장 • 도화지 • 크레파스

영역별	놀이명	놀이목표	활동내용	준비물
			송인 도장을 찍는다. 7. 집배원이 집배원 가방에 편지를 넣고 다니면서 해당 유아에게 전달한다. 8. 받는 편지를 읽어보고 그 느낌을 말해보도록 한다. 9. 집배원의 노고를 알고 고마움을 갖게 한다.	
3. 극놀이	1. 기차여행 놀이	• 상상력 배양 • 교통기관의 역할 이해 • 철도관계자의 역할 이해 • 질서준수 의식 고취 • 이야기 경청태도 배양	1. 기차를 타 본 경험을 이야기해 본다. 2. 기차역과 기차 내에서 종사하는 사람들의 종류와 그들이 하는 일에 대해 이야기한다. 3. 기차놀이를 할 때 배역을 생각해보자. • 기차표 파는 사람 • 개찰하는 사람 • 기관사 • 검표하는 사람 • 승객 4. 각 배역별로 하는 일을 이야기해 본다. 5. 기차놀이를 해 본다. • 배역에 따라 놀이를 하되, 기차객실에 들어갈 때까지의 순서대로 놀이를 해 본다. 즉, 차표 사기〉 개찰하기〉 객석에 앉기〉 검표받기 • 객실은 의자를 유아 수만큼 배치한다. • 교사가 차장이 되어 역할을 한다. 6. 각 배역별로 담당 유아가 소감을 발표한다. 7. 배역별로 유아활동에 대해 보완할 점을 생각한다. 8. 배역을 바꾸어서 다음에 또 해보기로 한다. 9. 기차역에서 일하는 분들의 역할을 이해하고 그들의 고마움을 이해시킨다. 그리고 감사를 표하는 방법을 알고 실천한다.	• 차표 • 모형 돈 • 의자 • 스탬프

(5) 지도상의 유의점

① 환경구성에 세심한 주의를 기울여야 한다.

밝고 아늑한 곳에 소꿉놀이를 할 수 있는 아기 방을 꾸며 방과 부엌을 따로 구별해 놓는다. 놀이방에는 다음과 같은 자료를 준비해 놓는다.

ㄱ. 인형 옷을 넣을 수 있는 서랍장, 화장대, 옷장, 찬장, 조리대 등

ㄴ. 여러 종류의 인형 종류, 전화, 인형 침대, 인형 이불, 목걸이, 다리미, 가발 등

ㄷ. 여러 가지 옷 종류

ㄹ. 구두종류

ㅁ. 모자종류

ㅂ. 화장품(빈병)

ㅅ. 부엌살림도구

② 유아들의 놀이를 주의 깊게 관찰하면서 유아들에게 놀이방향을 제시해주고 놀이가 계속 이어가도록 도와준다.

③ 새로운 놀이를 창안해 낼 수 있도록 소꿉놀이재료를 바꾸어가며 제시해 준다. 또한 놀이장 한쪽에 병원놀이 기구와 가게놀이에 필요한 자료들을 준비해 둔다.

④ 재료를 충분히 제공해주되, 처음에는 놀이자료를 조금씩 내주다가 놀이가 무르익어감에 따라 점점 추가시켜주며 새로운 것으로 바꾸어주도록 한다.

⑤ 교사는 놀이 시 관찰한 것을 반드시 기록을 하며, 각 유아들을 보다 깊이 이해할 수 있는 자료로 활용한다.

3) 탐구놀이

(1) 개념

탐구놀이란 모든 학습의 기초이며 필수적인 수단으로 '유아 주변의 여러 사물이나 현상에 대한 의문과 호기심을 갖게 하여 이를 바탕으로 합리적으로 사고하는 경험과 습관을 갖게 함으로써 과학에 대한 기초적인 능력을 길러주고, 논리적이며 창의적인 사고의 기틀을 마련해주기 위한 놀이'이다.

(2) 가치

탐구놀이는 유아들이 흥미 있어 하고 호기심을 갖고 그들의 주위 환경에 관한 문제를 해결하는 과정이다. 또한 다른 관점에서 보면 유아가 자신이 살고 있는 주변 세계에 대한 정보를 모으고 자료를 분류하고, 비교하며, 순서를 지어보며, 관계성을 유추하고 원인과 결과를 관계지어 보는 활동으로 자연스럽게 사고의 기초가 된다(양승옥 외, 2003). 또한 탐구놀이를 통하여 문제해결에 필요한 일반적 개념이나 원리를 배우고, 효과적으로 문제를 해결할 수 있는 능력을 기르며, 과학적 태도를 형성하여 논리적이며 창의적인 사고의 틀을 마련해 준다.

(3) 탐구놀이 영역별 놀이

탐구놀이는 크게 나누면 관찰활동과 실험활동의 두 유형으로 구분할 수 있는데, 각 영역별로 유아의 논리적 사고력과 창의적 사고력을 기를 수 있는 놀이를 제시하면 〈표 V-6〉과 같다.

〈표 V-6〉 탐구놀이 영역별 놀이의 예

영역	놀이명
1. 관찰활동	1) 활동실내의 물건 찾아내기 2) 개미 기르기 3) 식물 기르기 4) 흙 만들기 5) 신체를 이용한 여러 가지 소리내 보기
2. 실험활동	1) 공기는 어디에 있을까요? 2) 자석놀이 3) 뜨는 것 가라앉는 것 4) 비눗방울 만들기

(4) 탐구놀이 영역별 놀이지도활동 내용의 예

위에 제시된 관찰활동과 실험활동 놀이 중 2개씩 선정하여 놀이지도활동내용의 예를 들면 다음과 같다. 특히 유아의 논리적 사고력과 창의적 사고력 배양을 위한 활동의 방향에 관심을 가지고 읽어 본다.

〈표 V-7〉 탐구놀이 영역별 놀이지도활동내용의 예

영역별	놀이명	놀이목표	활동내용	준비물
1. 관찰 활동	1. 활동실 내의 물건 찾아 내기	• 창의력, 관찰력 배양 • 주위 사물에 관심 갖기	1. 유아들에게 현관에 게시해 놓은 내용이 무엇인지 물어본다. 이를 통하여 잘 기억하고 있는 유아는 관찰력이 강함을 이해시킨다. 2. 이번 시간에는 활동실내에 있는 물건 중에서 교사가 제시하는 물건을 찾아보는 놀이를 하도록 한다. 3. 놀이방법을 안내한다. • 유아들을 두 편으로 나눈다. 그리고 한 명씩 나오도록 한다. • 교사가 제시하는 물건을 찾아오게 한다.	

영역별	놀이명	놀이목표	활동내용	준비물
		• 민첩성 기르기 • 분류 능력 기르기	• 바르게 빨리 가져오는 유아가 이기는 것으로 판정한다. • 나머지 유아들은 자리에 그냥 앉아 있는다. 4. 교사는 활동실에서 찾아야 할 물건을 아래와 같이 하나씩 안내한다. • 나무로 만들어진 물건 • 종이로 만들어진 물건 • 금속으로 만들어진 물건 • 소리나는 물건 • 파란색 물건 5. 위에 제시한 물건을 가져왔을 때 앉아 있는 유아들이 바르게 가져왔는지 평가한다. 6. 앉아 있는 유아들이 물건을 바르게 가져왔는지 판정한 후 물건을 제자리에 갖다놓고 온다. 7. 틀린 물건을 가져온 경우, 그 이유를 이야기하도록 한다. 8. 바르게 가져온 물건이 많은 팀이 이기는 것으로 판정한다. 9. 유아 주변의 현상이나 물체에 대하여 늘 관심있게 관찰하는 태도를 가지면 창의력과 사고력이 발달하여 학습에 도움이 됨을 느끼도록 한다.	
2. 실험 활동	1. 자석놀이	• 탐구심 배양 • 창의력 배양 • 관찰력, 호기심 배양 • 자석의 성질 이해	1. 자석놀이를 해 본 경험에 대하여 이야기 나누기를 한다. 2. 자석이 활용되는 물건에 대하여 이야기를 나눈다. 3. 자석놀이 내용을 협의한다. • 자석에 붙는 물건과 붙지 않는 물건 찾아보기 • 종이 위에 쇠붙이를 놓고 그 밑에서 자석을 움직이면 어떻게 될까? • 유리 위에 쇠붙이를 놓고 그 밑에서 자석을 움직이면 어떻게 될까? 4. 자석놀이를 하는 데 필요한 물건을 정리해 본다. • 자석에 붙는 물건 준비: 옷핀, 바늘, 못, 나사, 열쇠, 클립, 압정, 동전, 병뚜껑 등 • 자석에 붙지 않는 물건 준비: 종이, 나무 조각, 지우개, 연필, 인형 옷, 크레파스, 붓 등 • 자석에 붙는 물건, 안 붙는 물건을 구분하여 담을 그릇 • 실험용 종이, 유리판 5. 자석놀이할 때 주의할 점을 알아봐요.	• 자석 • 막대자석 • 둥근자석 • 자석에 붙는 물건 • 자석에 붙지 않는 물건 • 유리 • 종이 • 바구니 3개

영역별	놀이명	놀이목표	활동내용	준비물
			6. 자석놀이하기 • 바구니 속의 물건을 하나하나 자석에 붙여보며 붙는 물건과 붙지 않는 물건은 무엇인지, 그 이유는 무엇인지 말해 본다. • 두꺼운 종이 위에 쇠붙이를 놓고 밑에서 자석을 움직여 쇠붙이를 움직여 본다. • 유리 위에 쇠붙이를 놓고 밑에서 자석을 움직여 쇠붙이를 움직여 본다. 7. 자석놀이 결과를 정리해 본다. 8. 자석이 우리 생활에 쓰이는 방법을 알아 본다.	

(5) 지도상의 유의점

① 탐구놀이결과를 유아들에게 주지시키는 것에 치중하지 말고, 유아들 자신이 탐구를 통하여 스스로 결과를 확인 및 정리해 가도록 한다.

② 탐구놀이결과는 가급적 유아들 자신이 5관을 통해 확인하도록 지도한다.

③ 탐구놀이과정에서는 확산적 발문을 통하여 유아들의 탐구활동을 자극해주어야 한다.

④ 탐구놀이학습주제는 유아들 자신이 스스로 선택하는 것이 바람직하나 그렇지 못한 경우, 교사가 다양한 탐구놀이 주제를 제시해주어 유아들이 그들의 흥미와 발달수준에 맞는 놀이주제를 선정하도록 지도한다.

⑤ 교사는 탐구놀이를 진행하기 전에 유아들의 해당 탐구놀이에 대한 흥미와 준비성을 파악하여 그에 적절한 지도계획을 세워야 한다.

⑥ 유아들이 탐구놀이에 전념할 수 있도록 주변 공간을 탐구적인 환경으로 조성하는데 노력해야 한다.

㉠ 관찰도구, 측정도구, 실험도구 비치

제13장

NIE학습을 통한 논리 · 논술교육

NIE학습이란 '신문활용교육'이다. 즉, '신문을 가지고 신문을 가르치는 교육'이다. 또한 신문이란 일종의 대중매체로서 신문에는 기사, 사설, 칼럼, 독자투고, 사진, 그래픽, 만화, 광고 등 매일의 새로운 사실과 정보가 실린다. 신문은 여러 가지 사건의 발생을 비롯하여 이에 대한 국민이나 단체의 견해, 이에 대한 대처방안, 다양한 해결방법이 게재되어 독자의 관심을 끌면서 수많은 논쟁을 일으켜 찬성하거나 반대하거나 간에 날카로운 시각으로 분석, 해석, 판단, 결정, 주장하는 등 신문의 모든 내용들은 독자들로 하여금 논리적 사고력, 창의적 사고력, 논술력을 배양시켜주는 데 공헌하고 있다. 이와 같은 가치와 기능을 가지고 있는 신문을 '살아 있는 논술 교과서'로 유아학습에 적극 활용하여 유아들의 논리 · 논술교육을 강화할 필요가 있다. 다음에서 NIE학습에 대한 관련 이론을 탐색해보고, NIE학습을 통한 논리 · 논술교육의 실제에 대하여 기술하기로 한다.

1. NIE학습에 대한 이해

NIE학습에 대한 개략적인 이해를 돕기 위하여 다음에서 신문, NIE학습, NIE학습과 논리 · 논술과의 관계 등에 걸쳐 기술하기로 한다.

1) 신문의 개념

신문(新聞)이란 영어로는 '뉴스페이퍼(newspaper)'로 '새로운 소식을 듣는다.', '새로운 소식(news)을 종이(paper)에 적어 전한다.'는 의미를 가지고 있다(고정리, 2013). 이들에 대한 개념을 정리해 보기로 한다.

〈표 V-8〉 신문의 개념

학자명	개념
국어사전(2005)	• 새로운 사건이나 화제 등을 신속하게 보도, 해설, 비평하여 매일 매일 또는 일정 기간을 두고 전달하는 정기간행물
한국신문협회(2006)	• 신문지를 매체로 하는 언론(광의) • 신문지(협의)
정기간행물 등록에 관한 법률	• 정치, 경제, 사회, 문화, 시사 등에 관한 보도, 논평 및 여론 등을 전파하기 위하여 매일 또는 일정기간을 두고 발행하는 간행물

〈표 V-8〉과 여러 학자들의 견해를 종합하면 신문의 성격은 다음과 같다.

첫째, 뉴스를 비롯한 정보, 지식, 오락, 광고 등을 전달해주며,

둘째, 통상적으로 신문사라고 불리우는 전문기업에 의해 제작되며,

셋째, 문자, 사진, 그래픽 등의 다양한 방법으로 제작, 편집되고,

넷째, 일간, 격일, 주간, 월간 등 일정기간을 두고 발행된다.

이상을 종합하면, 신문이란 '신문사라는 전문기업에 의해 시사에 관한 뉴스를 비롯한 정보, 지식, 오락, 광고 등을 문자, 사진, 그래픽 등 다양한 방법으로 제작 · 편집하여, 특정 또는 불특정한 사람들에게 일정한 기간을 두고 공급하기 위하여 발행하는 메스컴 커뮤니케이션 미디어의 일종'이다.

2) NIE학습의 개념

NIE학습은 신문활용교육으로, 처음에 시작한 나라는 미국이다. NIE학습의 개념을 제시한 여러 학자들의 견해를 종합정리하면 다음과 같다.

〈표 Ⅴ-9〉 NIE학습의 개념

학자명	개념
고정리(2014)	• 신문을 교재 또는 보조교재로 활용하여 지적 성장을 도모하고 학습효과를 높이기 위한 교육
김영실 등(2014)	• 신문을 가르치고, 신문으로 가르치는 교육 • 신문은 그 자체가 살아 있는 논술 교과서
미국신문발행자 협회재단	• 수업교재로 신문을 활용하기 위한 신문사와 지역사회 그리고 학교와의 공동활동
조정숙 등(2000)	• 신문을 가르치고 신문으로 가르치자 • 신문과 친숙하게 하고 신문을 학습에 활용하여 교육적 효과를 높이는 프로그램
Portian eastern herald(1975)	• 신문은 학교에서 사용할 수 있는 가장 값싸고도 정보가 풍부한 교재로서 학생들의 독해력과 지식을 높이는 데 유용하다.

이상 여러 학자들의 견해를 종합하면, NIE학습은 다음과 같은 성격을 지니고 있다.

첫째, 신문은 신문으로 가르쳐야 한다.

둘째, 신문은 가장 값이 싸고도 정보가 풍부한 교재이다.

셋째, 신문을 활용한 신문교육은 지적 성장을 도모하고 학습효과를 높일 수 있다.

넷째, 신문을 발행하는 관련 단체로부터 제안된 교육방법에 대한 시책으로 신문사, 지역사회 학교와의 공동활동이다.

이상의 견해를 종합하면, 신문이 다른 정보매체에 비하여 단순히 교육적 정보나 지식을 제공하는 데 국한되지 않고 신문활용 활동을 통하여 자연발생적으로 창의력, 논리력, 논술력을 배양시켜 준다는 점을 간과한 점을 부각시키어, NIE학습을 '신문을 교재 또는 보조교재로 활용하여 지식, 정보의 입수는 물론, 독해력, 창의력, 논리력, 논술력 등 고등정신기능의 체득 등 교육적 효과를 지양하기 위한 신문사, 지역사회, 그리고 교육기관과의 공동 탐구활동'이라고 정의한다.

3) NIE학습의 목표

(1) 신문에서 다양한 정보를 접함으로써 교양과 건전한 사고능력을 갖춘 민주시민을 양성한다.

(2) 신문에 대한 이해를 촉진시키고 정보에 대하여 능동적이고 비판적으로 받아들일 수 있는 능력을 기른다.

(3) 신문에서 문자, 그림, 사진 등의 다양한 자료를 자유롭게 이용함으로써 창의적 표현능력을 기른다.

(4) 신문에 대한 능동적인 독서를 통하여 실용적인 문장력과 단어를 길러 준다.

(5) 비용이 적게 들면서 다양하고 사실적인 교육 자료를 제공해 준다.

(6) 많은 정보 가운데 자기에게 필요한 것을 취사선택하여 활용할 수 있는 비판적 사고력을 길러 준다.

(7) 사회의 문제를 자기의 문제로 인식하고 해결하려는 문제해결력을 길러 준다.

(8) 교육과정과의 통합을 통한 학습효과를 거양할 수 있다.

(9) 신문을 놀이로 즐김으로써 유아들에게 세상을 넓게 보는 시각을 갖게 하고 거부감 없이 논술에 대한 기초를 제공한다(김영실 외, 2013).

(10) 논술에 대한 부담을 최소화하고 자연스러우면서도 자기주도적으로 글쓰기에 접할 수 있다(석삼식, 1998).

(11) 신문은 남과 더불어 사는 다양한 지혜와 방법을 가르쳐 준다.

(12) 신문에 게재되어 있는 각종 미담, 선행사례들은 독자들에게 좋은 인성을 물론, 봉사와 협동, 희생정신을 배양시켜 준다.

4) NIE학습이 논리 · 논술에 미치는 영향

NIE학습이 논리 · 논술에 미치는 영향에 대한 여러 학자들의 견해를 정리하면 다음과 같다.

김영실 등(2014)은 NIE학습을 통해 성취할 수 있는 능력은 독해능력, 쓰기능력, 논리적, 비판적 사고능력, 창의력, 문제해결능력, 자료의 분석 및 활용능력 등이다. 또한 논술은 주어진 주제에 대하여 문제를 발견하여 논리적 과정을 통해 해결하며, 그 결과를 언어로 서술하는 일련의 과정으로 논술능력은 결국 NIE학습에서 요구하는 능력과 연관이 있고, 논술에 관한 기초를 제공한다. 또한 고정리(2012)는 신문활용교육을 하면 창의적 사고력과 논리적 사고력을 기를 수 있다고 보고 있다. 논리는 논의를 체계적으로 끌고 나가는 조리를 말하는 것으로, 논리력을 키우기 위해서 신문활용학습에서는 자신만의 생각이 나타난 주관적인 판단, 제3자의 입장에서 사물을 보는 객관적인 판단, 어떤 사물을 보고 외연과 내연의 모습을 판단하고 구분하며 추리해보는 것, 서열화, 유사점과 차이점 비교 등을 통해 논리력을 키울 수 있다고 보았다. 또한 중앙일보(2007)는 신문 활용교육은 사회전반에 대한 관심이 증대되고 정보검색, 논리적 사고, 의사결정능력, 읽기, 쓰기에서도 효과적이라고 하였다. 그리고 이경화 등(2000)은 신문을 유아지도의 보조교재로 활용하면 다양한 읽을거리가 제공되어 사고력을 촉매시켜 주는 기능을 한다고 한다. 이 외에도 여러 학자들의 의견을 종합해보면, NIE학습은 창의력과 논술력 외에도 독해력, 쓰기, 읽기능력, 비판적 사고력, 문제해결능력, 자료분석 및 활용능력 등 고등정신능력 등을 기를 수 있다고 보고 있다.

그런데 여기서 주목할 점은 신문 속에 게재된 다양한 내용이나 자료들이 이러한 능력을 저절로 성취시켜주는 것이 아니다. 신문 속에 게재된 자료들을 어떻게 활용하느냐에 따라서 창의적이며 논리적인 사고력과 논술력을 길러 주는 데 차이가 있다. 즉, NIE학습은 어떻게 신문이 지니고 있는 내용과 자료들 속에서 유아들이 주체적으로 학습주제나 문제를 발견하고, 이를 해결하기 위하여 어떤 논리적인 과정을 밟아가면서 어떻게 탐구 · 탐색하는 등 신문 내의 자료나 정보활용에 적합한 활용을 전개하느냐에 달려 있다. 신문은 일상생활과 학습활동을 돕는 다양한 정보와 지식의 보고이며, 유아논술교재로서의 가치를 지니고 있음은 틀림없으나 이에 따른 적절한 지도가 병행되지 않으면 실효를 거두기 어렵다.

2. NIE학습 지도의 실제

NIE학습지도의 실제에서는 신문으로 할 수 있는 활동, 신문으로 찾아볼 수 있는 자료, 신문토론학습, 신문일기쓰기, 신문읽기의 순으로 기술하기로 한다.

1) 신문으로 할 수 있는 활동

(1) 목적

신문에 게재된 다양한 자료나 신문지를 가지고 작업, 제작, 실험, 게임활동을 통하여 논리적 사고력과 창의적 사고력을 배양할 수 있다.

(2) 활동내용

① 작업활동

ㄱ. 잘라보기: 가장 작게, 크게

ㄴ. 오리기: 그림(사진, 그래프) 오리기
숫자 오리기
무늬 오리기

ㄷ. 그림을 그릴 때 도화지 밑에 깔고 그린다.

ㄹ. 꾸미기: 종이 찰흙을 만들어 여러 가지 꾸미기를 한다.

ㅁ. 만들기: 크고 작은 딱지, 가면 만들기 등

② 실험종이배와 비행기

ㄱ. 정전기 실험: 책받침을 머리에 비빈 다음 잘게 자른 신문지에 대어 정전기 실험을 한다.

ㄴ. 둥글게 말아서 메가폰(소리를 지를 때)으로 사용한다.

③ 게임

ㄱ. 줄긋기 게임

ㄴ. 신문지 게임

④ 일상품

ㄱ. 더울 때 모자를 만들어 쓴다.

ㄴ. 더울 때 부채로 사용한다.

(3) 활용상의 유의점

① 모든 활동에서 교사는 문제의식만을 제시하고 유아들이 주체적으로 활용하도록 한다.

② 유아들에게 창의적 사고력과 논리적 사고력을 배양할 수 있도록, 유아들에게 호기심과 탐구활동을 강화하고 문제의식을 가질 수 있도록 교사는 확산적 발문을 사용한다.

2) 신문토론학습

(1) 개념 및 목적

신문토론학습이란 '신문에 게재된 문제에 대하여 두 사람 이상이 창의 또는 논리적 사고체계에 근거하여 자기의 의견을 관철시키고 정당화하려는 대화, 말하기, 의사소통 방법'이다. 합리적인 토론이 이루어지게 하기 위해 타당한 근거를 제시하고 자기 주장을 펼쳐 나가는 과정을 통하여 합리적인 판단능력, 의사결정력, 논리적 사고력, 비판적 사고력, 창의적 사고력 등을 신장시킬 수 있다.

(2) 토론학습과정

① 토론주제 정하기

토론주제는 매일 게재되는 신문내용 가운데에서 선정한다. 즉, 신문기사, 사설, 시사만평, 만화, 사진, 광고, 프로그램, 그림 등 다양한데, 예를 들면, 음주운전을 하다가 사람을 죽게 하고 운전자가 도망을 간 기사를 보고 '뺑소니 운전자를 근절시키는 방법은 없을까?' 또는 '유아가 스마트폰을 유치원에서 소지하는 것이 바람직한가?'에 대한 주제를 선정할 수도 있다.

② 토론규칙 정하기

토론은 자기 의견을 정당화시키고 상대방과 대립되는 의견을 파기시키려는 충돌과정으로, 찬성파와 반대파의 토론이나 논쟁과정에서 공평하게 이루어져야 하므로 토론규칙이 있어야 한다. 토론규칙에서는 다음과 같은 내용이 반드시 고려되어야 한다.

ㄱ. 논박의 시간은 양 팀에게 똑같이 주어야 한다.

ㄴ. 토론자는 자기주장을 뒷받침할 수 있는 다양한 자료 즉, 차트, 실물, 그래프, 사전 등을 충분히 확보한다.

ㄷ. 발표가 끝난 후 상대편 토론자가 질문을 하면 성실하게 답변한다.

ㄹ. 토론 도중 상대편의 주장을 비난하거나 비하하는 발언은 절대 금지하고, 상대편의 주장에 대하여 논리적으로 반박하거나 설득시키도록 노력해야 한다.

ㅁ. 토론자는 정해진 시간을 철저히 준수하여야 한다.

ㅂ. 토론자는 다른 사람의 의견이나 주장을 빌어서 하는 것이 아니라, 반드시 자기의 주장을 이야기해야 한다.

ㅅ. 교사는 토론 도중 양편의 주장을 요약하여 이야기해 준다.

ㅇ. 토론은 말하기, 의사사통, 대화의 과정으로 말하기 기법과 듣기 기법에 대하여 잘 이해하고 실천해야 한다.

(3) 신문토론학습모형

신문토론학습모형은 제9장의 토론수업모형과 제8장의 독서토론수업모형과 그 맥락을 같이 하나, 다만 토론주제가 신문내용 중에서 선정되어 토론이 이루어진다는 점이다. 토론수업모형, 독서토론수업모형, 신문토론학습모형이 각 장마다 특색 있게 진술되어 있으나, 그 기본적인 과정이나 흐름은 동일하므로, 각 장에서 기술된 내용을 종합적으로 이해해야 한다. 신문토론학습모형을 제시하면 다음과 같다.

〈표 Ⅴ-10〉 신문토론학습모형

단계	과정	활동내용
준비단계	• 신문토론 주제 선정	• 신문내용 이야기하기 • 신문토론 기사내용을 있는 대로 제시하기 • 신문토론 주제 확정
	• 신문토론 주제 관련 자료 수집	• 신문토론 주제에 관련된 자료 수집 • 신문토론 주제에 관련된 과거신문 관련 기사내용 수집 • 신문토론 주제에 관련된 자료를 다른 신문, TV, 방송자료 등에서 수집하기 • 부모님으로부터 조언 받기
	• 찬반의견 정리	• 수집된 자료를 중심으로 결론내리기

단계	과정	활동내용
		• 찬성 · 반대 입장 정리 • 찬성 · 반대에 따른 관련 자료 분류
도입단계 (문제의식, 토론인식)	• 문제인식	• 학습동기유발 • 준비단계 활동자료 정리 • 토론목표 이해시키기
	• 토론준비	• 토론방식, 형태 결정 • 토론규칙 및 진행방법 협의 • 찬 · 반별 분단편성, 좌석 정리
전개단계 (토론전개)	• 토론	• 이야기 중심의 토론진행 • 허용적 분위기 조성 • 자료제시의 적정 • 자기 주장 펼치기 • 근거에 따른 반박 또는 질문하기
종결단계	• 토론정리	• 토론결과 정리 • 토론과정에 대한 반성 및 평가
	• 적용, 발전	• 실천의지 다지기 • 자기 입장 정리 • 차시 토론주제 예고

(4) 신문토론 6단 논법

신문토론 6단 논법은 전항에서 제시된 신문토론학습모형을 근간으로 설립된 모형으로 다음에서 진행요령을 기술한다.

① 안건(신문토론주제)

안건(신문토론주제)은 반드시 신문내용 중에서 선정하되, 찬성 · 반대 의견이 나올 수 있으면 가능하다. 신문내용은 아주 광범위하고 다양하여 신문토론주제로 선정할 수 있는 내용이 다양하므로 최선의 주제를 선정한다.

② 결론

신문토론주제에 대한 자기의 입장은 반드시 찬성이나 반대의 한쪽을 지지하는 것이다. 중립을 취하는 유아들이 없도록 격려한다.

③ 이유

이유는 토론의 본질로서 결론에 대한 이유나 근거이다. 따라서 결론에 대한 이유나 근거를 다양한 자료를 활용하여 제시할 수 있도록 관련 자료를 체계적으로 확보한다.

④ 설명(주장)

전항에서 확보한 자료를 제시해 가면서 자기의 결론이 합리적이며 타당함을 합리적으로 주장한다.

⑤ 반론꺾기

찬성 · 반대의 주장을 경청한 후 자기의 주장, 생각과 정황에 알맞지 않을 때 상대편의 주장을 공격하는 반론꺾기가 이루어진다.

⑥ 정리

전 유아의 주장을 정리하며 결과에 대한 대책을 강구한다.

(5) 신문토론학습 시 교사의 고려사항

① 신문토론주제는 유아들의 흥미, 과거 경험이나 자료확보 가능성을 고려하여 최적한 주제가 선정되도록 해야 한다. 신문내용에는 많은 토론주제가 내포되어 있으므로, 그 많은 토론주제 중 최선의 주제를 선정하는 일이 중요하다.
② 토론에서는 유아들이 자유분방한 가운데 찬반에 대한 자기주장을 할 수 있도록 개방적인 분위기를 조성해주고 교사의 개입을 최소화한다.
③ 토론에서 찬반에 대하여 단편적으로 자기주장을 펼쳐서는 안 된다. 그리고 찬반에 대한 이유나 근거를 제시하기 위해서는 다양한 자료를 수집 · 분석 · 비판 · 종합하여 이유나 근거가 명백하고 합리적이며, 논리적이어야 한다.

3) 신문일기쓰기

(1) 목적

신문일기란 '신문 속에 나오는 다양한 내용들 중에서 대화거리, 토론거리, 글쓸 소재거리를 찾아 하나의 주제를 선정하여 요약, 문제점 제기, 비판, 발전적 과제 등을 제시하는 등 매일매일 쓰는 일기와 같은 형식의 글'이다. 이와 같은 신문일기는 신문 내의 다양한 내용 중에서 하나의 주제를 선택하는 과정에서부터 주제에 대한 요약 문제점 제기, 비판, 발전과제 모색과정을 통해 비판적 사고력과 창의적 사고력, 논술력을 배양할 수 있다.

(2) 가치

유아들이 매일 쓰는 생활일기는 유아의 일상생활이 거의 같은 패턴으로 이루어지고 단조로워, 생활일기의 내용이 매너리즘(manerizm)에 빠진다. 어떤 경우에는 생활일기쓰기의 소재거리가 없어서 거짓으로 쓸 우려가 있으나, 신문일기는 다음과 같은 특수성이 있어 신문일기를 유아들은 지속적이며 일상적으로, 그리고 흥미 있게 쓸 수 있다.

① 신문 속에는 다양한 내용들이 포함되어 있어 신문일기를 쓸 소재거리가 많다. 특히 다양한 내용 중에서 유아의 흥미, 과거경험, 학습준비성, 과제에 대한 접근성 등을 고려하여 유아들이 최적한 신문일기를 쓸 수 있는 주제선정이 가능하다.

② 신문 속에 있는 다양한 내용들의 진술은 가장 표준적이며 문법적이고 합리적인 방법으로 진술되어, 유아가 쓰는 신문일기쓰기 형식을 안내해줌으로써 유아들에게는 신문일기 쓰기가 별다른 부담이 없이 이루어질 수 있으며, 또한 신문주제 선정을 위해 신문내용의 읽기과정을 통하여 논술력이 동시에 배양되는 등 신문일기쓰기는 다양한 가치가 있다.

(3) 신문일기쓰기 소재 찾기

신문은 정치, 경제, 사회, 문화 등에 걸쳐 우리 인간 생활에 관련되는 모든 지식과 정보의 보고로 수없이 많은 다양한 형식으로 구성된다. 유아신문일기에서 글쓰기의 소재로 활용될 수 있는 내용도 아주 다양한데, 그중 기사나 사진, 만화, 사설, 칼럼, 광고, 상품소개, 인터뷰 기사, 날씨, 오락프로, 방송프로그램, 부음기사 등은 특히 유아신문일기 쓰기를 위한 글쓰기 소재(신문일기주제)를 선정하는 데 적절한 내용들이다.

(4) 신문일기쓰기 지도 시 고려할 점

유아들에게 처음부터 훌륭한 신문일기쓰기를 요구하는 것은 무리이다. 특히 유아들은 어휘력이나 표현력이 부족하기 때문이다. 그러나 신문을 지속적으로 접하면서 신문기사 자체가 신문일기쓰기의 좋은 문장구조를 가지고 있기 때문에 신문일기쓰기 요령을 자연스럽게 터득할 수 있다. 신문일기쓰기 지도 시 특히 고려할 사항은 다음과 같다.

① 단계별 지도

처음부터 유아들에게 창의 · 논술에 기초한 일기쓰기를 기대하는 것은 무리이다. 따라서 단계적인 지도가 필요하다. 처음에는 신문내용을 살피는 것에 흥미를 갖도록 하며 아래와 같은 단계를 밟아 지도한다.

ㄱ. 신문으로 할 수 있는 활동하기

자세한 내용은 전항 (1)을 참고하기 바람

ㄴ. 신문에서 찾아 볼 수 있는 자료

자세한 내용은 전항 (2)를 참고하기 바람

ㄷ. 요점 간추리기

전항 ㄱ, ㄴ의 과정을 거쳐 신문내용에 대한 관심을 갖게 한 후 신문일기쓰기를 지도하는데, 처음에는 신문일기를 쓰고자 하는 내용을 주제화하여 요약하는 데서부터 시작해야 한다.

ㄹ. 자신의 말, 자신의 생각으로 쓰기

점차적으로 유아 자신의 생각을 반영하여 유아 자신의 말로 신문일기를 써 가도록 지도한다. 이 단계에서부터 유아들의 창의적이며 논리적 사고력, 그리고 논술력을 키워가게 된다.

② 신문내용별 일기쓰기 지도요령

유아들이 신문일기쓰기에 활용될 수 있는 내용은 기사나 사건, 만화, 사설, 칼럼,

광고, 상품소개, 인터뷰기사, 날씨, 오락프로, 방송프로그램, 부음기사 등이다.

이들 내용에 대한 신문일기쓰기 관점을 다음과 같이 제시하기로 한다.

ㄱ. 기사나 사건, 만화

가. 신문내용 중 기사나 사건, 만화 중에서 하나를 선택하여 기사내용을 공책의 안쪽에 붙이고 오른쪽에 날짜, 신문이름, 기사제목을 붙인다.

나. 기사내용을 아래와 같은 관점에서 사실적 읽기수준으로 읽는다.

㉮ 기사내용 중 어려운 낱말에 밑줄을 친 후 교사의 도움을 받아 기사내용을 완전히 이해한다.

㉯ 무엇에 대하여 이야기하고 있습니까?

㉰ ~에 대해 무엇이라고 알고 있나요?

㉱ ~라는 말은 무엇을 의미합니까?

㉲ 이 사실에서 무엇을 알 수 있나요?

㉳ 이 기사를 6하원칙으로 요약해 보세요. 등과 같은 요령으로 지도한다.

㉮항에서 ㉳항과 같은 단계적인 지도과정을 거쳐 유아들이 논리적 사고력, 창의적 사고력, 논술력을 종합적으로 기를 수 있도록 점차적으로 신문일기를 써 나가도록 지도한다.

ㄴ. 사설, 칼럼

사설과 칼럼을 가지고 신문일기쓰기는 다음과 같은 수순을 밟아 지도한다.

㉮ 사설이나 칼럼을 읽고 그렇게 주장하는 이유를 이해한다.

㉯ 다른 신문에서 이에 관한 문제에 대한 주장이나 이유를 이해한다.

㉰ 각종 신문의 사설이나 칼럼의 내용에 대한 자신의 생각을 곁들여 일기를 쓰도록 한다.

ㄷ. 상품을 소개하는 글

상품을 소개하는 글을 읽어보고 비판하거나, 자기 생각을 곁들이거나 완전히 자기 생각으로 기술해 본다.

ㄹ. 인터뷰 기사

대부분의 인터뷰 기사는 일문일답으로 기술된다. 이와 같이 일문일답으로 된 기사내용은 인터뷰 요지중심(해설형)으로 기술해보거나, 또는 해설형(요지중심)으로 된 인터뷰 기사내용은 일문일답 형식으로 바꾸어 기술해 본다.

ㅁ. 날씨

날씨는 맑음, 흐림, 비 등의 명사로 표현하는 것보다 문장으로 서술하는 식으로 기술해 보게 한다. 이는 기상캐스터가 일기 해설하는 식으로 기술하게 해봄으로써, 자세히 관찰하고 깊이 사고하는 힘을 길러준다.

ㅂ. 부음기사

부음기사를 읽고 나서 고인의 생애, 고인의 업적 등을 기술하고 자기와 비교하여 본받아 실천할 점이 무엇인가를 기술한다.

③ 지도상의 유의점

ㄱ. 신문일기의 내용은 일부 영역에만 국한시키지 않고 전항 ②에 제시된 내용을 총망라하여 균형적으로 다루어야 한다. 이는 신문일기쓰기 경험의 다양화를 통하여 다양한 사고와 다양한 정보를 입수하기 위함이다.

ㄴ. 신문일기쓰기 주제는 주제를 정한 다음, 관계내용을 기술하는 방법과 먼저 내용을 기술하고 기술된 내용을 중심으로 주제를 정하는 방법이 있는데, 어떤 방법이든 좋다.

4) 신문읽기

(1) 목적

언어가 없는 사고는 생각할 수 없으며, 사고가 없는 언어 또한 생각할 수 없다. 인간이 가지고 있는 능력 중에서 가장 중요한 것이 사고력이며, 언어는 사고를 가장 잘 드러내는 도구나 수단으로 작용한다. 언어의 능력 즉, 듣기, 말하기, 읽기, 쓰기 중 읽기는 언어학습에서 글을 바르게 읽고 해석하는 일로서, 새로운 내용이나 정보를 어떤 방법으로 읽느냐에 따라 사고에 미치는 영향이 크게 다르다. 이에 유아들의 논리 · 창의 · 논술력을 배양할 수 있는 신문읽기방법을 기술한다.

(2) 읽기, 발문, 논리 · 논술과의 관계

① 읽기의 개념

읽기는 '인쇄된 문자나 글로 쓴 것으로부터 뜻을 얻어내는 인지과정, 그리고 언어습득, 의사소통, 정보나 생각의 공유화를 위한 수단'이다. 또한 읽기는 읽는 것뿐 아니라 써 있는 내용의 뜻을 이해하는 것이 필요한데, 이를 두고 읽기를 '독해'라고도 한다.

② 발문

발문이란 교수 · 학습에서 언어상호작용의 한 형태인 문답법에 있어서 제기되는 의문을 가리키는 것으로 질문과 같이 사용되고 있다. 질문이란 주로 모르는 입장에서 있는 사람이 알고 있는 사람을 향하여 던지는 물음을 가르치는 것으로, 일상생활에서 많이 사용되는 데 반하여 발문은 교사가 학습자의 학습활동을 전개하기 위해 문제제기를 위하여 주로 사용된다. 질문의 경우, 하나의 정답으로 족하지만 발문의 경우에는 학습자로 하여금 문제의식을 갖게 한다든지, 사고활동을 유발한다든지, 이해수준을 확인하는 데 목적이 있다.

③ 읽기, 발문, 논리 · 논술과의 관계

읽기과정이 사고력을 유발하는 도구와 수단이다. 또한 발문이란 언어 상호작용에서 문제를 제기하고 문제의식을 갖게 하면서 사고를 유발하고 있다. 따라서 효율적인 읽기방법에 합리적인 발문의 기법을 적용한다면 훌륭한 사고학습이 이루어질 것이다.

읽기방법으로 사실적 읽기, 추론적 읽기, 비판적 읽기, 적용적 읽기, 창의적 읽기 과정에서 각 읽기과정에 따른 적합한 발문내용을 제시하여 발문내용에 따른 의식적인 읽기를 진행한다면, 훌륭한 논리 · 논술교육이 이루어진다.

(3) 논리 · 논술 중심의 신문읽기지도

논리 · 논술 중심의 신문읽기지도는 사실적 읽기, 추론적 읽기, 비판적 읽기, 적용적 읽기, 창의적 읽기과정에서 교사가 사고활동을 더욱 촉진시키고, 문제의식을 가지고 의도적인 읽기활동이 이루어질 수 있도록 읽기방법에 따른 적절한 발문을 제시하여 읽기활동을 진행한다. 또한 신문내용 즉, 사실보도기사, 주장 글, 시사만평, 만화, 사진, 그림 등의 신문내용의 특수성에 따른 읽기지도과정별로 제시된 발문유형을 고려하여 신문읽기에 집중하도록 한다. 논리 · 창의 · 논술 중심의 신문읽기지도과정을 이해하기 위해서 먼저 읽기유형과 읽기유형에 따른 발문유형을 이해해야 하는데, 이는 〈표 V-11〉과 같다.

〈표 V-11〉 읽기유형에 따른 발문유형

읽기유형	발문유형	발문의 주안점
사실적 읽기	• 사실적 질문	글에 드러난 내용을 그대로 이해하는 능력
추론적 읽기	• 앞으로 전개될 내용, 결론을 이끌어내는 능력을 요구하는 발문	글 속에 담겨진 배경, 상황 등을 미루어 짐작해서 이해
비판적 읽기	• 개방식 발문 • 유아의 생각을 자유롭게 끌어냄	글의 내용을 무조건 따르지 않고 자신의 생각과 비교하면서 읽음
적용적 읽기	• 가정적 발문 • '나에게 이런 일이 일어날 것인가' 가정하여 생각	대안을 제시한다거나 관점을 확정하여 다른 상황에 적용해보는 발상전환적 사고
창의적 읽기	• 새로운 내용을 만들어 내기, 바꾸기 등	제시된 글을 이해하고 이를 변형하거나 새롭게 표현하는 고차원적인 읽기

또한 이상에서 밝힌 신문읽기내용별 읽기유형에 따른 발문내용의 예는 〈표 V-12〉와 같다.

〈표 V-12〉 신문내용별 읽기유형에 따른 발문내용의 예

신문내용별	읽기유형	발문내용의 구체적 예
사실보도 기사	사실적 읽기	• 무엇에 대하여 이야기하고 있습니까? • ~에 대하여 무엇이라고 알고 있나요? • ~라는 말은 무엇을 의미합니까? • 이 사실에서 무엇을 쓸 수 있나요? • 이 기사를 요약해 보세요.
	추론적 읽기	• ~라는 의미는 어떤 의미일까요? • 그렇게 생각하는 이유를 얘기해보세요. • 왜 이와 같은 문제가 발생했을까요?

신문내용별	읽기유형	발문내용의 구체적 예
		• 그 사람은 왜 그렇게 했을까요? • 모든 사람이 이와 같이 행동한다면 어떤 결과가 발생할까요? • 그런 행동을 한 사람의 느낌은 어떠할까요? • 피해자의 심정은 어떨까요? • 이 사건을 본 자신의 느낌은 어떤가요?
	비판적 읽기	• 이 문제에 대해 어떻게 생각합니까? • 위 문제에 대해 찬성인지 반대인지를 얘기하고 그 이유를 말해 보세요. • 그 사람의 행동은 옳은가요, 그른가요? • 이 문제를 해결하려면 어떻게 하면 좋을까요? • 자신이 선택한 해결방안이 법에 위반되지는 않을까요? • 자신이 선택한 해결방안이 다른 사람의 권리를 방해하지는 않을까요? • 위의 글을 읽거나 듣고 자신의 의견을 말하거나 적은 다음, 친구들과 공유해 보세요.
	적용적 질문	• 만약 ~했더라면 어떤 결과가 나왔을까요? • 모든 사람이 이와 같이 행동한다면 어떤 결과가 발생할까요? • 내가 그 사람이라면 어떻게 했을까요? • 나는 ~해 본 적이 있나요? • 이것과 저것의 같은 점은 무엇이고 다른 점은 무엇일까요? • 위의 사례와 비슷한 사례를 주변에서 찾아 이야기해 보세요. 혹은 뉴스에 보도된 적이 있으면 이야기해 보세요. • 그런 행동을 한 사람의 느낌은 어떨까요? • 이 사건을 본 자신의 느낌은 어떤가요? • 위의 사례와 반대되는 사례를 찾아서 말해 보세요. • 이 기사의 제목을 내가 다시 만들어 본다면? • 이 글을 읽고 나는 어떤 사람이 되고 싶다고 생각했나요?
	창의적 읽기	• 내용 바꾸기, 뒷이야기내용 만들기, 시대 바꾸기, 결말 바꾸기, 주인공 바꾸기, 다른 인물 넣기, 다른 상황과 비교하기, 종합하기 등
주장글	사실적 읽기	• 무슨 문제에 대해 얘기하고 있나요? • 핵심어를 찾아보세요. • 글쓴이의 주장은 무엇인가요? • 이 글의 결론은 무엇인가요? • 무엇을 보고 결론인 줄 알았나요?
	추론적 읽기	• 글쓴이가 자기의 주장을 설득시키기 위해 내세운 근거는 무엇인가요? • 글쓴이는 어떤 이유에서 그런 주장을 하고 있나요? • 또 다른 중요한 이유처럼 보이는 것이 있나요?
	비판적 읽기	• 글쓴이가 내세운 이유가 자기의 주장을 내세우는데 적절하다고 생각하나요? • 글쓴이가 제시한 이유를 받아들일 수 없다면 글쓴이의 주장을 반복해 보

신문내용별	읽기유형	발문내용의 구체적 예
		세요. • 글쓴이가 말한 문제해결방법이 합리적이라고 생각하나요? • 글쓴이가 말한 문제해결방법을 실천할 경우에 문제는 없을까요? • 발생한 결과에 대해 글쓴이가 충분히 예측하고 있나요? • 같은 문제인데 두 사람의 의견은 왜 다른가요? • 글쓴이의 편견은 없나요? • 글쓴이의 주장이 논리적으로 옳은가요?
	적용적 읽기	• 내 의견을 말해 보세요. • 내 의견의 이유(근거)를 말해보세요.
시사만평, 만화, 사진, 그림	사실적 질문	• 무엇에 대해 이야기하고 있습니까? • 만화 속의 사람(사물, 동물)은 누구입니까? • 그는 무엇을 하고 있습니까? • 글쓴이의 주장을 뒷받침하는 사실 근거는 무엇입니까? • 누구의 그림인가요? • 그림의 제목은 무엇인가요?
	추론적 질문	• 원인은 무엇입니까? • 그는 왜 그것을 하고 있습니까? • 그 사람과 배경과의 관계는 무엇입니까? • 그 사람은 누구를 대표하거나 상징합니까? • 이 만평은 무엇을 비판하고 있나요? • 왜 그렇게 생각하나요? • 결국 이 만화가 말하고자 하는 주제(필자의 의도, 중심내용)는 무엇인가요? • 사진에서 사진작가의 어떤 의도가 느껴지나요? • 이 사진이 누구의 입장을 말하려는 것 같나요? • 이 사진이 사회에 미치는 영향은 무엇일까요? • 이 사람의 표정은 어떤가요, 무엇을 알 수 있나요? • 지금 이 사람의 기분은 어떤 것 같아요? • 이 사진에서 가장 중요하다고 생각되는 것은 무엇인가요? • 이 다음에는 무슨 일이 있을 것 같은가요? • 이 그림은 무엇을 표현하고자 한 것일까요? • 여기는 어디가 좋은가요? 이야기로 꾸며 보세요. • 이 그림은 사실적인가요? 아니라면 화가가 왜 이렇게 그렸을까요? • 그림 속의 두 사람은 지금 무슨 이야기를 나누고 있을까요? 말풍선을 달아 보세요.
	비판적 질문	• 그 이유들이 맞나요?(타당한가요) • 중심내용이 여러분의 생각과 일치하나요, 다른가요? • 일치하거나 다르다면 그 이유를 말해보세요. • 만화가는 어떤 생각(가치관)을 가진 사람 같은가요? • 만화가는 어떤 입장을 대신해서 말하고 있나요?

신문내용별	읽기유형	발문내용의 구체적 예
		• 의도적으로 축소되거나 강조 확대된 부분이 있나요? • 만화의 내용을 글로 옮겨 쓰고 그 차이점을 말해보세요. • 사진은 기사의 내용과 어울리나요? • 이 사진이 어떤 효과를 준다고 생각하나요? • 사진을 보고 의문나는 점이 있나요?
	적용적 질문	• 여러분이 이 만화를 재구성한다면 어떻게 했을까요? • 반대편의 관점으로 만화를 다시 그려보세요. • 이 만화를 선생님이(어른, 아이가) 본다면 뭐라고 할까요? • 이 만화를 내가 다시 그린다면 어떻게 그릴 것 같은가요? • 만화의 제목을 달아보세요. • 기사를 만화로 바꿔보세요. • 내가 사진기자라면 어떤 사진을 넣을 것 같은가요? • 사진과 비슷한 일을 주변에서 본 적이 있나요? • 사진을 보고 이야기를 다시 꾸며 본다면? • 사진을 보고 기사를 써 본다면? • 사진의 제목을 내가 달아 본다면? • 이 그림의 느낌은 어떤가요? • 어떤 감동이나 생각의 변화를 느꼈나요? • 이 그림 중 바꾸고 싶은 부분이 있나요?

위에 제시한 신문내용별 읽기유형에 따른 발문내용의 예로서 신문읽기 시 활용하면 논리 · 논술력을 길러주는 데 효과적이다.

제VI부
논리 · 논술기술교육의 실제(5)

논술이란 논리적이며 창의적인 글쓰기와 말하기 과정으로, 논술에서 논리적 사고력과 창의적 사고력이 빠지면 일반 글짓기와 다를 바 없다. 한편 논리적 사고력과 창의적 사고력이 뛰어났다 할지라도 논술에 필요한 기초기능으로 문장구성력, 단락구성력, 문장독해력, 발표력, 청취력 등 언어적 기능이 없다면 논리적이며 창의적인 글이나 말을 생산하지 못한다. 이러한 상황에서 유아의 논술력을 향상시키기 위해서는 논술기술을 연마시켜 주어야 할 필요가 절실하여 이에 대한 방안을 제시하고자 한다. 특히, 논술에 관한 기초적인 기술력은 말하거나 쓰기에 관한 기본기법이나 기술로서 앞의 논리·논술교육의 실제의 일부 장에서 다루어진 내용과 중복되는 내용도 있으나, 본 장에서는 논리적이며 창의적인 논술을 하는 데 절대적으로 필요한 쓰기와 말하기의 기초기능과 기술을 연마시키는 데 목적을 둔다. 이렇게 연마된 논술에 관한 기초기능을 활용하여 앞의 논리·논술교육의 실제에서 기술한 바와 같은 방법으로 지도하는 것이다.

논리 중심의 논술기술교육 • 제14장

제14장
논리 중심의 논술기술교육

지금까지 13장까지에서는 유아교육활동 중에서 수학적 탐구과정을 비롯한 10개 영역의 논리적이며 창의적인 활동을 통하여, 어떻게 논리적 사고력을 배양하여 논술의 기초기능을 연마할 수 있을까 하는 관점에서 11개 영역에 걸쳐서 다양한 지도방법과 절차에 대하여 기술하였다.

그러나 유아들에게 논리적 사고력과 창의적 사고력만을 길러주었다고 해서 훌륭한 논술을 할 수 있을지가 문제이다. 따라서 유아들이 훌륭한 논술을 할 수 있도록 하기 위해서는 물론, 논리적 사고력과 창의적 사고력의 배양이 전제되어야 하지만, 논술문을 잘 쓸 수 있는 논술기술로서 글쓰기 기술과 말하기 기술을 연마시켜줘야 한다.

다시 말하면, 논리 중심의 논술기술교육으로서 글을 잘 쓸 수 있는 글쓰기 기술과 말을 조리 있게 할 수 있는 말하기 기술을 체득시켜 주어야 한다. 따라서 본 장에서는 논술기술교육에 관한 관계이론과 논술기술교육의 실제에 대하여 기술하기로 한다.

1. 논술기술교육의 이해

논리 중심의 논술기술교육에서는 먼저 논리적 사고력과 논술과의 관계와 논술기술교육에 대하여 알아보기로 한다.

1) 논리적 사고력과 논술

논리적 사고력이란 어떻게 정의하든 간에 그 핵심은 문제를 해결하기 위한 탐색적이며 비판적이고 합리적인 사고활동으로 분석, 추론, 종합, 추리 등의 사고과정을 거친다.

이러한 논리적 사고력은 논술의 기초가 되며, 논리적 사고력에 기초한 논술은 명료성, 분명함, 정확성, 설득력, 독창성 등이 있어야 한다(김영실 외, 2014). 환언하면, 논리적 사고력이 강하면 다음과 같은 성향의 논리적 사고력이 뒷받침된 논술을 할 수 있다.

(1) 명료성

논술이란 원래가 어떤 주제에 대하여 자신의 생각이나 주장을 쓰는 고도의 정신적 작용으로, 자기의 입장을 명료하게 드러내야 한다.

다시 말하면, 'Yes(예)' 아니면 'No(아니요)'의 양자택일식으로 분명히 표현하고 그에 대한 근거를 체계적으로 쓰는 것이다.

'Yes(예)'도 아니고 'No(아니요)'도 아닌 애매모호하게 자기의 입장을 밝혀서는 안 된다. 따라서 명료한 주장을 하려면 애매모호한 단어나 문장은 쓰지 않아야 한다. 이를 위해서는 명료성이 있어야 한다.

(2) 논리성(타당성)

자기의 의견이나 주장을 명료하게 표현한 다음에는 자신의 의견이나 주장에 대한 근거를 체계적으로 기술하고, 또한 객관적으로 이를 증명할 수 있어야 한다. 이것이 논리성(타당성)이다.

주장만 있고 근거와 이유를 객관적으로 제시하지 못한다면 자신의 의견이나 주장에 대한 논리가 없고 타당성이 없는 것이다. 논리적 사고력은 논리성과 타당성을 제시해 준다. 위의 명료성과 논리성(타당성)은 동전의 양면과 같은 성격을 가지고 있다.

(3) 주장성(설득력)

논술은 자신의 견해나 주장, 그리고 이를 뒷받침할 수 있는 근거와 이유만을 제시하는 데 그치지 않고, 상대를 설득시켜 나와 같은 생각을 갖게 하여 나의 동지를 만드는 일이다. 이렇게 하기 위해서는 상대를 설득시키기 위한 주장성이 있어야 한다.

같은 견해와 주장, 근거와 내용이라 할지라도 문장을 어떻게 배열하느냐에 따라 설득력이나 주장성이 달라진다. 논리적 사고력은 이런 주장성(설득력)을 논술에 제공해 준다.

(4) 정확성

논리적 사고를 하면 논술의 내용은 더욱 정확해진다. 정확하다는 말은 바르고 확실하다는 의미이다. 사실에 입각하고 견해와 주장이 정확하며, 이에 따른 근거와 증명이 확실한 논술은 정확성이 보장되어 상대에게 논술의 내용이 정확하게 전달된다. 이러한 논술의 정확성을 기하는 데 논리적 사고력이 필요하다.

(5) 독창성

논리는 형식이 아니다. 논리는 사고의 형태로서 얼마든지 창의적이고 독창적일 수 있다. 논술할 때는 항상 주제의 성격, 주장, 의견, 근거제시, 증명 등의 상황이나 내용에 따라 표현과 형식이 달라지는 등 독창적이어야 한다. 이런 독창성을 유지하는 데도 논리적 사고력이 필요하다.

2) 논술기술교육

논술이란 어떤 의미에서는 논리적 사고와 창의적 사고를 근간으로 한 글쓰기로서, 논술은 훌륭한 글의 요건을 갖추어야 한다. 훌륭한 글(좋은 글)이 갖추어야 할 요건으로 김문도(2006)는 다음과 같이 제시하고 있다.

〈내용면〉

(1) 상황성: 글을 쓰는 목적과 예상되는 독자, 설정된 주제 등에 부합됨

(2) 충실성: 내용이 진솔하고 성실함
(3) 독창성: 고정관념이나 기존 상식에서 벗어나 개성적인 창의성을 발휘함

〈형식면〉
(4) 명료성: 좁게는 어휘나 문장, 넓게는 전체 글이 알기 쉽고 분명함
(5) 적절성: 불필요한 내용을 줄이고 의미전달을 확실히 함
(6) 정확성: 표현에 있어서 어법에 맞게 글을 씀

〈종합적인 면〉
(7) 완결성: 글 전체가 유기적으로 짜여짐
(8) 일관성: 글의 시점이나 어조, 문체, 관점 등이 일관적임
(9) 통일성: 단락 내에서나 글 전체에서 일정하게 전체가 유지됨을 말하고 있다. 따라서 논술기술교육이란 앞에서 밝힌 9가지의 조건을 갖춘 훌륭한 글(좋은 글)을 쓰고 말을 하는 기술을 가르치는 교육이다.

2. 논술기술교육의 실제

논술이란 어떤 기준에 의해 정의하든 간에 그 핵심은 자기의 의견이나 주장을 창의적이며 논리적이고 조리 있게 서술하는 것이고, 또한 논리기술교육이란 논술을 잘하도록 가르치는 교육으로, 어떤 주제에 대하여 자기의 의견이나 주장을 논리적이며 창의적이고 조리 있게 서술하는 방법과 기술을 터득시키는 교육이다.

본서 제II부 각 장에서부터 제V부 각 장에 이르기까지 다룬 내용들이 한결같이 창의·논리 중심의 논술교육의 방법과 기술에 대하여 기술하였다. 따라서 본 장에서 다루어지는 내용이 앞의 일부 장에서 기술된 내용과 중복되는 경우도 있으나, 이는 논술에 필요한 기초기능과 기술의 연마를 목적으로 이루어진다는 점을 이해해야 한다. 특히 본 장에서는 논술의 한 기능으로 논리적 사고에 기초한 글쓰기 능력을 향상시키는 방법과 기술의 습득에 더 큰 비중을 둔다. 아무리 유아가 풍부하게 창의적

이며 논리적인 사고를 이끌어낼 수 있어도, 글이나 말로 표현하는 말하기나 쓰기의 기본기법이나 기술을 모른다면 훌륭한 논술을 할 수 없기 때문이다. 따라서 본 절에서는 훌륭한 논술자가 지녀야 하는 기술과 방법을 중심으로 하여 기술하기로 한다.

1) 글쓰기에 흥미갖기지도

훌륭한 논술을 하기 위해서는 다양한 기능과 기술이 필요하다. 예를 들면, 독해력, 문제분석력, 논리적 사고력, 창의적 사고력, 종합적 사고력, 문장구성능력, 읽기능력, 듣기능력, 말하기 능력 등 아주 다양한데, 그중 가장 기초적인 능력은 문장구성능력과 말하기 능력이다.

아무리 위에 열거한 논술에 필요한 기능이나 기술을 가지고 있다 하더라도, 직접적으로 글로 쓰거나 말로 표현하는 기본적인 기술이 없다면 논술을 할 수 없기 때문이다.

따라서 본 절에서는 논술의 가장 기초가 되는 형식으로 일반적인 글쓰기 방법지도에 대하여 생각해보기로 한다.

(1) 글쓰기 지도

글쓰기는 다음과 같은 단계를 밟아 쓰도록 지도한다.

① 천리 길도 한 걸음부터

나도 할 수 있다는 자신감을 가진다. 두려움을 없애고 좀 서툴러도 괜찮다는 마음가짐으로 서툰 곳은 고친다. 내가 한 일, 본일, 느낀 일, 들은 일, 하고 싶은 일 등을 선택한다.

② 남을 생각하지 말라

편한 마음을 가진다. 꾸미거나 거짓으로 쓰지 않는다. 남에게 전해 준다는 생각으로 쓴다. 남에게 잘 보이려고 쓰지 않는다.

③ 무엇을 어떻게 쓸 것인가

쓸거리(글감)을 정한다. 하루 중에서 가장 뛰어난 것(기뻤던 일, 즐거웠던 일, 슬펐던 일, 언짢았던 일 등)을 글감으로 잡는다. 예를 들면, "전학 간 친구", "날아다니는 잠자리", "유치원에서" 등이 있다.

④ 어떻게 쓰나

무엇을 쓸 것인지 글감이 정해졌으면 어떻게 쓰느냐가 문제다. 어떤 일, 나오는 사람들, 어떤 장소를 결정해야 한다. 글의 첫머리, 이야기의 중심내용, 끝마무리의 세 단계로 나눈다. 이후 쓴 글을 고친다(글 제목과 이름 쓸 곳, 맞춤법, 띄어쓰기 등).

(2) 여러 유형의 글쓰기 지도

좋은 글을 쓰기 위해서는 다양한 유형의 글을 써 보도록 유도한다.

① 일기 쓰기

하루 중 한 일, 본 일, 느낀 일, 생각한 일들 가운데서 감명 받아 남기고 싶은 것을 선택하여 '제목'을 잡아 쓴다. 예를 들면 "새 운동화", "공원에서" 등 글로 쓰기도 하지만 그림을 그려 넣고 간단한 그림설명을 해도 좋다.

② 동요 · 동시 쓰기

동요와 동시는 다르다. 그런데 보통 유아들은 이러한 짧은 글을 통상 동시(아동시)라고 한다. 달리는 긴 글인 산문과 구분하여 운문이라고도 한다. 그래서 시는 쓴다고 하기보다는 '읊은 것'이므로, 음악처럼 리듬이 깃들어져야 한다. 마치 풀잎에 속삭이는 바람처럼, 나비가 꽃송이에 어리는 향기처럼 읽는 사람의 마음을 속삭여 주어야 한다.

동시 쓰기에서는 아름다운 시어를 찾아 쓴다.

㉠ 〈산딸기〉 호롱호롱 호로롱 / 고운 새소리 / 고걸 듣고 그렇게 / 고와진 산딸기
〈어머니〉 어머니 어머니 우리 어머니 / 세상에서 둘도 없는 / 고마운 사랑 / 그 은혜 / 언제나 잊지 않아요.

글을 간략히 줄여서 적절한 비유법을 쓴다.

㉠ '우리 선생님은 참 무섭다' → '우리 선생님은 호랑이'

③ 독후감(독서 감상문) 쓰기

사람은 음식을 먹고 운동을 해야 육체적인 건강을 유지하지만, 정신은 독서를 통해서 지식과 지혜를 먹어야 두뇌활동을 하게 된다. 그래서 마음의 양식과 교양을 쌓기 위해선 독서를 해야 한다. 독서를 하고 그냥 넘겨버리면 너무도 아까운 일이다. 독후감을 쓸 것을 전제로 책을 읽으면 더 꼼꼼히 읽게 된다. 그래서 그 내용을 더 오래 간직하게 되며, 글쓰기의 실력을 높여준다.

독후감 쓰기의 일반적인 순서는 다음과 같다.

- 제목 - '○○을 읽고'
  '코가 자라는 말썽꾸러기' - 피노키오를 읽고
- 책을 읽게 된 동기 - 선생님, 친구, 부모님이 권해서, 선물을 받아서 등
- 책의 내용과 줄거리 쓰기 - 자기와 비교해서
- 형식 - 생활문식, 일기식, 편지글식, 시로 쓰기 등

④ 논설문 쓰기

논설문이란 어떤 사실에 대하여 글을 쓴 사람의 의견이나 주장이 뚜렷이 담겨 있는 글이다. 일반 신문의 '사설'이 바로 이에 속한다. 학교나 기관에서 행하고 있는 '어린이 신문'의 '나의 주장', '이렇게 하자' 등이 논설문이라 보면 된다.

논설문은 아래 요령으로 쓰도록 지도한다.

㉼ '쓰레기를 버리지 말자.' '좋은 책을 읽자' 등

- 주제가 선명하고 서론, 본론, 결론을 세워 독자를 설득하는 것이 첫째 목표다.
- 주장하고자 하는 주제에 대해 자기가 경험했던 알맞은 소재를 선택해야 한다.
- 주장하는 내용이 이치에 맞고 근거나 까닭이 확실해야 한다.
- 주장하는 내용이 남의 글, 남의 말, 다른 사람의 주장을 끌어와 구체적으로 설명하거나 비판하기도 한다.
- 어느 책을 읽게 하거나, 어떤 이야기를 들려주고 감상을 논설문으로 쓰게 한다. 또는 글(책)의 일정 부분만 제시하고 그 부분에 관한 주장을 쓰게 한다.

2) 논리 중심의 쓰기지도

논술은 어떤 주제에 대하여 총체적으로 분석하고, 분석결과에 따른 상황에 대하여 자신의 의견이나 주장을 합리적이며 논리적으로 제시하여 상대방을 설득하거나 이해시키기 위한 글쓰기 과정이다. 따라서 훌륭한 논술력을 배양하기 위해서는 전 항에서 밝힌 바와 같이, 글쓰기의 기초로서 일반적인 글쓰기 지도가 전제되어야 한다. 물론 여기에서는 형식상 일반적인 글쓰기 지도원리가 적용되기 마련이다.

이와 같은 과정을 통하여 글쓰기에 대한 기초기능으로서, 특히 문장구성능력, 단락구성능력, 문장독해력 등이 구비되면 본격적으로 논리 중심의 쓰기지도가 이루어진다.

(1) 논리 중심의 쓰기지도모형 적용

논리 중심의 쓰기지도모형의 구안원칙은 다음과 같다.

첫째, 논리 중심의 쓰기지도모형은 일반적인 쓰기지도를 기본으로 하므로 일반적인 쓰기지도원리를 준용한다.

둘째, 논리 중심의 쓰기지도모형은 논제(문제 또는 주제)에서부터 글쓰기 이전 과정까지 전 과정에서 논리적 사고, 추상적 사고, 문제분석력, 종합력 등 다양한 고등사고기능이 활발하게 이루어질 수 있도록 활동을 구안하고 운영하도록 한다.

셋째, 논리적 사고, 창의적 사고활동이 쓰기지도과정 내에서 순환적으로 이루어지도록 구안한다.

이와 같은 관점에서 〈표 VI-1〉과 같은 논리 중심의 쓰기지도모형을 유아교육기관에서 더욱 구체화하여 지도한다.

〈표 VI-1〉 논리 중심의 쓰기지도

2단계	핵심활동	주요활동	관련 사고활동
1. 논제파악	1) 주어진 논제들은 무엇인가?	• 주어진 논제를 정확히 파악한다. • 무엇에 대하여 써야하는지를 정확히 파악한다.	통찰력, 분석력
2. 문제 확인	1) 주어진 논제 중 문제가 무엇인가?	• 논제와 관련된 도서나 글 읽기를 한다. • 논제와 관련된 과거 경험을 떠올려 본다. • 논제에 관련된 문제점이 무엇인가를 생각한다.	논리적 사고, 창의적 사고 (브레인스토밍)

2단계	핵심활동	주요활동	관련 사고활동
		• 글을 읽으면서 논제에 관련된 부분에 밑줄을 긋는다. • 사실에 대하여 바르게 이해하고, 복잡하게 얽혀 있는 여러 상황의 관계를 분석한다. • 논제에 따른 문제점을 구체적으로 나열해 본다.	
3. 나의 주장 정리하기	1) 논제에 따른 문제점에 대한 나의 생각은 무엇인가?	• 논제에 대한 자신의 생각을 모두 열거한다. • 논제에 대한 자신의 생각을 중요정도에 따라 배열해 본다. • 정리한 생각을 몇 개의 영역으로 분류하고 문장으로 기술해 본다.	논리적 사고, 종합력
4. 논리 정리하기	1) 논제에 따른 나의 생각이 적절한가?	• 상대에게 설득력을 높이기 위한 자신의 생각을 정리한다. • 자기 주장으로 상대를 설득시킬 수 있는 여러 가지 논거를 생각하여 정리한다. • 사태를 다면적으로 검토하여 다면적인 해결방안인가 검토한다. • 자기 주장이 논리적이며 또한 논리적인 오류가 없는가를 판단한다. • 자기 주장이 논리적으로 타당하더라도 관습이나 전통 등 다른 입장에서 타당한지 검토한다.	논리적 사고, 추론능력
5. 논술의 개요정리	1) 논제에 따른 나의 생각을 구조나 순서로 기술할 것인가?	• 글의 전개에 어울리는 개요를 정리한다. • 어떻게 어떤 순서로 기술해야 소정의 시간 내에 나의 주장을 완전히 피력할 것인가를 생각한다. • 서론, 본론, 결론에 답의 핵심내용을 문장으로 정리해 본다. • 어떻게 기술해야 객관성, 일관성, 설득력을 유지할 수 있을까 궁리한다.	논리적 사고력, 추론능력
6. 논술쓰기	1) 논제에 따른 나의 주장을 어떻게 기술해야 객관성, 일관성, 설득력이 있을까?	• 논술쓰기에서 특히 다음 사항을 고려하여 기술하도록 한다. • 서론, 본론, 결론의 순으로 기술한다. • 글을 전개하는 데 있어서 일관성, 객관성, 설득력을 강조한다. • 글의 부분과 부분의 연관성을 높혀 글이 짜임새 있게 문단을 구성한다. • 문장을 맵시 있게 꾸미는 수사법, 명쾌하고 정확하게 기술하는 문장력, 어휘사용의 적절성 및 정확성, 참신한 어휘의 구사 등을 고려한다.	종합적 사고

2단계	핵심활동	주요활동	관련 사고활동
7. 추고하기	1) 다시 읽고 고친다.	• 먼저 내용을 수정하고 형식적인 면은 나중에 수정한다.	종합적 사고

논리 중심의 쓰기지도모형의 활용방안을 다음에서 좀 더 자세히 설명하기로 한다.

① 논리 중심의 쓰기지도모형은 논리적 사고력, 창의적 사고력, 종합적 사고활동이 이루어져 논리적인 쓰기가 이루어지도록 구안되어 있는 바, 교사는 지도모형에 따른 쓰기지도의 흐름을 철저히 이해하여 지도모형의 근본취지를 살려 유아쓰기지도에 활용한다.

② 논리 중심의 쓰기지도모형은 여러 단계를 거쳐 이루어지도록 구안되었으나, 유아의 쓰기지도에서는 몇 개의 단계나 과정만을 거쳐 지도할 수도 있으나 초등학교 고학년이나 중학교에서는 전 단계나 과정을 밟아 지도해야 한다.

③ 논리 중심의 쓰기지도모형은 논리적 사고, 창의적 사고, 종합적 사고활동이 활발히 이루어질 수 있도록 구안되어 있는 바, 유아들에게 쓰기지도모형에서 제시된 각 단계별 활동내용에 대하여 한번 철저히 지도하면 각 단계별 활동내용에 대한 방법이나 절차가 충분히 이해되어 그 다음에는 별도의 지도가 없어도 과거에 일한 방법이나 절차에 따라 유아들의 주체적으로 논리 중심의 글쓰기가 이루어진다.

(2) 논리 중심의 기본 쓰기활동

말하기, 듣기, 읽기, 쓰기의 네 가지 언어활동은 모두 지식과 정보를 표현하거나 이해하는 정신적 작용으로, 이 네 가지 언어활동 중에서 가장 어렵게 인식되는 것이 쓰기이다.

오늘날 쓰기교육에서 가장 큰 문제점은 비판적 사고, 창의적 표현이 무시된 쓰기지도가 이루어지고 있다는 점이다.

일반적으로 쓰기지도를 위해서는 첫째, 쓸 거리를 찾아내고, 둘째, 쓸 거리에 관한 정보나 자료를 수집하며, 셋째, 수집된 자료와 정보를 연결하여 글을 쓰고, 넷째, 쓴 글이 과연 적절하고 설득력 있게 표현되었는지 비판적으로 읽고 수정하는 과정에서 논리적 사고력과 창의적 사고력이 길러지는 것이다.

특히 논술은 새로운 지식과 정보를 구성해나가는 창조적 행위이며, 나의 의견을 상대에게 설득하기 위해 주장하는 글이나 말로서 이를 위해서는 유아들이 쓰기를 원하는 것은 무엇이든지 마음껏 쓸 수 있는 다양한 쓰기능력을 길러주어야 한다. 이를 위해서는 유아들에게 다양한 쓰기활동 경험을 제공해주어야 한다. 즉, 기초적인 쓰기활동에서 시작하여 창의 · 논리 중심의 쓰기활동으로 확대해 나가야 한다. 다음에서 여러 학자들이 제시한 쓰기활동지도 방법을 소개하기로 한다(김영실 외, 2013; 김혜라 외, 2013; 최국남 외, 2001).

① 간판이름 적어보기: 길거리의 간판이나 과자 등의 상품 명칭을 그대로 써 보도록 한다.

② 쪽지편지 쓰기: 한두 문장으로 된 간단한 쪽지편지를 써서 친구들에게 주고 또한 답장도 써보게 한다.

③ 그림일기 쓰기: 교사와 함께 그림일기를 직접 써보도록 한다. 뿐만 아니라, 부모나 형제들의 도움을 받아 그림일기를 써 보도록 한다.

④ 여러 자료의 기록: 날씨, 온도, 식물의 자람, 자기 자신의 성장기록(키나 몸무게), 요리순서표, 오늘의 간식, 오늘의 메뉴

⑤ 생일, 성탄절 축하카드 쓰기

⑥ 글자 만들기: 고구마, 감자, 무 등 야채에 자음과 모음을 각각 파낸다. 물감을 묻혀 찍어 본다.

⑦ 그림 이야기 쓰기: 교사는 유아로 하여금 자신이 그린 그림을 이야기하도록 하고 그 내용을 가감 없이 그대로 쓴다. 다 쓴 후에 그 내용을 읽어 준다.

⑧ 문집(작은 책) 만들기: 유아들로 하여금 그들 자신에 관한 이야기나 동시 관찰한 내용, 토의내용 등을 써 보게 한다. 잘 쓰지 못한 유아는 교사가 받아 써 주기도 하고 잘못 쓴 글씨는 유아들과 함께 고친다.

⑨ 카드쓰기: 어버이날, 친구 생일에 카드에 그림을 그리거나 색종이를 오려 붙여 꾸미고 감사나 축하의 간단한 말을 적게 한다. 또한 주말을 지내고 왔을 때, 견학을 갔다 왔을 때 등의 경험을 그림으로 그리고 느낌이나 하고 싶은 말을 간단하게 글로 표현하게 한다.

글씨가 쓰기 힘든 유아들은 쓸 수 있는 글자는 직접 쓰고, 그 외에는 말로써

표현해보게 하고 교사가 유아가 한 말을 대신 적어 둔다.

⑩ 초대장 쓰기: 프로젝트 활동이 끝난 후 발표회나 전시회를 가질 때 유아들이 직접 초대장을 써 보게 한다.

⑪ 점선 이어 글자 만들기: 유아들이 자음과 모음을 조합하여 글자를 만들어 보게 한다. 유아는 글자가 자음과 모음의 합으로 이루어졌음을 알고 여러 가지 글자를 만들어 보는 경험을 갖게 한다.

또한 점선을 이어 글자를 만들어 보는 활동을 해볼 수도 있다.

유아에게 점선이 많이 찍힌 종이를 주고 점선을 이어 글자를 만들어보도록 한다.

⑫ 그림자료 보고 이야기 쓰기: 유아가 그림자료를 보고 이야기를 써 보는 활동이다. 유아가 꾸미는 복잡하고 재미있는 이야기는 문식성 발달에도 효과적이다.

3) 논리 중심의 말하기 지도

논술이란 자기의 의견이나 주장을 논리적이고 조리 있게 서술하는 것이며, 이때 표현하는 형식은 말이나 글이다.

전 항에서는 글로 표현하는 쓰기방법에 대하여 기술하였으나, 본 항에서는 말로 표현하는 방법을 생각해보기로 한다.

인간이 말을 잘하기 위해서는 논리적·창의적으로 생각할 수 있어야 하며, 다른 사람의 말을 이해할 수 있어야 하고 그것에 반응할 수 있어야 하며, 질문을 하고 대답할 수 있어야 하고, 정보를 조직하고 평가하며, 적용할 수 있는 사고, 지식, 기술 등 포괄적인 개념의 의사소통 능력을 지녀야 한다(Hong & Alex, 1998).

따라서 말하기 지도는 유치원에서부터 시작하여 평생 동안 이루어져야 하며, 반드시 비판적 사고 및 창의적 사고와 연결되어 지도되어야 한다.

유아들에게 논술로서의 논리 중심의 말하기 지도를 위한 방법은 다음과 같다.

첫째, 발표할 수 있는 기회를 많이 제공한다.

둘째, 여러 가지 글 놀이에 동참할 수 있는 기회를 많이 제공한다.

셋째, 이야기를 기꺼이 할 수 있도록 격려한다.

넷째, 설명, 지시, 논쟁, 소개, 면담의 기회를 많이 제공한다.

다섯째, 언어활동에 적극적으로 참여할 수 있는 개방적인 분위기를 조성해주는 등 말하기 활동의 기회를 많이 제공하여야 한다.

다음에서 여러 학자들이 제시한 말하기 활동을 이야기하기와 생각을 말하기로 구분하여 다음에서 제시하기로 한다(김영실 외, 2013; 김혜라 외, 2013; 최국남 외, 2001).

(1) 이야기하기

이야기하기의 활동내용은 다음과 같다.

① 그림 보고 이야기 꾸미기

그림만 있는 책이나 카드를 보고 이야기를 꾸며보도록 한다.

㉮ 연속되는 몇 개의 카드를 순서대로 놓고 이야기를 꾸며 말해보도록 한다.

② 물건 보이며 말하기

유아가 직접 만들었거나 집에서 가져온 물건을 보여주며 말하도록 한다. 이때 자신감이 없어하는 유아에게는 너무 강요하지 말아야 한다. 다만, 물건을 보여주는 것만으로도 만족할 수 있다.

③ 촉감상자(Feely box)

촉감상자를 이용하여 어휘와 표현력을 기른다. 유아들은 서로 다른 물건이 들어있는 상자에 손을 넣어 보지 않고 만지기만 한다. 그리고 다른 유아에게 그것이 무엇인지를 말하지 않고, 그 모양과 촉감만을 설명하게 한다.

④ 이야기 만들기

처음 유아가 이야기를 시작하며 다른 유아들이 이야기를 전개해 나가다가, 마지막 유아가 이야기를 끝맺도록 한다.

⑤ 동시 꾸미기

유아들이 경험, 관찰한 것에 대해 느낌을 표현하도록 하여 단편적이지만 시적으로 표현한 내용들을 모아 적절히 배열하여 동시를 만들다.

⑥ 이야기 듣고 말하기

그림책의 내용을 시간 간격을 두어 반복적으로 들려주고, 그림책의 내용을 반복적으로 말해보게 하는 활동이다.

유아가 이야기를 잘못하면 이야기의 배경이나 줄거리에 관한 약간의 정보를 제공한다. 그래도 만족하지 못하면 추가질문으로 힌트를 주어 이야기하도록 유도한다.

(2) 생각을 말하기

생각을 말하기의 활동내용은 다음과 같다.

① 생각해서 말하기

유아에게 익숙한 사물이나 사실에 대하여 질문한 후 대답을 요구하는 활동이다.

㉄ • 가위로 자를 수 있는 것들은?
• 만약에 가위가 없다면?
• 만일 해가 없다면?

② 상상해서 말하기

유아들이 상상할 수 있는 질문을 하여 대답을 하게 한다.

㉄ • 만일 내 코가 코끼리 코라면?
• 만일 내가 도깨비라면?

③ 집단토의

하루일과 중 일어난 사건에 대하여 소그룹으로 모여 토론하는 기회를 갖도록 한다. 이때 유아들에게 골고루 기회를 주며 자신의 의견을 바르게 말할 수 있도록 지도한다. 그러나 너무 강요하거나 의견에 대해 비웃거나 하는 행동은 삼가도록 한다.

㉄ • 그네를 탈 때 지켜야 할 규칙
• 수돗물과 전기를 아끼려면
• 가정된 상황(예: 만약 세상에 거울이 없다면?, 만일 내가 우주여행을 간다면?)
• 유아의 관심거리(예: 스포츠, TV프로그램 등)

④ 말 전하기 게임

유아에게 단어나 문장을 들려주고 다음 유아에게 귓속말로 전달하여 마지막 유아와 처음의 유아가 들었던 이야기를 비교한다.

⑤ 역할놀이

유아가 어떤 역할을 가정하여 놀이하는 것을 말한다. 유아는 주변에서 흔히 보는 인물의 역할을 모방하여 극놀이를 한다. 유아는 역할놀이를 계획하고 실행하는 가운데 자신의 견해를 적절히 표현하는 것을 학습하게 되고, 맡은 역할에 적합한 언어표현(어휘, 억양 등) 방법을 터득한다.

㉹
- 가족놀이
- 아나운서 놀이
- 우주인놀이
- 병원놀이
- 경찰놀이
- 우체국놀이
- 시장놀이
- 가게놀이

⑥ 논리 중심 이야기 해석하기

동일한 상황에서 서로 부조화를 이루는 두 개의 그림을 보고, 여러 가지 비교기준을 사용하여 부적절한 부분을 찾아내어 논리적으로 해석한 후 이야기를 만들어 말해보게 한다.

⑦ 끝말잇기

끝말잇기는 첫 번째 사람이 단어를 제시하면, 다음 사람이 그 단어의 끝음절로 시작되는 단어를 반복적으로 말해보는 말놀이 활동이다. 참가인원은 2명 이상이면 된다.

⑧ 육하원칙에 따라 말하기

유아가 주말에 지낸 이야기를 나눌 때, 책을 읽은 뒤 줄거리에 대해 이야기를 해볼 때 '누가, 언제, 어디서, 무엇을, 어떻게, 왜' 했는지 육하원칙에 따라 말해보게 하여 논리적인 표현능력을 기른다.

⑨ 이야기 릴레이

이야기 릴레이는 유아들이 한 명씩 돌아가면서 이야기를 이어 말하는 것이다. 처음에 한 유아가 이야기 한 토막을 말하면, 그 다음에 이어 친구들이 한 명씩 이야기를 이어 나가도록 한다. 이 과정을 통해 친구들의 이야기를 주의 깊게 듣고 이해하는 능력, 창의적으로 이야기를 구성하는 능력, 자신의 생각을 표현하는 능력을 기른다.

⑩ 상황그림에 맞는 말하기

다른 사람에게 인사하는 상황, 다른 사람으로부터 선물 받는 상황, 다른 사람과 부딪혀 피해를 입히는 상황 등에 대한 그림카드를 만들어 각 상황에서 어떤 말을 해야 할지 말해보게 한다.

4) 논리 중심의 듣기지도

듣기란 구두로 전달된 말소리를 의미로 바꾸는 활동이며, 단순히 전달되는 정보를 수용하는 그 이상의 과정적 활동으로 듣기가 논술교육에서 필요 없는 것으로 인식할 수도 있다. 이는 논술을 자기의 의견이나 주장을 논리적이며 조리 있게 서술하는 것으로, 이때 표현은 말이나 글이기 때문에 말하기와 쓰기만을 연상하기 때문이다. 이런 생각은 아주 큰 잘못이다.

듣기와 읽기교육이 논술교육에서 중요한 이유는 다음과 같다.

첫째, 언어교육은 듣기, 말하기, 읽기, 쓰기가 총체적으로 이루어지고, 그중 하나의 기능에 결함이 생기면 여타의 기능학습에 장애를 가져다줌으로써 결과적으로는 언어교육 또는 의사소통이 정상적으로 이루어질 수 없기 때문이다.

둘째, 듣기나 읽기활동 자체가 다양한 사고활동을 유발한다.

듣기학습은 일반적으로 듣고 읽는 것(Listen and Read)과 듣고 생각하는 것(Listen and Think)의 2가지 방법을 생각할 수 있는데, 그중 듣고 생각하는 활동을 함으로써 자연적으로 분석력, 해석력, 비판력, 논리력 등을 향상시킬 수 있다.

따라서 듣기나 읽기활동 자체가 논술력의 기초기능인 쓰기와 말하기 기능향상에 공헌함은 물론, 듣기와 읽기활동 자체가 다양한 사고력을 배양시킴으로써 논술력 향상을 위해 중히 다루어야 한다.

다음에서 여러 학자들이 제시한 듣기 관련 활동들을 소개하기로 한다(김혜라 외, 2013; 최국남 외, 2001).

(1) 소리변별활동

소리변별활동내용은 다음과 같다.

① 소리구별하기

ㄱ. 여러 가지 소리(물건, 동물, 악기소리 등)를 듣고 서로 같은 점과 다른 점 구별하기
ㄴ. 여러 가지 소리를 듣고 무슨 소리인지 알아내기
ㄷ. 서로 비슷한 음의 단어를 듣고 구별하기

② 여러 가지 소리 듣기

유아들에게 여러 종류의 다양한 소리를 작게, 크게 변화를 주어 들려 준다. 일상적인 소리를 녹음하여 들려주고 유아들이 알아맞히도록 한다.

㉣ 여러 가지 소리 들려주기

- 문 여닫는 소리
- 이 닦는 소리
- 빗소리
- 교회 종소리
- 물 흐르는 소리
- 피아노 소리
- 바람 소리
- 새소리

③ 듣고 말하기

유아들의 눈을 감게 하고 소리를 들려준 후, 들은 것에 대하여 말해보게 한다.

㉣ 듣고 바르게 말하기

- 여러 종류의 악기소리(큰북, 작은북, 트라이앵글 등)
- 여러 가지 동물소리(개, 고양이, 닭 등)

④ 소리상자 구별하기

크기가 같은 음료수 빈 병과 곡식, 구슬, 클립 등의 물건을 준비한다.

준비한 내용물을 한 쌍씩 용기에 넣고 흔들어서 같은 소리를 찾는다.

내용물의 양을 각각 다르게 하여 크고 작은 순서대로 비교해보이거나 순서대로 배열하게 하는 등 변화를 줄 수 있다.

(2) 듣기게임활동

듣기게임활동은 다음과 같다.

① 숨겨진 소리 찾기

유아가 소리나는 물건 하나를 숨기고 소리를 내면 다른 유아들이 그 물건이 무엇인지 알아맞히도록 하는 게임이다. 이때에는 유아들과 친근한 물건을 사용하며 이야기를 덧붙여 하는 활동으로 소그룹에 적용해야 한다.

② Listening-Memory Game

한 유아가 이야기를 시작하면 듣고 그 이야기에 덧붙여 이야기한다.

㉖ '나는 광주로 여행을 간다.' → '나는 광주에 여행을 갔고 칫솔을 샀다.' → '나는 광주에 여행을 갔고, 칫솔과 머리빗을 샀다.'

③ 목소리 알아맞히기

여러 유아들의 목소리를 녹음해 들려주고, 누구인지 구별하도록 한다.

④ 무슨 소리인지 알아맞히기

한 유아가 동물이나 기계들의 소리들을 흉내내게 한 후, 다른 유아가 알아맞히도록 한다.

⑤ 언어적 지시에 따라 물건 가져오기

㉖ 심부름하기

- '연필을 가져오세요.'
- '영수 좀 오라고 말해주겠어?'

⑥ 수수께끼 듣고 맞추기

교실에 있는 물건이나 친숙한 동물, 식물, 음식 등을 교사가 수수께끼로 내고 유아가 알아맞혀 보도록 한다. 단어가 적힌 카드를 유아에게 보여주고 친구들에게 설명하도록 하여 알아맞히도록 하는 것도 좋다.

⑦ 지시에 따라 행동하기 게임

교사가 어떤 행동을 요구하는 지시를 하면 유아가 그 지시에 따라 행동하게 된다. 처음에는 한두 가지 지시사항에서 시작하여, 점차 난이도를 높여 지시사항의 개수를 늘려보도록 한다.

(3) 듣기연계활동

듣기연계활동은 다음과 같다.

① 신문 기사 듣고 요약하기

교사가 유아의 관심을 끌 만한 신문기사를 유아의 수준에 맞는 쉬운 말로 바꾸어 들려 준다. 그리고 유아가 내용을 잘 이해하고 있는지 물어본다. 이때, 육하원칙을 사용하여 누가(who), 무엇을(what), 언제(when), 어디서(where), 왜(why), 어떻게(how) 했는지 물어본다. 그 외에 유아에게 궁금한 점이 있으면 질문하도록 격려한다.

② 동화 듣고 스토리 맵 만들기

동화 듣고 스토리 맵 만들기는 동화 테이프나 CD를 듣고 난 후, 그 줄거리에 대해 스토리 맵을 만들어 보게 한다. 스토리 맵을 만드는 활동은 동화책을 읽은 후에 줄거리를 정리해 볼 때도 사용할 수 있다. 스토리 맵은 유아 수준에 맞추어 쓰기가 가능한 유아는 글로 써 보게 하여 쓰기활동으로 연장시킬 수도 있다.

③ 바른 태도로 들을 때와 그렇지 않을 때 비교하기

바른 태도로 들을 때와 그렇지 않을 때를 비교해보는 활동을 할 수 있다.

유아 두 명씩 짝지어 한 명이 화자가 되어 자기가 하고 싶은 이야기를 1~3분간 이야기하게 하고, 다른 유아는 청자가 되어 듣게 한다.

같은 유아가 두 번 말하게 하는데, 첫 번째는 듣는 유아가 다른 곳을 쳐다보며 딴청을 피우거나, 듣지 않고 자기 할일을 하는 등 주의 깊게 듣지 않도록 한다.

두 번째는, 말하는 유아와 눈을 맞추고 호응을 보이는 등 바른 태도로 듣게 한다. 활동이 끝나면 두 경우에 각각 말하는 사람과 듣는 사람이 어떤 느낌이었는지, 듣는 사람은 언제 잘 이해가 되었는지 등에 대해 이야기를 나누어 본다.

④ 이야기 듣고 말하기

〈표 VI-2〉와 같이 이야기 듣고 말하기 활동을 실시한다.

〈표 VI-2〉 이야기 듣고 말하기 활동

절차	방법
제목 소개	그림책 제목 소개하기
내용 추측하기	그림책내용 추측해서 이야기 나누기
내용 듣기	그림책의 첫 페이지부터 마지막 페이지까지 들려주기
궁금한 것 물어보기	그림책내용에 관련하여 궁금한 점을 질문하고 대답하기
마무리	그림책을 끝까지 들려준 후, 유아들의 언어적 반응이 있으면 수용하고 없으면 듣기활동 끝내기

위와 같이 듣기활동을 마무리한 후, 그림책내용을 회상하면서 자연스럽게 말해보게 한다.

⑤ 동시, 동요 들은 후 연계활동

ㄱ. 동시 비교하기

동일한 주제의 동요나 동시를 동시에 들려주고, 어떤 점이 같고 다른지 발견하도록 한다.

ㄴ. 동운어, 반복어 찾기

동시나 동요를 들려준 후 동운어나 반복어를 찾게 한다.

㉞ 동운어와 반복어

- 자리, 자리, 잠자리, 고추잠자리
- 끼리끼리, 우리끼리, 코끼리놀이

5) 논리 중심의 읽기지도

읽기란 인쇄된 문자나 기호를 감각을 통하여 지각하고, 그 문자와 기호가 지니고 있는 의미를 해석해가는 과정으로, 전 항에서 언급한 바와 같이 듣기활동과 같이 언어교육이나 원활한 의사소통을 위한 절대적인 기능이다. 특히 읽는 소재에 따라 그 효과가 다르겠지만 유아가 그림책을 읽는 경우, 비판적이며 논리적인 사고력과 상상력을 길러주는 등 읽기활동 자체가 다양한 사고력을 길러주기도 하지만, 논술에 있어 창의적이며 논리적으로 글을 쓰거나 문장을 구성하는 데 있어서 많은 기능을 제공해 준다.

여러 학자들이 제시한 읽기지도활동을 정리해보면 〈표 VI-3〉과 같다.

〈표 VI-3〉 읽기지도활동

읽기지도 단계별	지도활동	
	신헌재(1993)	이재승(1997)
읽기 전 활동	• 읽기자료에서 단어가 어렵지 않음을 확인시키기 • 배경지식 이야기하기 • 독서의 목적 이야기하기	• 동기유발 • 예측하기 • 목적 세우기 • 배경지식 이야기하기 • 독서방법 안내하기
읽기 중 활동	• 간단한 질문하기 • 시간순서 점검하기 • 순서대로 카드 배열하기 • 빈칸 채우기	• 구조를 생각하며 읽기 • 질문하기 • 추론하기 • 연상하기 • 점검하기 • 협의하기 • 메모하기
읽은 후 활동	• 토의하기 • 극화하기 • 작품내용과 다른 결말 상상하기 • 그림 그리기 • 역할놀이	• 독서기록표 만들기 • 장르 바꾸어 보기 • 토의하기 • 창조하기

다음에서 여러 학자들이 제시한 읽기지도 관련 활동을 중심으로 기초적인 읽기지도 관련 활동과 창의 · 논리 중심의 읽기 관련 활동으로 구분하여 지도방법을 제시하기로 한다. 물론 기초적인 읽기지도 관련 활동으로 지도한 후에 창의 · 논리 중심의 읽기 관련 활동으로 발전시켜 지도한다.

(1) 기초적인 읽기지도 관련 활동(최국남 외, 2001)

기초적인 읽기지도 관련 활동은 다음과 같다.

① 이름카드 활용

- 유아들의 상징물(예: 장미꽃)과 이름이 적힌 카드를 이용해 출석을 체크한다.
- 활동영역별 참여표나 간식표시 등의 활동을 통해 자기 이름과 친구들의 이름 글자들을 익힌다.

② 그림카드와 글씨카드 대응하기

- 그림카드와 친구 이름을 써 놓은 글자카드를 찾아 대응시키는 활동을 할 수 있다.

③ 이름과 표지판 붙이기

활동실에는 이름과 표지를 붙여야 할 것들이 많다. 붙여야 할 이름과 표지를 카드로 만들어 유아에게 나누어 주고, 어디에 붙일 것인지 알아맞히게 한다. 즉, 사물들에 이름을 붙여 놓고 사물과 글자를 대응시켜 글자를 인식하도록 한다.

④ 같은 모양 찾기

여러 가지 모양이나 사물을 두 쌍씩 만들어 같은 모양의 카드를 찾도록 한다.

⑤ 모래글자 카드

모래글자 카드를 손으로 만져서 모양을 익힌 후, 눈으로 가리고 같은 글자의 모래카드를 찾아 읽는다.

⑥ 궁금한 낱말 알기

교사가 유아에게 '네가 알고 싶은 것을 말해 볼래? 선생님이 써 줄게.'라고 말하며 유아가 궁금해하는 말을 써 준 후 읽어보게 한다.

⑦ 쪽지 전달하기 놀이

비밀스러운 이야기를 다른 사람에게 알리지 않고, 특정 친구에게 전달하는 일은 유아들에게 매우 흥미 있는 일이어서 글자에 관심을 가지게 하는 좋은 방법으로, 이 활동은 개별적인 활동으로도 가능하지만 소집단활동으로 확대해도 좋다.

⑧ 스크랩 만들기

잡지나 신문, 카탈로그 등에서 좋아하는 그림을 오려내어 붙인 후, 이름을 적어 넣고 그 단어를 익히도록 한다.

⑨ 도서관이나 서점방문

이웃에 있는 도서관이나 서점을 견학하여 책이 필요할 때에 도서관에서 빌려 볼 수도 있고, 서점에서 책을 살 수도 있음을 알게 한다.

(2) 논리 중심의 읽기 관련 활동

① 읽기 전 관련 활동

읽기 전 관련 활동은 다음과 같다.

ㄱ. 그림을 보고 책의 내용 추측하여 말하기(김혜라 외, 2013)

새로운 그림책을 읽을 때 먼저 책의 그림을 처음부터 끝까지 유아들에게 보여주고, 어떤 내용일지 추측하여 이야기를 꾸미어 말해보게 한다.

그리고 다음에 교사가 그림책을 천천히 읽어준 후 유아가 발표한 추측내용에서 어느 내용이 맞았는지, 그리고 어느 내용이 빗나갔는지를 확인하게 하여 자기의 상상력을 평가하여 사고력을 배양시키는 읽기 관련 활동이다.

ㄴ. 배경지식 이해하기

읽기 전 활동으로 관련 그림책에 대한 많은 배경지식에 대하여 이야기해 주면, 책에 대한 호기심과 동기가 유발되어 읽기활동이 효율적으로 이루어질 수 있다.

배경지식에 대한 기록방법으로 K-W-L 차트를 활용할 수 있다.

그 예를 들면 〈표 VI-4〉와 같다(이경우, 2000).

〈표 Ⅵ-4〉 K-W-L 차트

알고 있는 것(K)	알고 싶은 것(W)	알게 된 것(L)
• 정원에는 꽃이 있다. • 정원에는 나무가 있다. • 정원에는 흙이 있다.	• 정원은 어떻게 생겼을까? • 어떤 꽃과 나무들이 있을까? • 곤충과 동물들이 살고 있나? • 정원은 누가 돌봐주나?	• 들장미, 초롱꽃, 데이지 꽃 등이 있다. • 벚나무, 딱총나무도 있다. • 꽃들도 사랑받고 싶어 한다. • 정원도 정성껏 돌봐야 한다.

ㄷ. 제목이나 표지 탐색하여 내용 추측하기

전 항에서 밝힌 그림을 보고 책 내용 추측하기와 같은 읽기 관련 활동이다.

다만 그림책 내의 전 그림을 보고 내용을 추측하는 것이 아니라, 책 제목이나 표지만을 보고 내용을 추측해보게 하는 읽기 관련 활동이다. 그림책의 성격에 따라 제목이나 표지를 탐색하여 내용 추측하기는 모든 동화책의 읽기 전 활동에서 적용할 수 있다. 이때 유아들이 예측의 정확성 여부에 관심을 갖지 않도록 지도한다.

② 읽기 중 관련 활동

유아들이 그림책을 읽을 때 다음 사항을 고려하면서 읽도록 한다.

ㄱ. 질문사항을 기록해 두기

책을 읽으면서 의문나는 점을 기록하여 두었다가 책을 읽은 후 토의나 질문을 통해 해결한다. 질문내용에 대하여 정확한 답을 얻을 수도 있으나 질문내용을 추측으로 끝낼 사항들이 많다. 이러한 추측은 상상력과 사고력을 더욱 계발시켜 준다.

ㄴ. 새롭고 재미있는 문장 표시하기

책을 읽으면서 새로 터득한 내용, 새로운 가치가 담긴 내용, 새로 나온 문장표현기법 등 처음으로 이해하거나 접하는 문장에 밑줄을 긋고 그 이유를 기록해 둔다.

ㄷ. 예측, 연상하기

책을 읽으면서 현재의 장면과 내용에서 다음에 어떤 장면과 내용으로 이어질 것인가에 대하여 예측해보게 한다. 그리고 책을 읽으면서 장면과 내용에 관련하여 떠오르는 단어, 경험, 장면 등을 메모하면서 읽는다.

이는 기존의 경험과 현재의 경험을 통합하여 새로운 지식과 내용을 체계화시켜 준다.

ㄹ. 등장인물 탐색하기

책 속에 등장하는 인물들의 성격, 인물들 간의 상호관계성, 각 인물들의 행동방향, 각 인물들의 가치 등에 걸쳐 종합적으로 분석하여 유아 자신의 입장에서 생각을 정리하도록 하여 올바른 가치, 판단능력 등을 유아의 삶에 적용하는 방안을 생각해보도록 한다.

ㅁ. 적절한 발문으로 읽기활동 촉진하기

교사는 그림책을 성격에 따른 읽기관점과 방향을 제시하여 읽기활동을 촉진시킬 수 있는 발문을 제시한다. 이 발문은 읽기 중에 유아들에게 다양한 사고활동을 자극한다(노명환 외, 1998).

㉮ 〈그림〉

- 이 그림은 무엇을 뜻하는가? (사실)
- 다음 장에는 어떤 그림이 나올까? (해석 / 적용)

〈인물〉

- 지금까지 읽은 내용으로 미루어 보아 이 인물은 어떤 사람이라고 생각하는가? 왜 그렇게 생각하는가? (해석)
- 이 인물은 어떤 일을 하였는가? (사실)

〈구성〉

- 지금까지 어떤 일이 일어났나? (사실)
- 다음에 어떤 일이 일어날 것 같은가? (해석)

③ 읽기 후 관련 활동

유아들이 책 읽기 후 할 수 있는 관련 활동은 다음과 같다

ㄱ. 책내용 요약하기

긴 글을 짧게 요약, 말하거나 쓰기활동, 짧은 글은 상대 유아가 이해하기 쉽게 자세히 풀어 말하거나 쓰기활동은 논술의 기초가 되는 논리적 사고력이나 창의적 사고력, 종합적 사고력을 신장시켜 주는 데 아주 유익한 활동이다.

한 번에 전체를 요약하기가 어려우면 부분 부분에 한해 요약해 보도록 한다.

유아들에게 요약하는 방법으로는 다음과 같다.

첫째, 쪽수를 지정해주어 여기에서 여기까지 요약하도록 안내한다.

둘째, 해당 쪽에서 핵심이 되는 내용에 밑줄을 긋는다.

셋째, 밑줄 그어진 핵심내용을 이어서 글을 써 본다.

넷째, 쓴 글 중에서 삭제해도 되는 내용에 밑줄을 긋는다.

다섯째, 밑줄 그은 부분을 삭제하고 다시 써 본다.

위와 같은 요령으로 부분적으로 요약한 후, 전체를 통합하여 요약하도록 한다.

ㄴ. 이야기 나누기

다음과 같은 내용에 걸쳐 이야기를 나눈다.

가. 이야기내용과 유아의 경험 관련 지어보기

나. 등장인물이 주는 교훈성, 각 인물별로 올바른 판단에서 받아들일 가치에 대한 이야기

다. 책 속의 사건, 주제, 배경에 관한 이야기

ㄷ. 읽기 후의 발전적 읽기 연계활동(고정리, 2013)

가. 글쓰기

책을 읽은 후에 느낌쓰기, 줄거리 바꾸어보기, 뒷이야기 쓰기, 장르 바꾸어보기(이야기에서 시, 희곡으로, 시에서 이야기로), 책을 다른 사람에게 소개하는 글쓰기, 저자가 되어 이야기를 지어보기 등이 있다.

나. 그림 그리기나 만들기

배경이나 장면 등을 그리거나 만들어 보는 활동이다.

다. 밴 다이어그램

책을 읽고 난 후 비교하기와 대조하기 활동을 하는 것은 책에 나온 개념을 이해하는 데 도움을 준다. 한 권의 책 속에서 또는 두 권의 책을 읽고 난 후 인물이나 배경, 단어 등에 대해 비교와 대조하기 활동을 할 수 있다.

다. 극놀이 활동

책을 읽은 후 대집단, 소집단, 개별로 극놀이나 동화구연을 해 본다. 극놀이나 동

화구연은 어휘력, 상상력, 창의력을 길러 준다.

6) 논술문 체제구성지도

논술문 체제구성이란 전달하려고 하는 논술내용을 상대에게 합리적으로 전달하기 위한 글의 짜임이나 구조를 말한다. 글이나 말로 나의 주장을 상대에게 전달하고자 할 때 어떤 순서로 전달하느냐에 따라 그 설득력이나 전달력이 달라진다. 전달하려는 순서가 결국 체제로 표현되는데, 일반적으로 논술문의 체제는 〈표 VI-5〉처럼 2가지 유형으로 생각할 수 있다.

〈표 VI-5〉 논술문 구성의 체제

내용 단계별로 서술하는 경우	사고 단계별로 서술하는 경우
1. 서론 2. 본론 3. 결론	1. 문제의 진술 2. 기술개요 3. 문제분석 4. 해결방안(주장) 5. 요약, 결론, 제언

(1) 내용 단계별로 서술하는 경우

내용 단계별로 서술하는 경우는 논술에서 가장 기본적인 체제로 서론, 본론, 결론의 순으로 기술한다.

① 서론

ㄱ. 개념

서론은 논술의 글머리 또는 처음 부분으로 논술내용을 전체적 · 개략적인 기술로 논술개요의 이해를 통한 독자의 관심과 흥미를 유도하고, 논술의 가치와 중요성을 부각시키는 단계이다.

ㄴ. 주요 기술내용

가. 논술에 대한 전체적인 내용과 기술방향에 대한 안내

나. 주제의 가치 및 중요성

다. 논술의 목적

라. 논술주제에 대한 문제점에 대한 개략적인 제시

마. 중심 주장이나 의견

바. 논술주제의 문제에 대한 해결방안

사. 본론에서 논의할 문제 및 논의방향

ㄷ. 기술상의 유의점

가. 논술의 목적, 가치, 중요성, 주요내용 및 결론, 논술의 기술요령 및 절차 등에 걸쳐 개략적으로 이해시켜, 독자로 하여금 호기심과 흥미를 유도하고 앞으로 논술문을 읽는 방법에 대하여 암시하도록 한다.

나. 서론의 분량은 주요 기술내용을 반드시 포함시키되, 전체 분량의 1/4을 초과하지 않도록 한다.

② 본론

ㄱ. 개념

논술문의 핵심부분으로 논제에 대한 문제점, 논술내용, 주장, 의견, 생각과 그에 따른 근거와 이유, 그리고 결론 등 핵심내용을 총체적으로 이해할 수 있도록 기술하는 단계이다.

ㄴ. 주요 기술내용

주요 기술내용은 서론부분에서 언급된 내용과 중복되는 경우도 있으나, 이를 중요도에 비추어 자세하게 기술하는데 그 내용은 다음과 같다.

가. 논제에 대한 문제점, 문제점에 따른 원인, 오류, 모순을 지적

나. 논제에 따른 자신의 입장표명(찬, 반)

다. 문제점에 대한 해결책, 자기주장, 의견, 생각제시

라. 자기 주장, 의견, 생각에 따른 이유, 근거제시

마. 자기 주장, 의견, 생각의 타당성 제시

바. 자기 주장, 의견, 생각의 가치, 공헌성 제시

ㄷ. 기술상의 유의점

가. 논제에 따른 문제점을 부각시키고 자기 주장의 타당성을 강조하는 데 주력한다.

나. 주장, 의견, 생각은 다른 사람의 것을 인용하는 것이 아니라 반드시 나의 것이어야 한다.

다. 주장, 의견, 생각은 논리적이고 합리적이어서 상대로부터의 비평의 요소가 없어야 한다.

라. 주장, 의견, 생각을 먼저 하나씩 기술하고 그 이유나 근거를 나중에 기술하도록 한다. 필요에 따라 이유나 근거를 확실히 하기 위하여 예를 들어 제시할 수도 있다.

③ 결론

ㄱ. 개념

결론은 서론, 본론 부분을 총체적으로 이해시키되, 자기 주장을 재강조하고 앞으로 전망을 제시함으로써 자기 주장의 가치를 총체적으로 정리하여 강조, 주장하는 단계이다.

ㄴ. 주요 기술내용

서론, 본론의 내용을 총체적으로 요약하되, 다음 사항을 중점적으로 강조하여 기술한다.

가. 논제 내의 문제점

나. 나의 주장, 의견, 생각

다. 나의 주장, 의견, 생각의 가치, 전망

라. 나의 주장, 의견, 생각의 실현방안, 결의

마. 나의 주장, 의견, 생각에 따른 실천상의 과제, 추후 발전적으로 생각해보아야 할 과제 등

ㄷ. 기술상의 유의점

가. 논술의 목적, 내용, 결론, 주장을 총체적으로 이해할 수 있도록 기술하되, 주

장, 그리고 가치와 전망 등에 대하여 특히 강조하여 기술한다.

나. 결론부분은 결론 내에서 중복되거나 중요하지 않은 내용은 절대 기술하지 않는다. 지면의 제약을 받기 때문이다. 결론은 전체 지면 양의 1/4을 초과하지 않는다.

(2) 사고 단계별로 서술하는 경우

사고 단계별로 서술하는 경우에는 문제의 진술, 기술의 방향, 문제분석, 해결방안(주장) 요약, 결론, 제언의 순으로 기술한다. 사고단계별 서술방식은 현장교육연구방법(Action Research)을 간편화한 체제로, 연구를 진행하는 순차적 과정에 따라 논술을 접근하는 방법이다.

① 문제의 진술

ㄱ. 개념

논술하려는 주제에 대한 개략적인 이해를 목적으로 기술되는 논술의 첫 부분으로 서론부분에 해당된다.

ㄴ. 주요 기술내용

가. 주제가 지니고 있는 문제점 및 원인

나. 주제에 대한 필자의 견해

② 기술의 방향

ㄱ. 개념

논술주제에 대한 해결방안, 전체적인 기술방향에 대하여 시사하는 단계로서 서론부분에 해당된다.

ㄴ. 주요 기술내용

가. 주제에 대한 해결과제 및 해결방안 제시

나. 주제에 대한 전체적인 기술방향 안내

③ 문제분석(원인분석)

ㄱ. 개념

논술주제가 안고 있는 문제점 및 문제점에 대한 요인분석방법과 분석결과를 체계적으로 제시하는 단계로서, 본론부분에 해당된다.

ㄴ. 주요 기술내용

가. 논술주제에서 분석해야 할 분제점이나 과제

나. 문제점이나 과제에 대한 분석방법 및 절차

다. 분석결과를 체계적으로 분류하여 정리

④ 대안(주장, 해결방안) 제시

ㄱ. 문제분석 결과 나타난 문제점, 문제점이나 과제별로 해결방안(주장) 제시

ㄴ. 문제점이나 과제별로 제시한 해결방안(주장)에 대한 논리적인 이유, 근거 제시

⑤ 요약, 결론, 제언

ㄱ. 요약

문제진술로부터 대안(주장, 해결방안) 제시에 이르기까지의 전 과정을 개조식으로 진술

ㄴ. 결론

특히, 대안(주장, 해결방안) 제시를 중점적으로 기술하여 필자의 주장과 주장에 대한 근거를 확실하게 표명

ㄷ. 제언

대안(주장)의 가치, 대안(주장)대로 실현될 경우, 얻어지는 효과, 앞으로의 전망, 독자에 대한 건의 또는 기대하는 바를 제시

7) 논술문 작성상의 유의점

논술문 작성상 고려할 점을 문체, 표현, 시제에 걸쳐 종합적으로 간략하게 기술하

기로 한다.

(1) 표현에 정확성이 있어야 한다.

모든 서술을 정확하게 해야 한다. '~라고 할 것이다', '~일지 모른다'는 식의 표현은 정확성이 결여된 진술이다.

(2) 표현은 간결해야 한다.

문장은 간단하고 짧아야 한다. 너무 긴 문장이나 여러 가지 뜻이 함께 포함된 문장은 뜻이 막연하고 혼동되기 쉽다.

(3) 보편성을 띤 문체가 좋다.

누가 읽어도 이해할 수 있는 문체이어야 한다. 그러나 논술문을 쉽게 쓴다고 구어체로 쓰는 것은 좋지 않다.

(4) 주장이 확실히 드러나야 한다.

자기의 주장이 확실히 드러나되, '절대', '결코'와 같은 극단적인 표현은 피하는 것이 좋다.

(5) 문장은 비반복성의 문장이어야 한다.

한정된 지면 또는 시간 내에 자기의 주장을 충분히 피력해야 되기 때문에, 문장의 반복이 없어야 한다. 예를 들면, '다시 말하면'이 대표적인 반복성의 문장이다.

(6) 문장은 가급적 긍정문을 사용한다.

흔히 강조될 때는 부정문을 사용하기도 하나 부정문을 남용해서는 안 된다. 특히 '하지 않다', '~라고 하지 않을 수 없다'는 등 이중부정문은 피해야 한다.

(7) 시제는 과거형과 현재형을 모두 사용할 수 있다.

(8) 아름다운 수사구나 감정적인 표현은 하지 않는다.

특히 감정적 표현, 수사적 표현, 문학적 표현, 회화적 표현은 삼간다.

(9) 문장은 최대한 간결하게 표현한다.

문장은 최대한 의미가 전달할 수 있는 범위 내에서 간결하게 표현한다.

복합문장을 사용하지 않는다.

(10) 문장의 밀도를 균형 있게 한다.

어떤 부분은 지나치게 자세하고, 그리고 어떤 부분은 지나치게 간단히 기술해서는 안 된다. 전체적으로 내용의 밀도가 적절해야 한다.

(11) 극단적인 결론을 내려서는 안 된다.
예를 들면, 근거가 미약한데 과대한 주장을 해서는 안 된다.

(12) 문장은 명확하게 표현되어야 한다.
예를 들면, '~인지 모르겠다' 또는 '~일 수도 있다' 등의 표현을 피해야 한다.

(13) 논리적인 순서에 의해 글을 전개해야 한다.
논술문의 체제는 논리적 순서에 의해 구안된 것이다.
전 항에서 제시된 논술의 목차에 따라 기술되어야 한다.

(14) 정성들여 글쓰기를 해야 한다. 정성들여 쓴 글은 신뢰감을 준다.

이처럼 훌륭한 논술을 한다는 것은 훌륭한 논설문을 쓴다는 것과 별로 다르지 않다. 따라서 이상에서 훌륭한 논설문을 쓰기 위한 체제나 과정 및 절차에 대하여 비교적 상세하게 기술하였으나, 유아들을 대상으로 하는 논설문 쓰기지도에서는 이상에서 기술한 내용을 잘 소화하여 유아에게 필요한 과정이나 절차만으로 재구성하여 지도해야 한다.

참고문헌

고연경 외(2012), 유아논리논술교육. 동문사.

고정곤 외(2005), 유아사회교육. 양서원.

고정곤 외(2016), 유아교과교육론. 양성원.

고정리(2012), 유아교과논리 및 논술. 파란마음.

교육과학기술부(2013), 3-5세 연령별 누리과정. (사)한국시청각 장애인 연합회.

권영례(1993), 유아과학교육. 한국방송통신대학.

김연실 외(1982), 수학교육. 한국방송통신대학.

김영숙 외(2008), 상호작용을 위한 조형놀이 프로그램 연구, 제주대학교 교육대학원 석사학위 논문.

김영실 외(2014), 논리 · 창의 · 논술교육. 공동체.

김진영 외(2005), 유아를 위한 교수·학습 방법론. 양서원.

김학수 외(1969), 창조성교육의 실제. 배영사.

김현주(2008), 좋은 교육 계획안 구상하기. 제 43회 유아교육교사 연수자료.

김혜라 외(2013), 유아논리논술교육. 양서원.

김호권(1974), 현대교수이론. 교육출판사.

노명환 외(1998), 독서자료의 비판적 고찰. 한국독서학회.

문교부(1983), 놀이지도. 국정교과서 주식회사.

문정화 외(2010), 또 하나의 교육 창의성 교육. 학지사.

박찬옥 외(2010), 논리 · 창의교육. 정민사.

석삼식(1998), 신문을 활용한 논설문 쓰기 지도방안 연구, 경성대학교 대학원 석사학위 논문.

소홍렬(2000), 논리와 사고. 이화여자대학교 출판부.

신화식 외(2008), 영유아를 위한 창의성 프로그램. 양서원.

심헌재(1993), 독서교육의 이론과 실제. 서광학술자료실.

양옥승 외(2003), 사회·표현·탐구적 놀이. 정민사.

이경우(1987), 유아를 위한 과학교육. 창지사.

이경우(2001), 총체적 언어 : 문학적 접근을 중심으로. 창지사.

이경우(2006), (개정) 총체적 언어: 문학적 접근을 중심으로. 창지사.

이경우 외(1994), 인간발달 : 천국 전래동요의 재발굴 및 통합적 활용에 대한 연구. 이화여자대학교 인간발달 연구소.

이경화 역(2006), 창의성 개발과 교육. 교육심리연구.

이경화 외(2000), 유아의 언어능력 향상에 미치는 NIE의 효과. 교육심리연구.

이대균 외(2000), 동화중심 표현활동을 통한 유아 창의성 교육 프로그램. 양서원.

이성진(1973), 행동수정의 원리. 교육과학사.

이은해(2013), 유아교수방법. 양서원.

이재승(1997), 국어교육의 원리와 방법. 박이정.

이정욱(1987), 유아를 위한 과학교육. 창지사.

이정욱 외(2010), 탐색, 표현, 감상의 통합적 유아미술교육. 정민사.

이차숙(2005), 유아 언어교육의 이론과 실제. 학지사.

임선하(1993), 창의성에의 초대. 교보문고.

전경원 외(2013), 유아 창의성 교육. 정민사.

정대련(2009), 유아의 논리·논술. 창지사.

정범모(2005), 창의력이란-그 실체와 육성. 교육과학사.

정옥분(2013), 아동발달의 이해. 학지사.

최국남 외(2003), 유아 언어교육. 양서원.

한국교육개발원(2006), 창의적 지식 생산자 양성을 위한 영재교육. 한국교육개발원.

한국방송통신대학(1982), 국어과교육. 한국방송통신대학 출판부.

한국신문협회(2006), NIE 가이드북.

홍순정(2010), 지능과 창의성. 양서원.

홍은하(2008), 다중이론에 기초한 유아논리 수학 프로그램이 논리 수학적 지능 및 창의성에 미치는 영향, 숭실대학교 교육대학원 석사학위 논문.

황수무(2003), 교사를 위한 유아미술교육. 형설출판사.

Bruner, J. S.(1960), The precess of education, New York: Vineiage books.

Dempsey, R.(1998), Visual arts activity, nj.Q. chen(1998). Project spectrum: Early learning Activities (pp.225-252). NY: Teachers colledge press.

Keller, J. M.(1983), MOTIVATIONAL design of instruction, inc. M.Reigeluth(Ed.) Instrucional design theories and Models; An overview of their current status, hillsdale, N.J.: Erlbaum.

Sears, P. S. & HILGARD, E. R.(1964), "The teacher's Role in the motivation of the learner," In E. R. HILGARD, (ed.) Theories of learning and instruction, The 63rd yearbook of the NSSE, Part I chicago; The university of chicago; The university of chicago.

Stephen, R. Covey, Simon & Schusier(1989), The 7 habits of highly effective people.

저/자/소/개

■ **고정곤**

원광대학교 대학원 교육학 석사(유아교육 전공)
전라북도 교육청 교직과장·교육과장
군산 서해초등학교장
서해대학교 겸임교수
서울시 교육청 유아교육위원
〈저서〉 유·초등연계교육의 이론과 실제, 보육과정, 유아사회교육, 유아교과교육론 외 다수

■ **김기철**

원광대학교 유아교육학 석사
전북대학교 이학박사
현, 원광보건대학교 유아교육과 교수
〈저서〉 아동발달 외 다수

■ **김영숙**

영남대학교 대학원 교육학 석사(교육사회학 및 교육심리학 전공)
영남대학교 대학원 교육학 박사(교육심리학 전공)
전, 영남대학교 국어문화연구소 연구교수, 학교교육연구소 연구원
현, 구미대학교 유아교육과 교수
〈저서〉 상담의 이해, 부모교육, 인간발달과 교육, 교육심리학, 아동상담 외 다수

■ **이영희**

원광대학교 교육대학원 교육학 석사
원광대학교 일반대학원 문학박사
현, 서해대학교 유아교육과 교수
〈저서〉 보육학개론, 아동미술, 놀이지도, 유아미술교육, 보육과정, 유아교과교육론 외 다수

■ **정철민**

성균관대학교 사범대학 교육학과 학사
성균관대학교 일반대학원 석사(교육철학)
성균관대학교 일반대학원 박사(Ph. D. 교육철학)
현, 김포대학교 유아교육과 교수
김포대학교 NCS지원센터장
〈주요 연구 및 저서〉 최신 교육학개론, 문제해결능력 외

■ **황현주**

상명여자대학교 학사
숙명여자대학교 석사
충남대학교 박사(교육학 전공)
전, 한국대학교육협의회 연수연구원, 인하대학교 CTL 연구원
현, 대원대학교 유아교육과 교수
〈주요 연구 및 저서〉 대학서비스 요인과 학생보유에 관한 사례연구, Easy 교육행정 및 교육경영 노트

유아교과 논리·논술

1판 1쇄 인쇄 — 2017년 5월 25일
1판 1쇄 발행 — 2017년 5월 30일

저　　자 - 고정곤 · 김기철 · 김영숙 · 이영희 · 정철민 · 황현주
발 행 인 - 강 철 원
발 행 처 - 양 성 원
주　　소 - 경기도 파주시 검산로 173번길 29-20
전　　화 - 031-946-3861(代)
팩　　스 - 031-946-3864
이 메 일 - tnwpub@naver.com
홈페이지 - tnwpub.co.kr
출판등록 - 2015년 8월 31일 제 2015-000211 호

ISBN 979-11-6126-042-6

정가 18,000원